THE II
WORLD
WAR

"十二五"国家重点出版物出版规划项目

第二次世界大战战场丛书

钱乘旦 庞绍堂/主编

庞绍堂 ◎ 著

苏德战场

华夏出版社
HUAXIA PUBLISHING HOUSE

图书在版编目（CIP）数据

苏德战场 / 庞绍堂著. —北京：华夏出版社，2015.1
（第二次世界大战战场丛书）
ISBN 978-7-5080-8292-9

Ⅰ.①苏… Ⅱ.①庞… Ⅲ.①第二次世界大战－史料－苏联 ②第二次世界大战－史料－德国 Ⅳ.①K512.53 ②K516.53

中国版本图书馆 CIP 数据核字(2014)第 265875 号

苏德战场

作　　者	庞绍堂
责任编辑	罗　庆
出版发行	华夏出版社
经　　销	新华书店
印　　刷	三河市少明印务有限公司
装　　订	三河市少明印务有限公司
版　　次	2015 年 1 月北京第 1 版 2015 年 1 月北京第 1 次印刷
开　　本	670×970　1/16 开
印　　张	19
字　　数	212 千字
定　　价	38.00 元

华夏出版社　地址：北京市东直门外香河园北里 4 号　邮编：100028
网址：www.hxph.com.cn　电话：(010)64663331（转）
若发现本版图书有印装质量问题，请与我社营销中心联系调换。

总　　序

钱乘旦

二十年之前，《第二次世界大战战场丛书》全套八册在当时任职中国青年出版社的潘平先生的支持下撰写完成，并收入由中国青少年基金会发起的公益项目希望书库中，由中国青年出版社和中国少年儿童出版社出版印行，由中国青少年发展基金会作为希望小学的课外阅读书籍与贫困地区的小学生们见面了。二十年之后的今天，原稿经过修改和补充即将由华夏出版社出版，作为对第二次世界大战结束七十周年的一束纪念。

二十年前我为这套书写了一篇序，时至今日再看此文，其中的基本判断居然都没有过时。首先，世界又维持了二十年的和平，而这二十年确确实实是以和平与发展为主题的；但人们未曾料到，战后的发展主要是新兴国家的发展，世界力量的平衡由此发生变化，五百年的西方优势正一点点消退，非西方国家经历着群体的复兴。如何面对新的世界格局，关系到战争与和平的重大问题；只有对各国的发展都"乐见其成"，将其视为全人类的共同福音，才能对世界变化有正确的认识，而不致将人性中阴暗的一面付之于行动。

其次，苏联解体、两极世界瓦解后，这个世界不是更太平、而是更危险了，一个超级大国恣意妄为、随便改变现状的做法只使得这个世界狼烟四起，比任何时候都更接近于战争的边缘。和平维持了太长的时间，战争的记忆似乎已经遥远，年轻人只是在电脑游戏中接触战争场面，而那些游戏又确实把战争当成儿戏。这种时尚的"现代文化"隐藏着太多的隐患，人们需要尽早反思，不要让它泛滥成灾，而能够给人们带来真实的战争记忆、回想起第二次世界大战的巨大伤痛的，恰恰是真实地写出战争的历史，并永远记住它留下的历史教训。

第三，第二次世界大战是一场用正义战争打败非正义战争的大战，为打赢这场战争，世界人民付出了五千万人牺牲的代价，财产的损失不计其数。正气本应该长存，但出于偏见或意识形态，现在有些人却有意无意地抹杀二战的正义性质，混淆是非，把正义者说成邪恶，为邪恶者涂脂抹粉。人们对这场战争的记忆本来就在冲淡，而有意的歪曲和故意掩盖事实，无论出自何种动机，都只会助长邪恶。

作为"世界"大战，第二次世界大战在大半个地球激烈进行，其中一个主战场在中国。但长期以来英美话语控制了战争的诠释权，中国战场成了陪衬甚至消失在记忆中。我们这套书有意识地纠正了这种偏见，八册中有两册是专写中国战场的，一册写中国正面战场，另一册写中国敌后战场，两册合在一起，全面表现了波澜壮阔的中国抗日战争。二十年前还有人故意回避正面战场，今天我们都知道抗日战争是全中国人民的共同战争，是中华民族走向复兴的伟大胜利。中国抗日战争为世界反法西斯战争做出了重要贡献，这是永远不可忘记的。

所以说，二十年前的这些说法仍然有意义，因此在丛书正式出版时我将它全文刊出，作为全书的总序。

"希望书库"版序言

钱乘旦　庞绍堂

第二次世界大战硝烟弭散,到现在已经五十年了。五十年前出生的那些人,如今也已经"知天命",要年逾半百了。五十年来,尽管世界上狼烟未止,大大小小的战争始终不断,但全球性的大战总算没有打起来,出现了五十年难得的和平时期。五十年中,世界发展很快,物质生产的能力成倍增加,财富之增长居然破天荒第一次使居住在这个世界上的人不仅少数特殊人物可以享受优裕的生活,而且数量相当可观的普通人也能够分享其富裕了。许多地区已经习惯于和平与安宁,几代人都不知道战争是什么样;即使曾亲身经历过战争的人,战争也已成为遥远的过去。和平与发展是当代世界的主题,人们祈望着和平能世世代代维持下去,永无止境。

人们渴望和平,因为和平与幸福总是连在一起;人们痛恨战争,因为战争与苦难是同义语。很少有人不希望和平,而想要战争的;然而,战争又似乎是人类永远摆脱不掉的命运之阴云,笼罩着由希望之火点燃的历史之光。战争陪伴着人类的历史,乃至在官修的史书上,没有战争似乎就显示不出君王的伟大,没有征伐似乎就表现不了统治的英明。可悲的是,历史似乎也果真如此,还在我们的先民与巨野洪荒作斗争的时代,人类就被战争的梦魇时时纠缠,尽管豺狼虎豹凶狠地威胁着人类的生存,但人的不同族群之间却免不了要彼此厮杀，人的同类相斗充满了血腥气。文明降临之后，战争与历史一起进入文明，而且越来越自觉地利用文明的进步所造成的结果，从古希腊的青铜剑，到20世纪的激光导弹，哪一个历史阶段，不见证着武器的发展与完善，人类的多少智慧，被消耗在战争这门艺术上！当后人歌颂帝王的宏业、将军的伟绩时，似乎已经忘记了战争的残酷；有些人说，战争是文明发展的杠杆，没有战争，社会也就停止不前了。对此我们虽然不敢苟同，但同时又不得不承认：社会的发展有时的确需要战争来推动，比如：当新社会需要诞生、旧社会又不肯退去时，战争会帮助消灭旧社会；当邪恶势力张牙舞爪、剥夺千百万无辜人的生命与自由时，战争会帮助伸张正义，消灭邪恶；即使在并无正义与非正义之分，战争只是不开化人群的相互残杀或贪婪帝王们的争疆夺土时，它也会起到沟通文明、交流文化的作用，因为在工业化以前的时代里，地区间的联系极稀少，人们生活在封闭的地域里，很少有交流的机会，于是，战争作为一种残酷的沟通手段，居然也可以成为文明的载体！

但战争无论如何都是人性中丑陋一面的暴露。不管存在不存在正义的一方，战争都是由邪恶势力造成的。非正义的战争自不消说，它体现着统治者的贪婪、权欲和凶狠残暴；即使是正义的战争，也必然是在邪恶势力登峰造极、正义的力量不用战争作手段便不可铲除恶势力的前提下发生的。一场战争要么无正义与非正义可言，实际上双方都是非正义；要么一方是正义，另一方是非正义，于是战争首先由非正义一方挑起，正义一方为反抗、为生存，不得不奋起反击，拿起武器，向邪恶势力开战。

第二次世界大战就是一场典型的用正义战争打败非正义战争的大战，为打赢这场战争，全世界人民付出了五千万人牺牲的代价，战争的财产损失，估计达到四万亿美元。人类作出如此巨大的牺牲，仅仅是为了消灭人类历史上最邪恶的势力之———法西斯主义。痛定思痛，人们不禁会默然深思：难道一定要在热血和泪水中才能伸张永恒的正义吗？为什么不能在邪恶势力毒苗初露的时候就将它铲除，而一定要等它作恶多端、危害匪浅时才动员更大的人力和物力，去和它作本来可以轻易得多的斗争？第二次世界大战留给后人去深思的最深沉的，也许就是这个问题。

人类是不是还需要不断地经受战争的苦难？是不是只有用鲜血和生命才能捍卫真理和正义？也许正是带着这种迷茫，世界才走完了五十年艰难的和平历程。在纪念世界反法西斯战争胜利五十周年之际，我们却不可忘记：当上一次大战奠定的世界体系瓦解之后，我们这个世界又变得动荡不安了，两极控制世界的平衡状态已经被打破，新的战争根源有可能在混乱中产生。我们能否阻止新的战争？我们能否化解各种冲突？能不能在邪恶势力刚刚抬头的时候就遏止它、消灭它？这是摆在全世界人民面前的严峻考验。我们渴望和平，我们希望永远不再有战争，至少不再有全球性的世界大战。我们希望人类的理智已经成熟到这个程度，即人们将永远清醒地认识到：现代科学已经使人类具备了消灭自己的能力，世界的核武库可以把地球炸翻好几次。然而我们却不得不痛心地承认：战争曾一直与历史同在，我们不能保证人类的私欲永远不再助长邪恶势力的抬头，使之再次成为引发世界战争的根源。但即使如此，我们仍然深信：

正义会在战争中凯旋,因为人类在其本性中,天生就追求真理与正义!

  第二次世界大战是波澜壮阔的,它高奏着振人心弦的英雄乐章,它为作家艺术家储藏了取之不尽的创作灵感,它为一代代后世人留下了长久永存的崇敬与深思,它为历史家提供了永不磨灭的史绩。然而,我们仍然希望它是人类历史上最后一次大战,铺设在人类脚下的,应该是永远的绿色和平之路。

  让我们真诚地祝福和平永存。

1994 年 10 月于南京

目录

序幕 "巴巴罗萨" / 1

一 还记得伏龙芝大街总参谋部内的谈话吗? / 25

二 "台风"飘逝 / 59

三 来自南方的威胁 / 85

四 "指环" / 107

五 以钢制钢 / 147

六 解放 / 183

七 "追击这只受了伤的野兽" / 227

八 攻克柏林
(1945年5月2日15时) / 251

尾声 "受阅部队，立正！" / 275

后记 / 281
苏德战场大事记 / 283
主要参考书目 / 291

序幕
"巴巴罗萨"

1939年的欧洲阴霾密布、战云翻滚。法西斯德国在不费一枪一弹侵占了捷克斯洛伐克之后，气焰更加嚣张，频频伺机向周边出击。3月23日，希特勒亲自率领海军上将雷德尔等乘袖珍战列舰"德意志"号占领了立陶宛的默默尔。3月初，希特勒长期支持的佛朗哥法西斯集团颠覆了西班牙共和国的合法政府，建立了法西斯独裁政权，与法西斯德国遥相呼应，完成了对法国的包围。在东南欧，希特勒收买了匈牙利的霍尔蒂法西斯政权参加"反共产国际协定"，使其充当走卒。三月份，又通过卑劣的手法强迫罗马尼亚签订了不平等经济条约，迫使罗马尼亚以谷物和石油供应德国作为战争补给，将其纳入了战略伙伴行列。紧接着，希特勒又面向东欧，对波兰伸出了魔爪。慕尼黑会议后，德国就多次对波兰提出领土要求，要波兰把《凡尔赛和约》规定的属于波兰的通往波罗的海的一条狭长地带——波兰走廊以及海边的但泽自由市（此走廊因此又称但泽走廊）归还德国。1939年5月23日，希特勒在柏林总理府召开的秘密军事首脑会议上杀气腾腾地叫嚷，要以占领欧洲来为德国取得更多的

"生存空间"。"但泽根本不是争执的中心问题","中心问题"是要把德国的"生存空间向东方扩张",所以"一有合适的时机就进攻波兰"。这明白地预示一场大战已不可避免,血腥的大屠杀即将降临在千百万欧洲人头上,法西斯的铁蹄即将践踏欧洲。

纳粹德国的步步进逼使得欧洲的另外两个大国——英国和法国深为不安。世界各国的舆论也对英法政府长期奉行一味退让的绥靖政策进行了严厉的谴责。严酷的现实迫使英法政府不得不在表面上改变一下政策。1939年3月,英法两国政府通过互换照会的形式进一步明确了它们之间实际上已经存在的同盟关系,互相确认承担下述义务:两国中的一国遭受侵略时,应互相援助。3月底,当波兰外长贝克访问伦敦时,英国政府立刻宣布:"万一发生显然威胁波兰独立的军事行动,因而波兰政府认为为了生存必须以其全国武装力量进行抵抗时,英王陛下政府即认为有立刻给波兰政府一切力所能及的援助的义务。"与此同时,法国也重申忠于法波同盟义务。英法试图通过这种联合波兰、组成"东线"的办法,威慑德国,使其不敢轻举妄动。

但英法政府也明白,通过上述方式并不能真正消除德国对西方的威胁,要使西方与德国避免兵戎相见,还必须另寻他途。他们于是一方面加紧同苏联政府进行外交接触,借以进一步威慑德国;另一方面也与德国进行秘密交易,期图将祸水东引,使德国进攻苏联,以一石而击二鸟,英法之图谋真可谓是用心良苦。而苏联也想通过与英法联合,建立欧洲集体安全体系来确保自身的安全,因此对英法的谈判要求慨然应诺。

1939年4月15日,苏英法在莫斯科开始了政治谈判。双方由于目的不同，使得达成协议的可能性极为渺茫。英法企图诱使苏联接受单方面承担义务的条款。他们既要求苏联在德国把侵略矛头指向西方时给予帮助，但又拒绝承担对等的相互义务。苏联则希望通过谈判建立一个欧洲集体安全体制，借以遏制住即将爆发的战争。谈判一开始，苏联方面即建议：一、苏英法签订一项为期 5 年到 10 年的互助条约，一个缔约国遭到侵略时，其他缔约国应提供包括军事援助在内的一切援助；二、当位于波罗的海和黑海之间与苏联毗邻的东欧国家遭到侵略时，苏英法应在最短时间内，讨论和确定在上述两种情况下进行军事援助的规模和方法；三、苏英法三国在展开公开军事行动后，未经三国一致同意，不得同侵略者单独进行任何谈判和缔结和约。但英法代表却提出：如果英法因援助波兰和罗马尼亚而卷入战争，苏联则有立即援助英法两国的义务；如果苏联因援助东欧任何一个国家而卷入战争，英法则无援助苏联的义务。英法这种企图迫使苏联单方面承担义务的做法，使得三国政治谈判陷入停顿状况而毫无进展。

7 月间，欧洲局势日益紧张，战争有一触即发之势。为了使三国谈判早日取得成果，苏联政府建议打破常规，在举行政治谈判的同时举行军事谈判。英法本意并不打算谈判能取得成功，遂匆匆拼凑了一个级别很低且未经充分授权的人员组成的使团赴莫斯科。苏联代表团很快发现，法国代表团团长 J. 杜芒克将军仅是位兵团司令，且只有交换意见的权力；而不列颠代表团的领导人 P. 德拉克斯则根本未被授权决定任何问题。这位海军上将得到这样的指示："不列颠政府不希望承担可能导致在任何情况下使英国手脚受到束缚的具体义务，所以必须竭力使军事协定作最一般的表述。"该指示的第 8 节还说："应尽量拖延谈判"。因此，本来从伦敦乘飞机到莫斯科只需一天时间，而英法代表团却故意乘一艘很慢的邮船，整整航行了一个星期，直到8月11日才到达莫斯科，英法代表甚至连证明其资格可进行谈判的全权证书都没有带。

与英法形成鲜明对照的是，苏联代表团由国防人民委员即国防部长伏罗希洛夫挂帅，成员包括有总参谋长、海军司令、空军司令等。在谈判过程中，苏联主动提出了三国协同作战的具体计划，要求苏英法在欧洲遭受法西斯进攻的情况下，共同采取军事行动。苏联愿意在战争一开始时就派出一百三十六个师、五千门火炮、一万辆坦克和五千架飞机参战。英方代表则吞吞吐吐地说，他的政府只能派出五个正规师和一个机械化师。法国代表则称法国的兵力是"高度机密的数字"，迟迟不肯回答实质性问题。除此之外，英法仍重弹政治谈判中的老调，只是要求苏联方面承担保卫东欧邻国及援助英法的义务，自己却拒绝对苏联承担对等的义务，也不愿向波罗的海沿岸国家提供担保。在波兰问题上，双方分歧尤大。苏联认为：苏联和德国无共同的边界，只有让苏联军队通过波兰国土才能援助英法和波兰。但在英法的怂恿与支持下，波兰政府却表示拒绝让苏联军队通过波兰领土去迎击敌人。这样，也就排除了苏联援助波兰的可能，三国军事谈判遂陷入僵局。

鉴于两次谈判久拖不决，8月21日，伏罗希洛夫发表声明：认为苏联政府有一切理由对英法是否想同苏联进行实际而认真的合作表示怀疑，从而不得不宣布长期休会。给这场英法苏谈判划了个句号。

当时的苏联面临着单独且两线作战的危险局势。在苏联东部，德国的法西斯盟友——日本，在1938年7月挑起"张鼓峰事件"后，又于1939年5月挑起了"诺门坎事件"。鉴于苏英法谈判无法进展，斯大林决定放弃通过订立反侵略的集体协议来保障和平的计划，从积极倡导欧洲集体安全断然转向自保。他转而希望能与德国达成某项协议，从而在两国之间避免战争。不可否认，这中间也有祸水西引之用意。

对英法苏三国进行的谈判，希特勒看在眼里，急在心里，并恨得咬牙切齿。早在占领捷克斯洛伐克之后，希特勒就已觊觎波兰。1939年5月，制定了9月1日入侵波兰的"白色方案"。可能的苏英法同盟无疑是实施"白色方案"的最大障碍。如不能拆散苏英法可能的联盟，使苏联置身事外，德国将重蹈第一次世界大战时东西两线同时作战的覆辙。希特勒从第一次世界大战德国的战败中清醒地认识到：德国必须避免两线作战。他很快就发现：拆散苏英法结盟的最有效办法就是抢先与苏联结盟。希特勒与斯大林的想法不谋而合。

1939年8月15日晚8时，德国驻苏联大使舒伦堡奉命拜会了苏联外交部部长莫洛托夫，并向他宣读了德国外长准备来莫斯科商讨苏德关系的电报。莫洛托夫在以极大的兴趣听取了电报后，问道，德国政府是否有兴趣在两国之间签订一项互不侵犯条约呢？如果苏德联合担保波罗的海沿岸国家安全的话，德国认为怎样？

莫洛托夫的建议正中希特勒的下怀。他对苏联迅速作出反应并建议具体讨论这样一个条约喜不自禁，于是做出了更具体、更痛快的答复。因为此条约将使苏联置身战争之外，使他能放心大胆地进攻波兰而不必担心苏联干涉。尽管表面上德国仍沉着镇静，实际上已经是急不可待：时间已届8月中旬，离"白色计划"规定的最后进攻期限9月1日仅剩下十多天了，实施"白色计划"的部队已集结完毕，如不能争取苏联中立或置身战争之外，德国将可能腹背受敌，这对力量还不是十分强大的德国来说将是致命的。因此，纳粹外长里宾特洛甫在给舒伦堡大使的第二封电报后面又加上了一段"附言"："我要求你再一次把这一指示逐字读给莫洛托夫听，并且要求立即知道苏联政府和斯大林先生的意见。为让你心中有数起见，再告诉你一句绝对要求保密的话，如果我能在本周末或者下周初到莫斯科的话，对我们将特别有利。"

8月17日，苏联对德国的电报做出了冷淡的反应。苏联政府提出，两国关系的改善应通过认真而实际的步骤来做到，而不是像里宾特洛甫所建议的那样跨一大步。对里宾特洛甫要求访苏的提议，苏联政府表示"甚为满意"，但仍要做充分准备。至于周末就到莫斯科来的那项迫切的具体建议，苏联政府连提也没有提到。斯大林此时扮演了一个精明透顶的顾客的角色，他正在利用店主急于推销货物的心态，努力将价钱压低到最低限度，使苏联获得最大利益。

8月18日，希特勒接到舒伦堡大使的报告后焦急万分。晚间，他在上萨尔斯堡的总部又给舒伦堡发了一封"特急电报"，要求大使立刻再次晋见莫洛托夫，并且尽可能争取马上同他会谈。声明德国外交部部长要求立即动身去莫斯科，外交部部长将由元首授以全权，来全面地而且最后地解决全部问题。外交部部长也将能够全权签订一项特别议定书，明确规定双方在各项外交政策问题上的利益，例如在波罗的海划分势力范围的问题，等等。电报最后叮嘱"请你强调，德国的外交政策在今天达到了一个历史性的转折点"，"一定要求对方迅速同意外交部部长访问莫斯科，并且反对与德国人任何不同的新的相反意见。"电报要求大使牢牢记住一个决定性的事实，即公开的德波冲突可能很快爆发，因此，外交部部长的访问将给德国带来最大的好处。

8月19日晚上7点10分，望眼欲穿的大使回电终于来了。大使在报告里说，他当天下午4时30分去克里姆林宫拜见莫洛托夫时，对方交给他一份互不侵犯条约草案，并且告诉大使：如果苏德贸易协定能在明天签署并公布的话，德国外交部部长可以在8月26日或27日到莫斯科来。但德国人无论如何也不能等到那个时候了。要是莫斯科不能在8月26日或27日以前接待里宾特洛甫的话，要是苏联人再稍微拖延一下的话，9月1日的"白色方案"就要告吹。为了帝国的利益，希特勒不得不强压怒火，于8月20日下午6点45分，又发急电至莫斯科，并指示大使迅速将电报交给莫洛托夫。在电报中，希特勒表示接受莫洛托夫提出的互不侵犯条约草案，并敦促斯大林：

> 鉴于我们两国都有建立彼此新关系的愿望，最好不要丧失任何时间。我因此再次建议你在星期二（8月22日）接见我的外交部部长，至迟在星期三（8月23日）。德国外交部部长有最充分的权力来拟定并签订互不侵犯条约和议定书。鉴于目前的国际形势，外交部部长在莫斯科只能逗留一天，至多两天，再长是不可能的。我将十分高兴地得到你尽早的答复。

8月21日晚上9点35分，斯大林的回电终于来了。斯大林在回电中说："我希望苏德互不侵犯条约将成为改善我们两国关系的一个决定性的转折点。我们两国人民都需要彼此间的和平关系。德国政府赞成缔结一项互不侵犯条约,为在我们两国之间消除政治方面的紧张状态并且实现和平与合作提供基础。苏联政府命令我通知你,他们同意冯·里宾特洛甫先生在8月23日到达莫斯科。"

里宾特洛甫一行32人终于如愿以偿地在8月22日正午抵达莫斯科。会谈进行得很顺利,根本没有任何困难就同苏联人达成了将使苏联置身战争之外的"苏德互不侵犯条约"。双方在条约上签字的分别为莫洛托夫和里宾特洛甫。条约使希特勒可以放心并放手地进攻波兰,所以可以认为条约直接拉开了人类历史上一场空前浩劫的序幕。的确,英法的绥靖政策早已使浩劫的序幕拉开了,但苏联拉得更加直接,更加大。

8月24日,里宾特洛甫在度过他一生中"最不平凡"的24小时之后,于下午1点30分兴高采烈地飞离莫斯科。战争这个魔鬼已经闯进了欧洲,德波边界上乃至整个欧洲的空气中弥漫着浓烈的火药味,大战在即。

苏联通过"里宾特洛甫—莫洛托夫条约"争取了时间。斯大林与苏联政府都清楚与希特勒的战争最终不可避免。但斯大林希望战争能在1943年或1944年以后爆发,苏联能争取到四至五年的时间。条约签订后,苏联紧紧抓住两个具有决定性的环节:一是利用通过条约与希特勒达成的默契,与之划分势力范围,抢在希特勒之前吞并或部分占领周边小国家,建立有效的战略防御地区及态势。这一措施充满了浓郁的民族利己主义色彩,但站在苏联的立场上,却又很合逻辑。二是在对内政策方面,一切政策均服从于努力增强经济实力,全面加强国防力量,从战时的要求出发,在工农业等各个

苏德签订互不侵犯条约，坐者为苏联外交部部长莫洛托夫

领域全面备战。从黑海之滨到白令海峡，机器轰鸣，战车辚辚，苏联人民以自身的艰苦奋斗，努力在欧洲构筑起反法西斯侵略的钢铁壁垒。

苏德签订互不侵犯条约仅过了一周时间，德国便于9月1日在规定时间实施其"白色方案"，对波兰发动了大规模的军事入侵。百万德军在一夜之间如潮水般涌入波兰，波兰危在旦夕。

9月3日下午，德国据苏德互不侵犯条约之密约（即以属于波兰的西乌克兰和西白俄罗斯西部边界分割东、西波兰，划定德苏两国在波兰势力范围的规定）给莫斯科发去特急绝密电报，邀请苏联参加对波兰的军事行动。电报称："德国有把握在几个星期内击败波军，那时，德方将把莫斯科协议中划归德国利益范围的波兰西部领土置于军事占领之下。但是，为了军事上的原因，我们自然还要对那时盘踞在苏联利益范围内的波兰东部的波兰军队采取军事行动。苏联是否愿意在适当时机出兵，打击苏联利益范围内的波兰军队，由自己来占领这片领土？"5日，德国人又急迫地教促苏联出兵。希特勒并不是对波兰的领土不感兴趣，而是觉得自己还来不及做好准备时，暂时不便与斯大林翻脸。苏联政府则郑重地向德国人指出：即使德国人先到了那里，也必须严守苏德条约密约的有关规定。苏联之所以愿在德苏互不侵犯条约之中附以密约，乃是出于建立"东方战线"的战略考虑，即将苏联的欧洲领土向西扩张，以建立起掩护并保卫苏联的屏障。

与此同时，最终尝到了英法绥靖政策苦果、焦头烂额的波兰人也急不可待地把求援之手伸向苏联：波兰驻苏联大使格日波夫斯基要求苏联提供军事物资并允许波兰越过苏境运送军火。对此，苏联毫不犹豫地予以回绝。8日，德军推进到华沙外围，德国又急电苏联，要求苏军出兵，苏联仍无动于衷。9月中旬，德军开始向苏联利益范围的波兰东部即西乌克兰与西白俄罗斯扩张。17日凌晨3点，莫洛托夫的代表波将金向波兰驻苏联大使格日波夫斯基宣读了一份照会，声言：战况表明，波兰国家已名存实亡，波兰首都已不复存在，政权已经垮台，波兰是一切入侵苏联和威胁它的安全的最便利的地方。因此，迄今为止仍保持中立的苏联政府，为保卫自己国家的利益，不得不命令红军统帅部及其所属部队越过边界，以便保护西乌克兰和西白俄罗斯居民的生命财产。斯大林下令出兵占领了波兰东部领土。

在照会宣读后两个半小时，17日凌晨5时40分，苏联的两个方面军的100万大军即越过苏波边界，浩浩荡荡地向波兰东部地区进发，与德军合围波军残部。急迫进军的苏军把部队分编成摩托化部队、骑兵和装甲部队等快速集群，迅速推进。

苏军的入侵给了波兰政府致命的一击，使得波兰对德军的抵抗迅速瓦解。苏军以极快的速度由东向西推进，摩托化部队和骑兵先遣队旋即抵达维尔钮斯、诺沃格拉德克、科韦尔、卢茨克等波兰东部重镇，并迅速占领了整个东部地区，俘虏了23—25万波兰官兵。28日，苏德又签订了苏德边界友好条约，正式确认双方分割波兰全部38万平方公里的领土，波兰继近代三次被俄、普、奥瓜分之后，再一次从地图上被抹去了。

苏联占领波兰东部后，于1939年11月1日和2日将西乌克兰和西白俄罗斯分别与苏联的乌克兰和白俄罗斯加盟共和国合并，使之正式成为苏联的一部分。将其"民族主义分子"加以逮捕和惩办，

德军进入波兰

并将"不可靠的"110万居民流放到苏联的西伯利亚等地。苏联的"东方战线"战略开始实现。

苏联同德国瓜分了波兰后,两国成了"邻国",苏联面临着日益严重的战争威胁。为了更牢固地巩固其西部边界,全面实现其"东方战线"战略,1939年底,苏联趁德国忙于准备西线战事之机,发动了入侵芬兰的苏芬战争。

芬兰是斯堪的纳维亚半岛上的一个小国,人口只有300多万。它位于苏联的西北面,濒临波罗的海,历史上被认为是"开启彼得格勒的钥匙"。当时的苏芬边界最近处距列宁格勒(即圣彼得堡)仅32公里,而芬兰湾又是水路进入列宁格勒的门户。因此,芬兰对于苏联西北边界的安全具有重要的战略意义。历史上,沙皇俄国曾多次入侵芬兰,俄芬矛盾非常尖锐。十月革命胜利后,为改善与芬兰的关系,苏联与芬兰于1932年签订了《苏芬互不侵犯条约》。三十年代末期,随着欧洲局势的恶化,苏联提出调整与修订两国间的"互不侵犯条约"。1939年10月12日,双方开始就修改条约问题进行谈判,芬方代表巴锡基准一行抵达克里姆林宫与斯大林、莫洛托夫等开始举行会谈。在会谈中,斯大林提出,为了保证列宁格勒的安全和控制芬兰湾的入口,要求芬兰:1. 将卡累利阿地峡上的苏芬边界向西移动,以便使列宁格勒与苏芬边界的距离达到70公里;2. 将芬兰湾入口处的汉科港及其附近地区租给苏联建立海军基地,以便控制芬兰湾入口;3. 将芬兰的霍格兰岛等岛屿割让给苏联;4. 调整北方贝萨摩港地区的边界;5. 苏联愿以列宁格勒以北或以南地区的部分苏联领土与芬兰进行上述领土的交换。经过一系列的讨价还价,终因双方分歧太大而没有达成协议。11月26日,莫洛托夫代表苏联政府指责芬兰军队对苏军进行了挑衅性炮击，造成了13人伤亡。并据此要求驻扎在卡累利阿地峡的芬兰军队向西撤离边界20—25公里。几个小时以后，莫洛托夫又宣布，由于芬兰政府拒绝撤退军队，苏联不得不废除《苏芬互不侵犯条约》。11月29日晚，苏联副外长鲍爵姆金又向芬兰大使宣读了一份照会，声称由于芬军在苏芬边界各个地段攻击苏军，苏联不得不从芬兰召回本国的政治代表和经济代表，并中止两国的正常关系。同时，莫洛托夫发表广播讲话，进行了战争动员。经过这一系列的步骤，苏芬两国处于战争状态。

11月30日上午8时，苏联的列宁格勒方面军90余万人，在从巴伦支海到拉多加湖长达1500公里的战线上，分兵八路入侵弱小的芬兰，苏芬战争全面爆发。芬兰武装力量仅有15个师、60辆坦克、29艘军舰和270架飞机。但芬兰军队凭借着恶劣的气候（气温摄氏零下40—50度）、复杂的地形，运用灵活的战术顽强抵抗，给苏军以重创。战争初期，苏军不仅遭受了巨大的损失，而且整整一个月的时间陷在卡累利阿地峡裹足不前，一个月后才接近"曼纳海姆防线"（以芬军统帅命名的芬军防线）。

1940年2月，苏军在增派兵力、调整作战部署后，对"曼纳海姆防线"实施了重点进攻。经过两个星期的激战，该防线终于被突破，苏军在维堡登陆，芬军主力被合围歼灭，芬兰政府被迫向苏联乞和。

3月7日，苏芬重开谈判。芬兰不顾英法的劝阻（苏军入侵波兰后，英法与"国联"将苏联开除，并向芬兰提供了各种军事援助，甚至组成15万人的远征军准备直接参战）与苏联签订了和约。《苏

苏芬战争中的芬兰士兵

芬和约》规定，芬兰将靠近列宁格勒的国界向西、北后撤120公里，使之与列宁格勒相距150公里以上，苏联则以列宁格勒以北的部分领土予以交换；汉科半岛及其周围海域租让给苏联30年，以使苏联建立足以扼守芬兰湾入口的海军基地，苏联每年支付芬兰800万芬兰马克作为租金；苏军从贝萨摩港撤退；苏芬双方保证不再采取任何侵犯对方的行动，并避免缔结任何旨在反对对方的同盟条约或加入类似同盟。

通过苏芬战争，苏联占领了芬兰大量领土，并在原属芬兰的领土上，建立了一条屏蔽列宁格勒的防线（这也是其"东方战线"的一部分）。此后，苏联将兵力转向波罗的海地区。

波罗的海沿岸三国即爱沙尼亚、拉脱维亚、立陶宛所处的位置，对苏联的国家安全有重要的战略意义，长期以来，苏联一直想将其作为自己的战略屏障。随着欧洲紧张局势不断加剧，苏联终于以确保自己的安全为理由开始实施此战略企图，并将其作为最终完成"东方战线"的一环。

1939年9月，德国的"白色计划"刚刚开始实施，苏联即抓住时机以武力威逼波罗的海沿岸三国同苏联缔结互助条约。9月28日，苏联同爱沙尼亚签订了互助公约；10月5日，同立陶宛签订了互助公约；10月10日，同拉脱维亚订立了互助公约。这些公约规定：缔约各方一旦遭到欧洲任何大国直接进攻或进攻威胁（不论这种进攻来自海上或陆上），有相互提供包括军事援助在内的一切援助的义务；苏联有义务根据特惠条款，为上述各国提供武器和其他军用物资；苏联获得在爱沙尼亚、拉脱维亚领土上建立海军基地和军用机场的权利；在立陶宛的领土上，苏联有权在一定地点驻扎地面部队和空军部队；协议各方不得参加旨在反对协议另一方的联盟等等。通过这些条约的签订，苏联部分实现了其战略意图。

1940年夏，希特勒军队在西线连战皆捷，气焰十分嚣张。苏联也趁机在东线加速占领三国的行动。1940年6月14日，苏联突然谴责立陶宛政府破坏苏立互助公约，参加了拉脱维亚、爱沙尼亚组织的反苏军事联盟。6月15日，苏联军队以此为理由，大举进攻立陶宛，随即占领之。然后又以同样借口直接出兵占领拉脱维亚和爱沙尼亚。在苏联的扶持下，6月17日，拉脱维亚成立了以帕烈茨基为首的亲苏政府；6月21日在爱沙尼亚成立了以瓦烈斯为首的亲苏政府；6月20日，在立陶宛成立了以基尔亭施坦为首的亲苏政府。1940年8月2日，苏联最高苏维埃第七次会议做出决定：吸收三国加入苏联，使波罗的海沿岸三国正式成为苏联的三个加盟共和国。吞并三国后苏联终于前进至波罗的海沿岸，扼住了波罗的海门户，领土西移了300—500公里。

1940年6月22日，苏联政府又向罗马尼亚政府正式提出，必须"以最快的速度解决过去遗留下来的悬而未决的问题，即比萨拉比亚和北布科维纳问题"，要求将其交给苏联，苏联以相应的领土作为交换。在多种因素的影响和压力下，罗马尼亚政府被迫接受了苏联政府的这一要求。28日，苏军开始进驻比萨拉比亚和北布科维纳。8月2日，苏联最高苏维埃第七次会议通过决议，将比萨拉比亚并入苏联的摩尔达维亚苏维埃社会主义共和国；北布科维纳并入苏联的乌克兰苏维埃社会主义共和国。

至此，苏联全面完成了从波罗的海到黑海的"东方战线"的建立，在其西部边境赢得了平均300—400公里的防御空间，在一定程度上改善了苏联的战略态势。但"东方战线"战略的提出与实现，显示了苏联政府的民族利己主义立场，伤害了东欧、北欧国家人民的感情。间接致使其中部分国家法西斯主义抬头，转向投靠希特勒德国，最终成为希特勒入侵苏联的伙伴。罗马尼亚和保加利亚加入德意日法西斯的《三国条约》即为此作了明晰的脚注。

希特勒力图避免的仅是两线同时作战。但他并不避免在西线或在东线单线作战。相反，他竭力避免两线作战正是为了在西线并稍晚一些时候在东线单线作战，唯此，才能实现他占领欧洲，称霸世界的妄想。希特勒的计划是——通过"德苏互不侵犯条约"使苏联置身事外，从而放手消灭波兰；待英法为援助波兰而卷入大战时，德国可以倾全力回兵西进，打垮并占领英法。然后，以整个西、北、中欧、东南欧以及东欧的一部分为基地，全面进犯苏联并将其打垮、占领。

扑向苏联并毁灭苏联是希特勒根深蒂固的思想。在其二十年代中叶所著的《我的奋斗》一书中，他写道："我们要停止德国向南欧和西欧的无休止的移动，把我们的视线转向东方的土地……当我们今天谈到欧洲的新领土的时候，我们主要应当想到俄国和它周围的附庸国家。看来，命运本身希望在这里向我们指出道路……东方这个巨大帝国解体的时候到了，犹太人在俄国统治的终结也将是俄国作为一个国家的终结。"德国必须"向俄国取得广袤的生存空间"，"占有俄国的资源"。此后，这一想法作为希特勒的基本思想之一就再也没有改变过。灭亡波兰之后不到两个月，希特勒就指示德国陆军：要把已被征服的波兰领土看作是"德国未来军事行动的集结地区"。德国陆军参谋长哈尔德在其 1939 年 10 月 18 日的日记中清楚地记下了这一点。11月23日，希特勒在对他的将领们大谈进攻西线的问题时，他的心中都没有忘记苏联。他明确地说："只有我们在西线腾出手来的时候，才能够反对俄国。"希特勒还认为他负有反对共产主义、拯救日耳曼民族的使命。他多次地、反复地强调，正是共产主义导致德国在第一次世界大战中失败。而共产主义的创始人是犹太人，所以共产主义与犹太人紧密联系，苏联正是共产主义和犹太人的大本营，处心积虑也要将其消灭。

随着苏联建立"东方战线"战略的逐步展开与实现，希特勒产生了消灭苏联的紧迫感。这一紧迫感又因他感到在与苏联的交易中吃了亏而强化。双重的敌视苏联的心理驱使希特勒加速走向苏德战争。

1940年6月2日，早在德军刚攻入法国之时，希特勒就在得意之余对他的将领们说："反布尔什维克战争，这是我的最大任务。"法兰西战役一结束，希特勒就于7月21日做出了准备进攻苏联的决策。7月29日，作战部长约德尔在作战参谋军官会议上宣布："元首打算在1941年春进攻苏联。"8月9日，德军统帅部下达了代号为"加强东方"的绝密命令，要求实施对苏作战的各项准备。当8月份"海狮计划"正在进行时，希特勒甚至对其亲信将领——大本营参谋长凯特尔说："可以考虑在1940年秋进攻苏联。"但这计划连凯特尔也觉得吃不消。随着入侵英国前景的消失，希特勒更趋将战略重点转向东方并付诸实施。7月31日，在伯格霍夫召开的作战会议上，希特勒明确地说："英国的希望在于俄国和美国。如果对俄国的希望破灭，那么对美国的希望也将破灭，因为消灭俄国以后就会大大增加日本在远东的力量，使美国腾不出手来。"希特勒相信，英国继续进行战争的顽强决心是由于它对苏联有所指望。"但是如果俄国被摧毁，英国的最后希望就会被粉碎。那时，德国将成为整个欧洲的主人。"因此，"考虑到诸多情况必须消灭俄国。时间定在1941年春天。""越快消灭俄国越好。"8月底，德军第18集团军参谋长马克斯受命拟定了侵苏计划的草案。以此为基础，德军最高统帅部于11月底制定了详尽的侵苏计划。12月5日，希特勒审查并批准了这一计划作为最后方案。18日，这一方案被命名为"巴巴罗萨"。同日，希特勒签署了德国武装力量最高统帅部第21号命令，规定在1941年5月15日之前做好实施"巴巴罗萨"计划的一切准备。

"巴巴罗萨"计划是德国法西斯一贯奉行的装甲闪击战、陆空总体战军事理论及其1939—1941年在欧洲作战的经验相结合的产物。据此计划，"战役的最终目的，是进军至阿尔汉格尔斯克—伏尔加河一线，将俄国的西部和亚洲部分割裂开来。这样，在必要时，俄国最后剩下的乌拉尔工业区就可以用空军来使它瘫痪。"计划规定："德国武装力量必须准备在对英战争结束以前，以一次快速的战争击溃苏俄。"12月，德军进行了一次以苏联为目标的大规模实战演习，以校核"巴巴罗萨"的细节。此后，德国陆军总部签发了一系列有关德军在东线进行战略集结和部署展开的命令。

德军悄悄地、源源不断地开始大规模东进，很快陆续抵达与苏联接壤的波兰、匈牙利、罗马尼亚、芬兰以及保加利亚等国，并渐次展开于与苏边界的接近地，法西斯侵略战争在紧锣密鼓地准备。1940年秋至1941年5月，仅在波兰，就修建了约100个军用机场和50个用于集结军队与贮放物资的场站与基地。至1941年6月，德军总数已达850万人，214个师，远远超过苏军的500多万人，150多个师。其中用于对苏作战的一线部队达153个师，550余万人，虽然此兵力总数与苏军兵力总数基本相等，但德国陆军总参谋长哈尔德认为，德国的师比俄国的师要优秀得多。此外，153个一线德国师还得到了仆从国的37个师的加强，使希特勒在即将发动的侵苏战争的一线总兵力多达190个师。德国空军也在同期集中了60%以上的作战飞机于侵苏一线。

法西斯德国在"加强东方"的同时，为达到实施"巴巴罗萨"计划的战役与战术的突然性，采取了一系列掩饰手法。尽管希特勒已在1940年10月12日签署了取消入侵英国的"海狮计划"的指令，但德国仍然做出准备入侵英国的假象。陆海空军奉命采取一切隐蔽措施调动部队，"不得暴露它们的调动情况"，"必须让英国人和俄国人继续认为我们正准备在很长的战线上再次对英国发动进攻"。当波苏边境上的德军剧增被苏联察觉后，德国驻苏联大使馆的武官奉命通知苏联总参谋部：这些调动只是派年轻的士兵代替将要复员去参加工业生产的年纪较大的士兵。与此同时，德国还于1940年底邀请莫洛托夫前往柏林，商谈如何"在世界规模上分配各自的利益"，以便"安一安俄国人的心"。但远在英伦三岛的狡黠、聪明、镇定的丘吉尔，得知其情报人员所提供的德军东向的报告后，意味深长地笑了，他确切并有把握地意识到：英国将获得一个强大的盟友——苏联。德国人将不可避免地再次陷入两线作战。

距"巴巴罗萨"所规定的实施日期（5月15日）仅50天之时，3月26日夜晚，南斯拉夫若干空军高级将领，在陆军及大多数人民群众所支持的起义中，将已签字加入《德意日三国条约》、忠于希特勒政府的政府推翻。在贝尔格莱德进行的狂热的庆祝活动中，

德军机械化部队

许多群众向德国公使的汽车吐唾沫,表现了他们讨厌和敌视法西斯德国的情绪。希特勒勃然大怒,他认为这是对他个人的蔑视和侮辱。3月27日,他召集了最高统帅部会议。在会议上,他下令:"在军事上把南斯拉夫毁灭,使它不再是一个国家。"随后,他发布了立即入侵南斯拉夫的第25号元首指令,并要凯特尔和约德尔连夜制定相应的军事计划;指示里宾特洛甫通知匈牙利、罗马尼亚、意大利参加对南的军事行动,"他们将全都可以分到南斯拉夫的一片土地。"为此,必须动用准备实施"巴巴罗萨"的部队。他对他的将领们说:"'巴巴罗萨'计划将被迫推迟,但期限顶多为四个星期。"4月6日黎明,德军以60多个师(包括仆从国师)的占压倒优势的兵力从保加利亚、匈牙利和德国本土的疆界出发,全力扑向南斯拉夫和希腊(希腊本来是墨索里尼的势力范围,但意大利军队自1939年10月入侵希腊以来,被希腊人的顽强阻击和抵抗打得狼狈不堪。希特勒不允许在实施"巴巴罗萨"计划时,在巴尔干半岛上存在威胁其南部侧翼的任何有组织的军事抵抗力量,所以决定在出兵南斯拉夫时"顺便"帮帮墨索里尼的忙)。4月13日,德国和匈牙利军队开进了基本已被德国空军摧毁的贝尔格莱德。17日,南28个师的残余部队在萨拉热窝投降。4月23日,在希腊北部进行最后抵抗的希腊军队也投降了。4月27日,纳粹的坦克驶入雅典。5月底,德国伞兵在一次空降袭击中夺取了英国人盘踞的克里特岛。至此,巴尔干半岛全部落入纳粹魔掌。希特勒进行"巴巴罗萨"时再也不用担心他西南侧翼的安全了。4月30日,当希特勒的军队完成了对南斯拉夫和希腊的征服时,他为"巴巴罗萨"规定了新的日期——1941年6月22日。但这5周多的延迟最终被证明对纳粹德国是致命的,德国人想在冬天来临之前征服一个从未被征服过的大国本已属超越能力的狂妄；而想在俄罗斯的冬季降临之后再征服它，则更是失去理智的幻想。它最终导致了纳粹"诸神的末日"。南斯拉夫人民的反法西斯起义以及随后南斯拉夫共产党（南共联盟）领导的全民大起义，在人类的文明史上镌刻下不朽的一页。

当德军再次在东线集结完毕并部署停当，哈尔德记述："元首决心尽快澄清与俄国的关系。"希特勒踌躇满志地欢呼道："当'巴巴罗萨'开始时，全世界将会大惊失色，难置一言！"

一

还记得伏龙芝大街总参谋部内的谈话吗？

1941年6月21日晚，苏联基辅特别军区参谋长普尔卡耶夫中将通过电话向苏军总参谋长朱可夫报告，有一个德军司务长向苏军边防部队投诚。据他称，德军正在进入出发地域，将在22日凌晨对苏联发动进攻。朱可夫立即用电话报告了斯大林。斯大林立即召见了朱可夫与苏联国防人民委员铁木辛哥。他问："这个投诚者会不会是德军为了挑起冲突而派来的呢？"铁木辛哥坚定地回答："不会，我认为投诚者说的是实话。""那我们该怎么办？"斯大林问。"立即命令边境军区所有部队进入一级战斗准备。"铁木辛哥回答。"起草命令吧，并把它读一下。"斯大林下令。朱可夫迅速起草了命令并读了一遍。斯大林说："现在下达这样的命令也许还太早，问题还可能和平解决。命令要简短，指出袭击可能从德军的挑衅行动开始。边境军区各部队不要受任何挑衅的影响，以免问题复杂化。"朱可夫与副总参谋长瓦杜丁迅速修改并缩短了命令。斯大林审定后又做了某些改动，然后交由铁木辛哥与朱可夫签字下发。瓦杜丁带上命令迅速返回位于伏龙芝大街的总参谋部，于1941年6月22日零时30分将命令下达至列宁格勒军区、波罗的海沿岸特别军区、西部特别军区、基辅特别军区、敖德萨军区,并抄送了海军人民委员。但朱可夫与铁木辛哥都为这一仅仅强化戒备的命令而心情不安。他们离开斯大林处时商定,10分钟后在铁木辛哥处见面。

6月22日零时,基辅军区司令员基尔波诺斯在其指挥所用高频电话直报国防人民委员和总参谋长,又有一个德国兵投诚,他是德军步兵第74师第222团的士兵。他告知,德军将于22日凌晨4时进攻苏联。国防人民委员与总参谋长立即与各边境军区司令员通话,他们均不约而同地反映,一线部队报告,国境外机器声与各种嘈杂的声音越来越大。两人立即报告了斯大林。斯大林问道:"命令是否下达完毕。"当得到肯定的回答后,斯大林未作进一步表示。朱可夫与铁木辛哥要求各军区司令员与参谋长务必在指挥所内。3时30分,西部军区报告,德军开始空袭白俄罗斯的机场与城市。3分钟后,基辅军区报告,乌克兰遭德军空袭。3点40分,波罗的海军区报告,敌机空袭考纳斯和其他城市。朱可夫与铁木辛哥立即明白了:这是战争!他们随即给斯大林打电话。但斯大林的警卫长回答:斯大林同志在睡觉,不能叫醒他。朱可夫大声说:"请立即去,德国人轰炸我们的城市了。"3分钟后,斯大林来到了电话机旁。朱可夫报告了情况,请求允许还击。斯大林沉默不语,"你听懂我的意思了吗?斯大林同志。"朱可夫急切地问。仍然是沉默。电话里只有斯大林急促的呼吸声。几分钟后,斯大林说:"你和铁木辛哥来我这儿。我立即告诉波斯克列贝舍夫(斯大林的秘书),让他召集全体政治局委员。"

4点30分,铁木辛哥与朱可夫抵达克里姆林宫,全体政治局委员均已到齐。立即召开了有国防人民委员和总参谋长参加的政治局

苏联最高统帅斯大林

会议。斯大林由于紧张和愤怒而脸色苍白，手里握着装满了烟草的烟斗对莫洛托夫说："应当立刻给德国使馆打个电话。"莫洛托夫照办了，并告知大家，德国使馆答复：冯·舒伦堡大使要求接见，他将带来德国政府的有关通知。接见大使的事，斯大林交由莫洛托夫出面。莫洛托夫刚刚离开会议室，副总参谋长瓦杜丁在总参谋部向克里姆林宫急报，德国陆军在飞机轰炸后，已在西部和西北方向的许多地段对苏军发起突击，有的已楔入苏联境内。不久，莫洛托夫匆匆走进会议室说："德国政府已向我们宣战。"斯大林默默地坐在椅子上沉思起来，长时间的令人难以忍受的沉寂。朱可夫打破了沉默，要求立即命令各边境军区用所有兵力猛烈还击突入苏境的敌军，制止其前进。"不是制止，而是歼灭。"铁木辛哥补充道。"下命令吧。"斯大林站起来说。6月22日7时15分，给各边境军区下达了国防人民委员和总参谋长签署的第2号命令。苏军各部队实际上早已开始全面抵抗与还击，而要求歼灭德军则是完全不现实的，该命令因而无法执行。

　　1941年6月22日凌晨3时30分，纳粹德国撕毁了"德苏互不侵犯条约"，不宣而战（正式宣战在进攻之后一个半小时）突然袭击苏联。意大利、罗马尼亚、匈牙利、保加利亚、芬兰等作为仆从国，也相继对苏联宣战。佛朗哥派遣了西班牙的"蓝色师团"前往助战。法国傀儡政权——维希政府当天即宣布与苏联断绝外交关系。希特勒庄重地宣称："我在今天决定，将欧洲的命运再次交到我们士兵的手中。"德军最高统帅部出动整整190个师（德国师为153个）近600万兵力突袭苏联。在从巴伦支海、波罗的海、黑海、喀尔巴阡山长达4500公里的苏联边境线上，展开了166个师（其余24个师为德军统帅部东线战略预备队），分成三大集团军群，全面推进。北方集群以冯·勒布（又译作冯·李勃）元帅为首，以29个一线德国师为核心，沿波罗的海东岸展开进攻，锋芒直指列宁格勒。中央集群在冯·包克（又译作冯·柏克）元帅统率下，以50个一线德国师为核心，突袭明斯克、斯摩棱斯克，直取莫斯科。南方集群以冯·伦施泰德（又译作冯·龙施德特）元帅为首，以57个一线德国师为核心，进攻基辅、哈尔科夫和顿巴斯，意欲夺取苏联的粮食和能源基地。北方集群配属有德国空军的第5航空队；德国空军的第2和第4航空队分别配属于中央集群和南方集群。3个航空队的作战飞机共3200余架。在北方集群中，有6个装甲师；中央集群内，装甲师多达15个；南方集群拥有9个装甲师。进攻以德空军突袭苏军机场和苏联城市开始。3时30分，德军飞机开始对苏联西部工业中心、铁路枢纽和军事设施进行狂轰滥炸，攻击重点为苏军西部各大军区的机场。3小时之内，苏军66个机场被击毁飞机1200余架，近900架被炸毁于地面。4时，德国步兵以坦克和摩托（机械）化部队为先导，开始全线突进。德军在4500公里的战线上，迅即楔入各苏军防线，对苏军实施分割、合围。苏军全线被迫且战且退。哈尔德在6月22日的日记中写道："苏军在整个战线上，都遭到了战术上出其不意的袭击。"德军"成功地达成了战术和战役上的突然性"。德军在苏境内最初占领的桥梁都是完整无损的，这大大鼓舞了德军的士气并加快了装甲摩托化部队的推进。德军第4军团（属中央集群）参谋长古恩特·勃鲁门特里特写道："俄国人在我们的进攻前完全措手不及。在边界的大部分地方，他们甚至没有做好战斗部署，还未能展开和组织抵抗就被打败了。""苏军在急迫和紧张的状况下，甚至用明码发报，请示如何处置。"在遭到突袭的苏军全线，仅有奥克佳布里斯海军上将领导的黑海舰队实行了高度有组织的抵抗，并击退了敌机。"巴巴罗萨"确实令全世界吃惊，也使斯大林吃惊。

6月22日，莫洛托夫代表苏联政府发表了广播演说，痛斥纳粹背信弃义，号召苏联人民投入反法西斯战争。但苏联人民渴望听到斯大林的声音，斯大林在哪里？他在干什么？斯大林仍在克里姆林宫，但他处在失望、痛心与惊愕之中。

斯大林本希望通过签订"苏德互不侵犯条约"，在与纳粹德国的对抗中争取到四至五年时间，他知道与纳粹的战争最终不可避免。朱可夫说："他从未指望依靠这个条约。"为此，他尽力置身于纳粹与其他国家的对抗之外，并在苏联作好充分准备之前，避免与希特勒的一切公开冲突。他这一指导思想一直持续到6月22日3时30分德国空军开始空袭苏联时仍未放弃。直至舒伦堡代表德国政府正式对苏宣战，斯大林才知道自己的愿望落空了。为贯彻这一指导思想，他甚至纵容祸水西进。当1940年4月9日纳粹入侵丹麦与挪威时，莫洛托夫对舒伦堡讲："苏联政府谅解德国被迫采取的措施。我们祝德国在它采取的防御措施中取得完全成功。"一个月后，当这位德国大使拜访莫洛托夫，把德国军队在西线（绕道比利时、卢森堡、荷兰进攻法国）的攻击行动正式通知他时，莫洛托夫再次表示感到高兴。舒伦堡给柏林的电报说："莫洛托夫抱着谅解的精神接受了这个通知，并说他和苏联政府认识到，德国此举乃保护自己不受英法攻击的必须所为。"此后，莫洛托夫对德军采取的每次行动都表示赞扬甚至奉承。1940年6月，新任英国首相丘吉尔在致斯大林的一封私人信件中设法告诫斯大林，德国的征服除威胁英国外，对俄国也有危险，英俄应当结盟，共同商定一个防御德国以自卫的统一政策，并且商定重建欧洲均势的办法。斯大林却答复说，他看不出存在着任何一个国家称霸欧洲的危险，更看不出德国鲸吞欧洲的危险。并将英苏这一秘密来往以备忘录形式通报了德国，以至里宾特洛甫表示"感激不尽"。这一举措尽管有含蓄警告德国的意思，但更多的是透着斯大林维持对德"友好"关系的意图。至于丘吉尔，则被迫继续吞下张伯伦与达拉第绥靖及祸水东引政策的恶果。1941年4月底，丘吉尔以其历史学家的睿智和政治家的历史责任感给斯大林又写了一封信，告知南斯拉夫沦陷后，纳粹装甲师开始东调至波兰、罗马尼亚一线。斯大林却对朱可夫讲："你看，用德国人吓唬我们，再用苏联吓唬德国人，有人就企图唆使我们互相敌对。"虽然斯大林对纳粹的威胁很清楚（抓紧建立"东方战线"就是证明），但他还想赢得更多的时间。斯大林后来对其高级将领多次说过，若再有二、三年和平时期就好了。失望之余，斯大林产生了极大的惊愕，他知道当初希特勒火急火燎地要订立两国互不侵犯条约是为了使德国避免两线作战。而希特勒在"海狮计划"失败之后挥师东进，势必使德国再次陷入两线作战的困境，德国的失败将是不可避免的。苏联深深地知道英国还未被打败。战争前夕，莫洛托夫在柏林时，面对德国人吹嘘"对英国的战争实际上已经打赢了，英国已没有能力，作为一个欧洲大国的地位已不复存在"反唇相讥道："那么，对德国的轰炸是谁进行的呢？我们为什么要躲在防空洞里呢？"惊愕之后，斯大林表示出极大的痛心。他为自己对纳粹的疯狂性与冒险性估计不足而痛心。他对苏军的将帅们"深深地思考过这些错误"。经过思想上、情感上的波澜跌宕之后，斯大林渐渐地恢复了冷静、沉着、镇定与信心。苏军将帅们都回忆说，斯大林从最初的长时间的沉默中恢复之后，就开始坚定地、有效地履行他作为最高统帅的职责，直至战争胜利。他是一个称职的、精明能干的统帅。诺贝尔文学奖获得者、《静静的顿河》的作者肖洛霍夫说："把战争时期的斯大林的活动加以贬低，第一是不正派，第二是不客观，并且对苏联人民没有好处。之所以不好，因为这不符合实际情况。"

1941年6月23日，斯大林和苏联政府下令建立苏军最高统帅部，以统一领导、指挥全部苏军。其成员包括：斯大林、莫洛托夫、铁木辛哥、朱可夫、伏罗希洛夫、布琼尼、库兹涅佐夫等。它仍以苏军总参谋部为最高统帅部总参谋部。战争期间的苏军历任总参谋长（朱可夫之后依次是沙波什尼科夫、华西列夫斯基、安东诺夫）先后均为最高统帅部成员。最高统帅部在整个战争期间发挥了最高决策和极其杰出的指挥职能。至战争胜利，最高统帅部的阵容是：斯大林、朱可夫、华西列夫斯基、安东诺夫、布尔加宁、库兹涅佐夫（海军人民委员）。

同一天（6月23日），最高统帅部下令，将苏联西线各边境军区改编为北方方面军（原列宁格勒军区）、西北方面军（原波罗的海军区）、西方方面军（原西部特别军区）、西南方面军（原基辅军区）、南方方面军（原敖德萨军区）。以北方和西北方面军对抗纳粹的北方集群；以西方方面军抗击纳粹的中央集群；以西南和南方方面军抗击纳粹的南方集群。不久，组建了预备队方面军，作为最高统帅部直接掌握的全军战略预备队。

此后几天，苏联政府关于征召预备役军人，将苏联工业基地西迁至乌拉尔地区及其以东，将苏联全部经济转入战时轨道，加紧研

苏联二战征兵海报

制、定型和生产新型武器包括拉沃奇金—2型强击机、拉—5歼击机、雅克—9歼击机、图波列夫和伊留辛设计的轰炸机、KB重型坦克、T-34重型宽履带越野坦克、火箭炮等的命令和指示也陆续下达。苏联人民全力以赴投入了反法西斯战争。

1941年7月3日，斯大林代表苏联共产党中央委员会和苏联政府向全体苏联人民发表广播演说。他向苏联人民如实说明了前线的情况，要求人民抛弃侥幸的思想，立即重新安排全部生活和国民经济，以适应同强大、狡猾而且残酷的敌人作战的要求。斯大林在揭露了纳粹军队的罪恶之后，直接诉诸民族主义和爱国主义激励苏联人民。他说道，就是希特勒这样一个毫无人性的法西斯强盗，"竟然还扬言要消灭我们这一个曾经产生过普列汉诺夫和列宁、别林斯基和车尔尼雪夫斯基、罗蒙诺索夫和门捷列夫、苏沃洛夫和库图佐夫、列宾和苏里科夫、格林卡和柴可夫斯基……这样的一个民族哩！"他号召："一切为了前线！一切为了胜利！……用人民的一切力量来粉碎敌人！"朱可夫回忆道："作为斯大林这篇值得纪念的讲话基础的，是1941年6月29日苏联人民委员会和联共（布）中央向前线和接近前线各州的所有党组织和苏维埃组织发布的命令。这个命令谈到了苏联人民及其军队在伟大卫国战争中的基本任务。……从中可以听到列宁的一个著名号召：'社会主义祖国在危急中！'"

1941年7月12日，丘吉尔领导的英国政府尽弃前嫌，与苏联政府在莫斯科签署对纳粹德国的联合作战协定。斯大林出席了签字仪式并与英国战友热烈拥抱。世界人民的反法西斯统一战线开始形成。

纳粹突袭苏联所达成的战役与战术上的突然性效果仍然在持续，

并迅速蔓延。6月22日,苏军西北方面军的第8和第11集团军的正面开始遭到德军北方集群全部兵力和中央集群所属的第3坦克集群、第9集团军左翼的两个步兵军的突击,西北方面军正面所临之敌达40个德国师。德军的25个师(包括6个坦克师)担任进攻的第一梯队。德军在各突击方向上均造成了兵力和兵器上的压倒优势。当天黄昏,北方集群所属坦克第4集群的先遣部队已前出至杜比萨河。属中央集群的坦克第3集群各师在考纳斯以南60公里处渡过了涅曼河。6月22日,西北方面军全军后撤了10—15公里。6月22日深夜,西北方面军决定对突入第8和第11集团军结合部的德军实施反突击。6月23日和24日,在施亚乌利亚伊西南和从东向罗斯西耶内实施反突击的三个苏军坦克师与德军两大坦克集群展开激战,苏军三个师损失严重,被迫后撤。6月24日黄昏,德军摩托化第56军前出至乌克美尔格地域。6月25日,得到一个机械化军加强的苏军第27集团军沿西德维纳河从利瓦尼到克腊斯拉瓦一线组织防御。退却下来的第8集团军奉命防守西德维纳河下游地段。苏军第22集团军遵照最高统帅部命令,沿西德维纳河在克腊斯拉瓦到维帖布斯克以西地域展开。第11集团军则通过第22集团军的正面向伊德里察方向撤退。6月26日,德军摩托化第56军所属坦克第8师突袭占领了道加夫皮尔斯。6月29日,德军摩托化第41军在克鲁斯特皮尔斯地域突破苏军防线,渡过西德维纳河。6月30日,摩托化第56军也强渡了西德维纳河,并在河右岸(东岸)建立了登陆场。7月1日,德军步兵第26军的快速先遣支队夺取了里加的西德维纳河上的桥梁,彻底打开了西德维纳河防线。6月29日,苏军最高统帅部命令西北方面军固守西德维纳河一线;同时要求其将所属战役预备队、最高统帅部支援的预备队和北方方面军调来的部队集中在普斯科夫—奥斯特洛夫—诺沃尔热夫—波尔霍夫地域,以防西德维纳河一线失守后,转入该线防御。但西北方面军已无力完成这项任务。7月2日,苏军第27集团军在德军第4坦克集群的攻击下被迫向奥波奇卡方向退却,使奥斯特洛夫方向失去掩护。7月5日,德军攻占奥斯特洛夫。7月7日,苏军在普斯科夫接近地和奥斯特洛夫地域内的反冲击失败。7月9日,苏军放弃普斯科夫。7月10日,方面军司令部将普斯科夫方向的所有苏军编入第11集团军,令其在普斯科夫地区的正东面、东北面、东南面、正南面以及诺沃勒热夫西北地域组织防御。第27集团军则在第11集团军以南组织防御。大大减员并削弱了的第8集团军往北撤向爱沙尼亚境内。在此严重情况下,波罗的海舰队司令员特布里茨海军中将被迫下令舰艇撤离利巴瓦、文达瓦和里加湾诸港口,但仍牢牢地控制着萨烈马岛和希乌马岛。在18天的时间内,德军北方集群在中央集群部分兵力的支援下,突入苏联境内500公里,占领了波罗的海沿岸的立陶宛、拉脱维亚,其主力前出至列宁格勒州。

苏军西方方面军辖有第3、第4、第10集团军。6月22日晨,德军中央集群以39个德国师的兵力对西方方面军正面发起突击。6月23日,德军坦克第3集群和第9集团军的两个军共11个师突破了苏军西北方面军第11集团军的防线,旋即向西方方面军的右翼推进,开始合围西方方面军。随着苏军的立陶宛、白俄罗斯一线防御被突破,以及德军预备队各师陆续投入,至战争的第一个周末,在西方方面军的正面已有60个齐装满员的德国师,比西方方面军的部队多出一倍以上。而在面向斯摩棱斯克、莫斯科的决定性地段——

德军的战地指挥所

苏瓦尔基—莫洛迭奇诺—布列斯特—巴腊诺维奇一线，德军的数量比苏军多出3倍以上。6月23日，苏军第3集团军被在维尔纽斯方向上渡到涅曼河右岸的德坦克第3集群深远迂回、合围，被迫放弃格罗德诺。6月23日黄昏，在西方面军和西北方面军之间形成了一个宽达130公里的缺口，德军第3与第4坦克集群迅速楔入并向纵深推进了120公里。位于西方面军左翼的第4集团军，在德军的突袭下，甚至未能实现战役展开—占领计划所规定的防御地带，就开始撤退。6月23日，德军在西方面军左翼推进了60公里，占领了科勃林。西方面军两翼均被德军突破，西方面军面临被德军从其两翼纵深迂回、合围的绝境。这样，方面军的中央——远远向西伸出的在比亚威斯托克突出部上的第10集团军，也面临被德军合围的绝境。6月24日，德军坦克第2集群在行进间攻占沙腊河一线，逼近巴腊诺维奇。西方面军以第4集团军一部在此组织了防御，坚持了3天，第4集团军消耗殆尽。6月25日，苏军最高统帅部下令有被德军合围危险的第3、第10集团军撤至利达、斯洛尼姆、明斯克一线。苏军被迫沿残存的宽不到60公里的走廊地带撤退。6月26日，苏军最高统帅部下令，在白俄罗斯首都明斯克筑垒地域长达150公里的防御围廊上重新集结和展开的苏军（第3、第10集团军残部），统由赶来加强此线的第13集团军指挥。第13集团军随即对企图从行进间攻占明斯克的德军展开反突击，重创德军第39摩托化军。但6月29日黄昏，德军第2、第3坦克集群突破了苏军明斯克防线两翼，并迅速纵深迂回，攻占了明斯克，切断了苏军的退路，西方面军所有部队均被合围。经激战仅有少量部队突出重围，退至别烈津纳河一线。苏军西方面军的全线失利，其司令员帕夫洛夫大将负有不可

苏德战场   一　还记得伏龙芝大街总参谋部内的谈话吗？

推卸的责任。从1940年苏军秋季校阅至战争爆发，在将近一年的时间里，他没有按照总参谋部及总参谋长的要求调整在校阅中暴露出重大缺陷的部队部署，以致第4集团军尚未来得及进入指定防御位置就被击溃，随后被合围，并致方面军左翼被纵深突破，终于危及全线。在方面军两翼被突破后，帕夫洛夫则失去了对整个方面军的有效指挥。他虽常常深入某一具体战斗单位，但对全线局势及各集团军的困境和突入的德军均不甚了了，还常常下达一些不符合实际、根本不可能执行的命令。德军合围西方面军后，于6月29日攻入明斯克，开始野蛮屠杀居民，掠夺财产及资源，焚毁文化古迹。朱可夫写道："最高统帅部和总参谋部以十分沉痛的心情收到了德军进入白俄罗斯首都的消息。我们包括斯大林全都明白，来不及撤往东部的居民将有多么悲惨的命运。"6月29日，斯大林两次来到最高统帅部，对西部战略方向上的形势表示强烈不满。6月30日6时45分，朱可夫奉命通过"博多"电报机与帕夫洛夫大将进行了交谈。"从谈话中看出，帕夫洛夫本人对情况了解得很差。"当天晚些时候，斯大林给总参谋部打电话，命令召回帕夫洛夫。7月1日，帕夫洛夫乘飞机返回莫斯科。铁木辛哥和朱可夫好不容易才认出他来。他在8天战争中变化很大，人消瘦得不像样子。当天，帕夫洛夫就被解除了一切职务，随后被送交军事法庭并被判处死刑。帕夫洛夫知道难辞其咎，心怀愧疚地接受了这一判决。临刑前他只表示，丧失警惕的责任不应仅由他一个人负；希望后来者干得比他好。西方面军参谋长克利莫夫斯基中将、通信兵主任格里戈里耶夫、炮兵主任克利奇科及方面军司令部的其他几位将军被同时解除了职务并被送交军事法庭。

西方面军失利导致莫斯科方向危急。苏军最高统帅部被迫动用统帅部战略预备队（即预备队方面军）。7月2日，最高统帅部下令，预备队方面军现有各集团军编入西方面军，由国防人民委员铁木辛哥元帅出任西方面军司令员，副总参谋长马兰金中将出任方面军参谋长。7月6日，铁木辛哥指示苏军机械化第7军和第5军从奥尔沙以北地域向进攻维帖布斯克的德军坦克第3集群的侧翼实施反突击，但很快被德军阻滞、遏止，并遭到德军反攻。7月9日黄昏，德军第4坦克军在从波洛茨克到日洛宾的正面逼近了西德维纳河和第聂伯河地区，旋即突破苏军第22和第20集团军的结合部，占领了维帖布斯克，并在迭斯纳地域的西德维纳河右岸攻占了一个登陆场。至7月10日，德军中央集群已深入苏联境内450—600公里，平均每昼夜推进25—35公里，几乎占领了白俄罗斯的全部领土。

苏军西南方面军编成内有第5、第6和第26集团军。在方面军南翼之外，还有苏军第12集团军。6月22日晨，德军南方集群在部分匈牙利军队的支持下，以其全部兵力对苏军第5、第6集团军正面展开了突击。德军突击的重点在日托米尔—基辅方向。在该方向上，德军南方集群投入了其主要突击集团——坦克第1集群和德军第6集团军的大部分兵力。6月22日，苏军第5集团军且战且退，向西布格河以东后退了15至20公里。第6集团军也后撤了15公里左右。苏军第26、第12集团军正面暂未遭到德军突击，得以实施战略展开并前出至国境线。6月23日，德军在第5集团军的正面增加了摩托化第3军和第48军以强化攻势。6月24日，在苏军第5和第6集团军的结合部，德军打开了一个宽达50公里的缺口，德军迅速楔入并实施纵深迂回。6月25日，星夜兼程赶来的苏军机械化第9军和第

19军以强有力的反突击暂时封闭了缺口,但在德空军的攻击下损失严重,没有能遏止德军突击集团,被迫且战且退。6月30日,苏军最高统帅部命令西南方面军在7月9日前撤至苏联旧国境线(1939年9月前的国境线)上的筑垒地域,并依托此组织坚强的防御。当天黄昏,方面军司令部下达了后撤的命令,西南方面军开始有计划有组织地后撤。从7月1日至15日,西南方面军边实施后卫战斗,边后撤指定地区。7月4日—6日,德坦克第1集群被阻滞在诺沃格勒沃伦斯基筑垒地域。7月7日,德军从南面突破此地域,并于黄昏前出攻占了别尔迪切夫。同日,苏军放弃了罗夫诺城。7月8日,德军攻占诺沃格勒沃伦斯基。7月9日,德军攻占了日托米尔。西南方面军虽实施了有准备的撤退,但因后卫阻滞未达预期目标,德军进展迅速,致使其中路和左翼各集团面临被德军纵深合围的危险。方面军司令部决定以各集团军所属机械化军为主力,在南北两面实施反突出,以堵住基辅方向上的缺口。7月9日,苏军机械化第15军发起冲击,目的是想将德军逐出别尔迪切夫。但冲击持续了一个星期,未达成目的。7月10日,第5集团军由科罗斯田筑垒地域向西南方向发起反突击,迫使德军摩托化第3军停止了进攻,第5集团军正面得以稳定在别尔迪切夫—科罗斯田一线。7月11日黄昏,第6集团军抵达别尔迪切夫—赫美尔尼克一线。7月15日前,第26和第12集团军安抵列提切夫筑垒地域(赫美尔尼克西南35—40公里)。西南战线终于稳定在基辅筑垒地域的各接近地。

西南方面军粉碎了德军企图以快速推进攻占基辅和第聂伯河南段诸渡口的企图。开战近20天以来,西南方面军成功地组织了有效防御,部分实现了苏军最高统帅部的战略目的。这不仅得益于西南方面军司令员基尔波诺斯上将坚定有力的指挥和方面军所属各集团军的卓绝战斗,而且得益于苏军最高统帅部和斯大林的高度重视。德军进攻伊始,斯大林就判断其战略重点在乌克兰—高加索一线,因为那里是苏联的粮仓和能源基地,它们都是纳粹急需获取的战略资源。基于此判断,6月23日,斯大林将朱可夫作为最高统帅部代表派往西南方面军以加强方面军的指挥并协调方面军与最高统帅部的意图。6月26日深夜,朱可夫完成任务后才飞返莫斯科。此后,向战局的最关键区域或在多个方面军实施共同行动时,派去最高统帅部代表加强指挥、协调行动、强化方面军与最高统帅部的联系,成了苏军有效的最高指挥模式。但德军仍然在近20天的时间里,攻占了乌克兰的大部。为了继续基辅方向的进攻,德军最高统帅部从其战略预备队中抽调精锐部队加强了南方集群。恶战在即。

在苏芬边境上,苏军部署了北方方面军,辖有第14、第7和第23集团军。其正面之敌为德军挪威集团军群和芬兰的"卡累利阿"和东方集团军,共23个师又3个旅。6月30日,德挪威集团军向苏军第14、第7集团军右翼发起突击,苏德战场最北翼战斗行动开始。至7月中旬,在北方面军的英勇抗击下,该方向上的德、芬军队被迫在各个地段停止攻击,在半个月内只推进了25—30公里。北方面军的顽强防御彻底打破了纳粹统帅部迅速攻占摩尔曼斯克和破坏摩尔曼斯克铁路的计划。保住了美英援苏物资的重要运抵口岸和将其转运至前线的交通干线。苏海军北方舰队积极协同北方方面军作战,以潜艇攻击由佩特萨莫运载镍矿石及其他战略物资的德军船队及其护航舰队,力图切断德军的海上补给线。

7月1日,德军和罗马尼亚军队从罗马尼亚境内向苏联突袭,苏

苏德战场 ── 还记得伏龙芝大街总参谋部内的谈话吗?

德战场最南翼战斗行动开始，苏军南方方面军投入战斗。德、罗军队将主要突击指向莫吉廖夫—波多利斯基—日梅林卡方向，直接威胁西南方面军的侧翼和后方。7月3日黄昏，德、罗军队在博托夏尼和雅西以东的普特河左岸占领了登陆场。7月4日，德、罗军队向莫吉廖夫—波多利斯基方向发起进攻。7月5日，罗马尼亚军队在胡希东北渡过普鲁特河，向基希涅夫方向进攻。7月6日黄昏经过整整6昼夜的激战，南方方面军的防御被突破，德、罗军队推进了60公里。西南方面军的态势随之恶化。黑海舰队舰群及其航空兵，对康斯坦察的罗马尼亚海军基地进行了突击，并对罗马尼亚的油田和铁路枢纽进行了不间断的炮击与轰炸，但未能改变南线局势。苏联摩尔达维亚苏维埃共和国的大部沦陷。

至7月上旬末，除最北端战线外（苏芬边境），苏军防线被全线突破。西方方面军几乎全军覆灭。"数以万计的苏军战俘源源而来，整军整军的军队被迅速合围，看来这是波兰战役的重演。"一向谨慎的德军陆军总参谋长哈尔德在日记中写道："对俄国进行的战役在十四天内就获胜了。这么说是一点也不过分的。""战争将在几周内全部结束。"

希特勒及其将领们高兴得也许太早！在苏军全线危急之时，为了摸清敌情和重新建立与被打散部队之间的联系，苏军最高统帅部常向敌后空投侦察、联络及破坏小组。小组成员基本由莫斯科外语学院学德语的大学生和苏军情报部门官兵组成。在小组出发前，常由苏军最高统帅部将领与其谈话，交代任务。苏军将帅们回忆，被派出的众多小组中，从未有人拒绝前往。他们为了祖国，随时准备献身。27年之后，朱可夫元帅回忆了一个片断："7月上旬，正是敌人占领了明斯克并进逼别烈津纳河之际,统帅部决定向明斯克敌后空投一个侦察联络小组。小组由两个姑娘和两个小伙子组成,都是共青团员,操着很好的德语,两位姑娘是外语学院的学生。从谈话中知道,他们是莫斯科人。我问他们飞往敌后怕不怕,他们交换了一下眼色微笑着回答:'当然有点害怕。如果我们在着陆时被抓住,那就糟糕了。但如果那个时候不被抓住,那就一切都会好的。'他们都非常年轻漂亮。祖国召唤他们,他们投身于危险而艰难的工作。"元帅沉重地写道:"他们的命运怎样,我不得而知。如果这个小组有谁还活着的话,他(她)应当记得1941年7月上旬在莫斯科伏龙芝大街总参谋部内的谈话。"6月下旬,朱可夫在西南方面军时,眼见机械化第8军军长里亚贝舍夫及其属下,在纳粹疯狂的轰炸与炮击下,"只是全神贯注地工作着,就像在野外演习一样"。面对着这样的姑娘、小伙子和军官们,总参谋长发自内心地感慨道:"真是好样的!有了这样的人,我们决不会打输!"

但局势仍然在恶化。1941年7月8日,希特勒召开德军大本营会议,确定了德军各集群的当前任务和目的。北方集群继续向列宁格勒方向突击,从东和东南切断它与苏联内地联系的所有交通线,完全封锁列宁格勒和芬兰湾内的苏联波罗的海舰队。将以第18集团军加强北方集群。中央集群必须再次合围与其对峙的苏军集团,为之后进攻莫斯科创造条件。南方集群继续向基辅地域以及第聂伯河沿线推进,对该地区的苏军集团实施合围。德、罗联军指向敖德萨,在击败苏军南方方面军后,对苏军西南方面军的左侧及左侧后方实施突击,配合南方集群合围西南方面军。挪威集团军和芬兰军队从7月10日起沿拉多加湖两侧进攻,粉碎卡累利阿南部和卡累利阿地峡的苏军，打通从芬兰到列宁格勒的通道。在这次会议上，希特勒宣布："将圣彼得堡（列宁格勒）从地球上消除。一旦苏俄被推翻，这个城市的继续存在并无重要意义。""莫斯科也将被摧毁。把这个城市接管过来的任何要求，将不予考虑。因为全市居民的生存和供应他们食物的问题，不能由我们也不应该由我们来解决。在这一场争取生存的战争中，我们对于这样一个大城市的人口，连一部分也不想保留。"9月18日，他发出严厉命令重申上述决定："列宁格勒或莫斯科方面即使提出投降，也不得予以接受。"

7月10日，北方集群所属第4坦克集群重新沿韦利卡雅河和切烈哈河向卢加和诺夫哥罗德发起进攻。7月12日，进攻被西北方面军的坚强防御阻遏。7月14日，德军摩托化第41军从北面迂回进攻得手，前出至卢加河。德军摩托化第56军随即在诺夫哥罗德方向突击施姆斯克以西的卢加河防线。7月14日—18日，苏军第11集团军在索尔策地域实施反突击，前出至德摩托化第56军后侧，德军被迫西撤40公里，诺夫哥罗德所受威胁暂告缓解。7月19日，纳粹统帅部下令暂停进攻列宁格勒，以待德第18和第16集团军援兵到达。

在爱沙尼亚地区，苏军第8集团军7月下旬成功地阻止了德军对皮亚尔努和塔尔土地区的进攻。在德军3个步兵师增援该地区后，8月7日，德军在孔达地域前出至芬兰湾沿岸，将第8集团军分割为两部。第8集团军的一个军且战且退向纳尔瓦；另一个军则协助波罗的海舰队防守爱沙尼亚首都塔林。苏海军波罗的海舰队以潜艇在波罗的海实施切断德、芬军队海上交通线的战斗；以水面舰艇的舰炮支援保卫塔林的陆军；还以舰步（陆战队）协同从纳尔瓦湾和卢加湾方向保障第8集团军的濒海侧翼。芬兰军队7月10日沿拉多加湖发起的指向奥洛涅茨和彼得罗扎沃茨克方向的进攻,在 7 月 30 日被苏军第 7 集团军遏止。芬军推进了 120 公里,但未能切断摩尔曼斯克铁路。8 月初,芬军又向斯维尔河方向的苏军第 7 集团军猛攻,激战两个月,第 7 集团军于 10 月初撤至斯维尔河,最终阻遏了芬军的攻势。

8 月上旬,苏军第 23 集团军在卡累利阿地峡的防线被德、芬军队突破。最高统帅部指示第 23 集团军撤至苏联的旧国境线。9 月 1 日,第 23 集团军及北方面军其他部队最后制止了德、芬军队的进攻,将列宁格勒北方各接近地的战线稳定下来,直至 1944 年 6 月苏军反攻。

但列宁格勒方向的其他地段形势仍然极为严峻。8 月 21 日,德军逼近赤卫城并突入诺夫哥罗德,紧接着又攻占了楚多沃。8 月 12 日,苏军以第 34 集团军和第 11 集团军发起反突击,指向德军进攻诺夫哥罗德集团军的后方,一度推进了 60 公里,但很快被德军坦克和航空兵击退。8 月 25 日,两个集团军撤至洛凡特河。8 月 23 日,苏军最高统帅部将北方面军分编为卡累利阿方面军和列宁格勒方面军,并在沃尔霍夫河东岸展开了第 52 和第 54 两个新编的集团军。8 月 25 日,德军从楚多沃以 9 个师再度突击列宁格勒,29 日前出至科耳皮诺,部分兵力通过姆加突入什利塞尔堡,从陆地上封锁了列宁格勒。从 9 月 8 日起,列宁格勒只能通过拉多加湖和空中与苏联内地保持联系。9 月中旬,德军再次突击列宁格勒,列宁格勒方面军经过顽强抗击,至 9 月 26 日,终于将战线稳定下来。列宁格勒方面军抓紧时机在城市接近地构建了坚不可摧的纵深梯次配置防御体系,并号召军队、全市人民节约粮食、弹药和燃料。苏军最高统帅部和苏联政府通过拉多加湖水路和空运，紧急补给列宁格勒。10月16日，德军向格鲁季诺、布多哥什、提赫文发起突击，并在小维舍腊实施辅助突击。10月20日，突破苏军第52集团军和第4集团军的防线。10月23日，德军转向进攻沃尔霍夫，11月5日又转向提赫文，11月8日，德军攻陷提赫文。列宁格勒方面军急调第54集团军至提赫文方向。第54集团军在击溃沃尔霍夫地域德军后，于11月26日向提赫文德军发起反突击。29日，将德军击退至沃尔霍夫—提赫文铁路以南，并击退了德军在沃伊博卡罗的突击。经过一系列战斗，德军虽在主要突击方向上推进了120公里，但其进攻正面已宽达350公里，并再也未能突入列宁格勒接近地。其有利的战略态势正在丧失。此后，列宁格勒虽陷入重围，但列宁格勒战线——苏军西北、卡累利阿、列宁格勒方面军防线始终稳定（其间虽有拉锯形势），致使德军北方集群、挪威集团、芬兰军队不能越雷池半步，直至苏军大反攻。

苏海军波罗的海舰队和拉多加湖区舰队全部投入了保卫列宁格勒的战斗。拉多加湖区舰队以其火力掩护、保障列宁格勒陆军两翼的安全；并通过拉多加湖向列宁格勒转运粮食、军械、弹药；向苏联内地转运伤员。苏联海军所从事的历时100天的阿泽尔岛和达哥岛防御战以及历时150天的汉科半岛保卫战极大地鼓舞了陆军的士气，打击了德军北方集群，成为稳定列宁格勒战线的重要因素。在苏德战场最北翼，苏海军北方舰队和陆军第14集团军共同顽强地守卫巴伦支海沿岸，保障了苏联对外海上交通线始终畅通（美英援苏的主要通道之一），直至战争胜利。

德军中央集群7月12日决定，以其与北方集群毗邻的兵力合围苏军涅韦尔地区的部队，以确保中央集群左翼的安全；以中央集群所属第2坦克集群强渡第聂伯河，突击斯摩棱斯克和罗斯拉夫尔，打开直取莫斯科的通道。7月14日，中央集群下达了作战命令。德军以16个师突击苏军西方面军右翼，防守该翼的西方面军第22集团军的6个师未能挡住进攻，于7月20日开始向东北和正东方向撤退。7月27日，该集团军在洛瓦特河上游、维利基卢基、德维尼耶湖一线固守下来。德军第2坦克集群在奥尔沙至新贝霍夫的整个地段上开始强渡第聂伯河，并以坦克第3集群的摩托化第39军从维帖布斯克向东突击，力图前出至斯摩棱斯克地域，合围西方面军主力。7月12日，苏军最高统帅部命令西方面军坚守斯摩棱斯克。7月14日，又下令整顿斯摩棱斯克各接近地段的防御。但苏军第16集团军尚未来得及组织斯摩棱斯克的防御，7月15日，德军就攻占了南部市区。苏军第13集团军一部在莫吉廖夫地域被合围，尽管被围部队一直抵抗到7月26日。7月16日，斯摩棱斯克几乎全部被德军攻占，苏军第16和第20集团军在城市北部被德军合围。但两个集团军仍继续战斗了达20天之久，牵制了德军大量有生力量向莫斯科方向的进攻。8月1日，罗科索夫斯基率领的战斗集群（5个师）从东往西、第16和第20集团军由西往东实施相向突击，突破了德军的合围，8月6日，第16和第20集团军冲出重围。

7月13日，苏军第21集团军向博勃鲁伊斯克方向突击，意欲威胁进攻斯摩棱斯克方向莫吉廖夫地域德军的侧后。7月24日，第21集团军所属骑兵集群突入了博勃鲁伊斯克西南和以西地域，德军增派7个师加强该地域才阻遏了苏军的进攻，战线得以稳定。

7月下旬，西方面军的战斗行动在相隔很远的两个地域展开：斯

苏德战场　　一　还记得伏龙芝大街总参谋部内的谈话吗？

摩棱斯克和索日河地域以及别烈津纳河下游地域。为了更有力地统帅正西方向（斯摩棱斯克—莫斯科），7月24日，苏军最高统帅部将西方面军的第13集团军（陷入莫吉廖夫合围圈的部分已得到补充）和第21集团军编成中央方面军。德军虽然攻占了斯摩棱斯克，在近现代史上继拿破仑之后第二次打开了通向莫斯科的道路，但损失了25万精锐部队。被合围苏军除第13集团军一部外，全部突出重围，到达指定后撤防线集结。合围圈内的苏军或抗击至死，或转入德军后方组成游击支队。"斯摩棱斯克会战使德军中央集群突击集团遭到严重的削弱并陷入疲惫。"朱可夫写道。1941年7月14日，奥尔沙战斗中，弗廖罗夫大尉指挥的炮兵连第一次使用"喀秋莎"火箭炮，给德军造成严重损失和强有力的心理威慑。7月30日纳粹统帅部下达自大战以来第一次要求德军转入防御的命令，即第34号训令，命令中央集群转入防御。在8月12日下达的补充训令中，纳粹企图在北线攻占列宁格勒、南线攻占基辅后，再全面突击莫斯科。苏军防线在大卢基—亚尔采沃—克里切夫—日洛宾一线巩固下来。但耶尔尼亚突出部的战斗仍未停止，德军不惜代价攻占了它，将其作为进攻莫斯科的桥头堡之一。

斯大林对失去斯摩棱斯克怒不可遏。7月29日，斯大林请朱可夫汇报战略构想。朱可夫指出，在北线和中央（正西）战线暂时稳定之后，德军南方集群将会强攻基辅方向。"西南方面军必须立即全部撤过第聂伯河。在中央方面军和西南方面军后面，应集中不少于5个加强师的预备队，它将成为我军的拳头，伺机打出去。""基辅怎么办？"斯大林问着朱可夫。"基辅不得不放弃。"朱可夫断然回答。难堪的沉默之后，斯大林不能接受丧失了斯摩棱斯克之后再丧失基辅的严酷现实。他怒斥道："把基辅交给敌人，亏你想得出来。"朱可夫忍耐不住，回答道："如果你认为我只会胡说八道，我请求解除我的总参谋长职务，把我派到前线去。""请你冷静些，"斯大林说，"再说……如果你这样提出问题，那么我们缺了你也能行。"朱可夫离开半个小时之后，斯大林将他召回，对他说："我们商量了一下，决定解除你的总参谋长职务，由沙波什尼科夫接任。你愿意去哪里？""我可以做任何工作。"朱可夫冲动地回答，"可以指挥一个师，一个军，一个集团军，一个方面军。""冷静些，冷静些！你刚才说到了应在耶尔尼亚地区组织一次反击，就请你负责这件事吧！我们任命你担任预备队方面军司令员。但你仍然是最高统帅部成员。"斯大林下达命令一个小时之后，朱可夫前往预备队方面军司令部驻地格扎茨克。

经过一个月的精心准备，8月30日拂晓，预备队方面军以第24集团军和第43集团军从东北和东南方向对耶尔尼亚发起钳形攻势。9月5日，苏军第100师楔入敌军防线，撕开了一个缺口并旋即纵深楔入。9月6日晨，德军全线后撤，苏军解放了耶尔尼亚。9月7日，苏军进抵并渡过了斯特里亚纳河继续追击残敌，德军耶尔尼亚集团被彻底粉碎。耶尔尼亚激战，德军损失近5个师，并失去了一个由正西方向威胁莫斯科的桥头堡，苏军莫斯科方向的态势得到根本改观。为了表彰在耶尔尼亚战斗中功勋卓著、富于组织性与纪律性以及模范行为的苏军步兵第100师、第127师、第153师、第161师，苏联国防部1941年9月18日发布了著名的第308号命令，将其改编为近卫第1、2、3、4师，苏联近卫部队由此诞生。"随后，苏军中出现了许许多多为人民骁勇善战的近卫军，"苏军总参谋部作战部部长什捷缅科写道,"给近卫军规定有特殊的服役规则。对近卫军一切指挥员付给一个半薪额的薪金,对战士则付给两个薪额的薪金。对近卫军人员授予专门的证章,对近卫部队和兵团则授予近卫军旗帜。1943年4月16日,最高统帅部规定了近卫军的使用规则。近卫师,在进攻战役中应用于完成最重要的任务;在防御时应用于对敌实施反突击。……近卫军成为军队英勇精神的象征,是部队的极高荣誉。""在后来保卫莫斯科的伟大战役中,在斯大林格勒、库尔斯克、柏林战役中,近卫兵团都发挥了卓绝的作用。"

7月上旬,苏军西南方面军继续后撤以重新集结,并对德军南方集群所属第1坦克集群的两翼进行了反突击,以迟滞德军的进攻。7月10日,西南方面军撤至并集结于萨尔内—日托米尔—别尔迪切夫—柳巴尔以及斯塔罗康士坦丁—普罗斯库罗夫两地以东地区,战斗很快沿此线展开。为了解除基辅面临的威胁,苏军第5集团军于7月10日从科罗斯坚筑垒地域的南部前沿对德军发起反突击。7月14日,切断了日托米尔至诺沃格勒新城的公路。在德军重兵集团反击下,7月24日,第5集团军后撤至出发地域及其以东地区。7月30日,德军突击基辅。7月31日,德军突击科罗斯坚。第5集团军和第26集团军退却,并沿科罗斯坚—基辅铁路线—基辅设防固守,部分兵力退向第聂伯河对岸。在苏军顽强防守下,8月10日,南方集群司令部下达了暂停进攻基辅与科罗斯坚的命令。

在乌曼方向,德军于7月15日向别尔迪切夫—德涅斯特河一线发起突击。7月16日,德坦克第1集群向苏军第6集团军右翼迂回。德第17集团军突入了苏军西南与南方面军的结合部,从西南迂回苏军第12集团军。7月17日,德第11集团军强渡德涅斯特河。7月

18日，开始向南方方面军右翼的第18集团军迂回。德军最高统帅部7月19日发出第33号训令，命令合围苏军第6和第12集团军。苏军在德军突击下且战且退，并令第5和第26集团军从东对德军第1坦克集群实施反突击，以阻其南下合围苏军第6、第12集团军。7月底，苏军最高统帅部将第6和第12集团军转隶南方面军，作为其右翼，并令其撤至什波拉—帖尔诺夫卡—巴尔塔—卢勃尼察一线固守。但德军的快速突进于8月2日晚切断了其东撤之路。同时，德第17集团军突入了乌曼以南地区，第6与第12集团军大部分部队被合围。第6集团军司令员穆济琴科战至重伤被俘。第12集团军司令员波涅杰夫也没有逃脱被俘的命运。但陷入合围的部队一直抵抗到8月13日。南方面军所属其余部趴（第18集团军、第9集团军）和由第9集团军左翼诸师组成的独立滨海集团军奉命撤向敖德萨地区。8月10日，独立滨海集团军撤至敖德萨各接近地，并组织了防御。8月19日，南方面军其余部队撤至尼科波尔—赫尔根一线的第聂伯河对岸。9月9日，在德军突击下，退至第聂伯河滩和莫洛奇诺耶湖之间的狭长地带，在此遏止了德军的进攻。独立滨海集团和黑海舰队英勇抗击了罗马尼亚的18个师对敖德萨的突击。9月30日，苏军最高统帅部下令撤出敖德萨，并将独立滨海集团军调往克里米亚半岛。10月16日，苏军自敖德萨撤退完毕。

为了强化南方集群的进攻，纳粹统帅部令其中央集群右翼（德军第2集团军和坦克第2集群），突击苏军中央方面军，然后会同南方集群左翼，以钳形攻势突击基辅。8月8日，中央集群右翼25个师开始突击。8月10日，苏军中央方面军被迫向南和东南方向后撤。为防备德军迂回基辅苏军右翼，8月16日，苏军最高统帅部组建了布良斯克方面军。8月26日，撤销了中央方面军，将其部队编入布良斯克方面军。8月下旬—9月初，布良斯克方面军对中央集群右翼集团的左翼发起突击，但被阻遏。德军继续南进。9月9日晨，德中央集群右翼兵团开始突击苏军西南方面军右翼，迫使苏军向基辅以东撤退。朱可夫在飞赴列宁格勒出任列宁格勒方面军司令员之前，来到最高统帅部，再次要求放弃基辅。但西南方面军司令员和斯大林都不同意，同时，西南方面军司令员强调，因方面军正面已宽达800公里，请迅速抽调预备队方面军兵力予以加强。苏军第一副总参谋长华西列夫斯基面对此况，说："我想，我们把军队撤过第聂伯河，为时已经太晚了。"悲剧随即发生！9月12日，南方集群第17集团军和第1坦克集群突破苏军西南方面军南面防线。9月15日，与德军中央集群右翼会师于洛赫维策地域，西南方面军在第聂伯河左岸（西岸）防御的重兵集团连同方面军司令部近80万人，在基辅以东地区被合围。经过5天血战，9月20日，15万苏军突出重围。西南方面军所属集团军虽均未被德军整建制消灭，但65万苏军被德军消灭，基辅随之沦陷。西南方面军司令员基尔波诺斯上将自杀、军事委员即政治委员以及参谋长在突围中牺牲；遍体鳞伤的第5集团军司令员波塔波夫中将在突围中被俘。率领苏军突出重围的是西南方面军作战部长巴格拉米扬少将。当他风尘仆仆地出现在最高统帅部时，连眼泪都流不出来。斯大林沉痛地表彰了西南方面军的突围将士，他们受命重建西南方面军。1945年，巴格拉米扬成为苏军元帅。9月底，南线德军已攻占顿巴斯并前出至哈尔科夫工业区和克里米亚的各接近地。9月27日，西南、南方方面军奉命转入顽强防御。第51独立集团军奉命全力扼夺克里米亚。

纳粹统帅部命令南方集群，迅速攻占顿巴斯、罗斯托夫、哈尔科夫，打开通向高加索的道路，进而攻占克里米亚。9月29日，德军坦克第1集群开始突击苏军南方面军右翼。10月7日，德军从东面迂回至南方面军侧后。10月9日，德军第17集团军开始突击苏军西南方面军所属第6集团军。10月14日，德军渡过米乌斯河，10月17日占领塔甘罗格。10月16日，苏军最高统帅部命令西南和南方方面军从10月17日开始撤向卡斯托尔诺耶—奥斯科尔河—红利曼—戈尔洛夫卡—塔甘罗格一线，并于10月30日撤退完毕。10月底，西南方面军撤退完毕。11月4日，南方方面军也撤退完毕。后撤的南方方面军前伸（实际上是滞后）的两翼对德第1坦克集群形成了钳形合围态势。苏军统帅部决定利用这一态势发起突击。为此，将两个方面军的预备队编成第37集团军，隶属南方面军，作为突击集团。11月5日，德军突击南方面军中央，11月8日被遏止。11月17日，德军再度突击并冲向罗斯托夫。同一天，南方面军以第37集团军为主力开始对德军侧翼实施反突击。11月23日，德军攻陷罗斯托夫，但苏军的反击已威胁其侧翼和深远后方。11月27日，在南方面军和苏军独立第56集团军的强大反攻下，德军被迫从罗斯托夫撤退，罗斯托夫失而复得，成为战争以来第一座被苏军解放的较大城市。12月2日，德军退至米乌斯河—山别克河一线，在增援部队的支持下，阻遏了南方面军的进攻。罗斯托夫反攻钳制了南方集群，掩护了西南方面军防线和莫斯科方向，为苏军的莫斯科反攻创造了条件。德军著名的坦克兵将领古德里安后来说："我们的灾难是从罗斯托夫开始的，那是危机迫近的预兆。"希特勒暴跳如雷，撤换了南方集群司令伦斯泰德，以莱希瑙元帅接任。

苏德战场　　— 还记得伏龙芝大街总参谋部内的谈话吗？

10月18日，德军第11集团军和罗马尼亚1个山地军开始冲击克里米亚接近地。10月20日，克里米亚外线被突破。刚刚调来的苏军独立滨海集团军于行进间发起反突击，一直持续到10月25日。其后，独立滨海集团军后撤防守塞瓦斯托波尔，苏军第51集团军防卫刻赤半岛。11月11日，德军开始突击。11月16日，苏军放弃刻赤半岛。塞瓦斯托波尔在滨海集团军和原守军以及黑海舰队和舰队航空兵的顽强抗击下，经过十天战斗，仍岿然不动。11月21日，德军被迫暂停进攻。塞瓦斯托波尔保卫战以其出色的序幕将德军第11集团军牢牢地钉在克里米亚。

1941年夏秋两季的战斗，苏军虽有某些局部胜利，但对全局的影响是微乎其微的。苏军远远没有扭转战略态势上的被动。德军则在5个半月中，在西北方向向苏联境内推进了850公里，封锁了列宁格勒；在正西方向推进了1000多公里，直逼莫斯科；在西南方向推进了900—1250公里，进逼伏尔加河南段、顿河沿线。占领了爱沙尼亚、拉脱维亚、立陶宛、白俄罗斯、摩尔达维亚的全部；乌克兰的大部，俄罗斯的西部诸州；苏军一线部队损失了近60%。希特勒兴高采烈地讲："我毫无保留地宣布，东方的敌人已被打垮，再也不能站起来了。在德国部队的后面，已经有了相当于我在1933年执政时德意志国家幅员两倍的土地。"但证明纳粹高兴得太早了的迹象也开始顽强地显现：中央集群司令官冯·包克的参谋长勃鲁门特里特写道："即使在争夺明斯克的第一次战役中，俄国军队的表现也与波兰和西方军队不同，他们即使被合围，也仍然坚守阵地，继续战斗。""他们决不轻易投降。很多人转入我们的后方成为游击队。"哈尔德写道："我们不仅低估了俄国巨人的经济力量和运输力量，更

苏军坦克

致命的是低估了他们的军事力量。苏联的新的师源源而来。我军的战线则由于分布太广，显得过于单薄。"自诩"闪击英雄"的古德里安写道："俄军武器装备之好，是德军做梦也想不到的。"他对苏军 T-34 型坦克惊讶不已，德军的 37 毫米反坦克炮对其毫无作用。勃鲁门特里特说道，这种坦克的出现，标志着一直靠坦克践踏欧洲的德军的"坦克恐怖"的开始。苏联的生产和恢复生产的能力也令法西斯将领愕然。德军第 1 坦克集群司令冯·克莱斯特说："俄国的战斗机在战争初期遭受到重大损失，但是，和那些新的师一样，仍然不断出现，简直说不上是从哪儿来的。""在好几次挺进时，我的装甲部队由于没有飞机掩护，遇到很大困难。"正是这些不可阻遏的因素，使德军的"巴巴罗萨"计划不可否认地破产了，并使其在 1941 年 12 月初，兵力已损失将近四分之一。

但苏德战场 1941 年夏秋的战斗，毕竟是以拉上沉重的灰色帷幕宣告结束的。什捷缅科写道，这是"充满忧郁和希望的日子"。

二
"台风"飘逝

希特勒虽然攻占了斯摩棱斯克，使莫斯科面临"中央"集群直接突击的威胁，但德军的损失与苏军将士以从容赴死、视死如归的英雄气概进行的反突击，使希特勒心有余悸。1941年7月13日，苏军第21集团军向博勃鲁伊斯克方向实施反突击，企望以此威慑德军突击斯摩棱斯克集团的右后侧翼。第63步兵军作为集团军主力，在其杰出首长——彼得罗夫斯基中将军长的率领下，一路顽强奋战，强渡了第聂伯河，先后解放了罗加切夫、日洛宾等地。终因势单力薄，被德军加强的右后侧翼所阻，未能达到吸引德军主力扑向自己，为斯摩棱斯克防御赢得时间，避免其沦入纳粹之手的目的。斯摩棱斯克沦陷后，该军陷入反扑之敌的合围，但一直死战不退。彼得罗夫斯基的指挥艺术与奋战精神使斯大林深为赞佩与感动，他指示空军派出一架小型飞机降落于合围圈内，欲将彼得罗夫斯基接出来，并委任其参谋长为军长。彼得罗夫斯基拒绝个人撤出，他对随机到达并向其传达斯大林指示的总参谋部军官表示，他决不离开63军，尤其是目前它遭合围之际。送走了飞机之后，他对全军的突围作了精心部署，并手持冲锋枪，走在突围部队的最前面。他对跟随其突围的将士振臂高呼："孩子们，跟我来！"（彼得罗夫斯基为全军年龄最长者，当时近50岁）8月17日，彼得罗夫斯基倒在他战斗过、捍卫过的俄罗斯原野上——壮烈牺牲于斯克普尼（日洛宾东南20公里）。但63军部分部队得以杀透重围。斯大林与苏军将帅们痛悼彼得罗夫斯基，并众口一词地断定，他若不牺牲，可以成为一名统帅级的高级指挥员，但他从容地选择了死亡。正是这样的将士震撼着希特勒！加之他极想取得乌克兰的粮食、顿巴斯的煤、高加索的石油，作为继续进行战争的战略资源支撑，于是在7月中旬，在攻占斯摩棱斯克之后，德军最高统帅部内，发生了自战争开始以来的第一场战略上的大争论。以德国陆军总司令勃劳希契元帅和陆军总参谋长哈尔德上将为首的陆军总司令部，竭力主张进攻莫斯科。全力支持这个意见的是中央集群司令冯·包克。他强调，他的部队正行进在通向莫斯科的公路上，而古德里安（第2坦克集群司令）正在前面打头阵。他们向希特勒强调，莫斯科是苏联军火生产的重要基地；是俄国交通运输的最大枢纽；而且作为首都，攻占它将具有极高的心理上的价值。但希特勒对他们说，种种情报表明，俄国的主力军团正集中在莫斯科前沿，以图全力保卫它。在斯摩棱斯克战役中，50万苏军突破了包克的合围，撤往莫斯科。而南线与北线的形势令他伤了好几天的脑筋。他最后说："必须占领乌克兰、克里米亚、列宁格勒，并与芬兰军队会师。只有这样，才能创造进攻莫斯科、并顺利攻占它的条件。"7月30日，他下达了中央集群转入防御的命令。9月5日，随苏军耶尔尼亚反攻的胜利进行，希特勒盛怒之下开始改变主意。这天下午，哈尔德去看他，他对哈尔德表示，

古德里安在苏德战场指挥坦克集团作战

自己的主意已定,要尽快地进攻莫斯科并打进克里姆林宫。9月中下旬,德军在南线的胜利,特别是在基辅以东对苏军西南方面军的合围和随后攻占基辅与顿巴斯,使希特勒欣喜若狂,他宣称:"这是一次世界上史无前例的最大的战役。"紧接着他做出决定:中央集群必须在八天至十天之内开始行动,突击莫斯科。他声嘶力竭地喧叫:"包围他们,击败他们,消灭他们!"对希特勒这一战略决策,除素以谨慎著称的德国陆军参谋长哈尔德(但他也经常被德军的胜利激动得按捺不住)心存疑问之外(他主要担心俄国一片泥泞的秋季和冰天雪地的严冬),其余纳粹将领均以与希特勒同样的兴奋接受了这一决定。冯·包克还对希特勒说:"亲爱的元首,我们将把进攻莫斯科的战役命名为'盛大的庆典'!"但希特勒几乎一秒钟的犹疑也没有,就高声地回答他:"不!亲爱的冯·包克元帅,我们把它叫作'台风'!"9月16日,德军统帅部下达了执行进攻莫斯科的"台风"计划的训令。9月26日,中央集群下达了于9月30日发动进攻的命令。

"台风"计划的意图是:以强大的德军集群从杜霍夫施纳—罗斯拉夫尔—苏斯特卡地域向正东和东北方向实施突击,以分割、切断苏军防线,合围西方面军、布良斯克方面军,不让其向莫斯科方向撤退;尔后以快速兵团再行突击,从南北两面夹击莫斯科,合围苏军预备队方面军并攻占莫斯科;然后以左翼部队转向加里宁、维什尼沃洛乔克方向,协同德军北方集群右翼切断苏军西北方面军东撤之路,进而与发动正面突击的北方集群合围苏军西北方面军,一举打垮北线和中央地段的苏军。实现这个庞大战役计划的关键与前提就是攻占莫斯科。为实施"台风"计划,德军统帅部从北方与南方集群和统帅部预备队中抽调了10多个师，以加强中央集群的突击力量。并且从北方集群抽调了第4坦克集群全部，暂时配属中央集群，使德军入侵苏联的4个坦克集群有3个集中于莫斯科方向，以突出"台风"的闪击性质。至9月下旬，德军统帅部在莫斯科正西方向集中了约80个师，其中有14个坦克师，8个摩托化师，即集中了德军在苏德战场上全部步兵师的38%，坦克和摩托化师的64%。至9月底德军兵员装备补充后，其步兵师平均兵力达1万5千人，坦克第2集群各坦克师的坦克数量平均达到编制的60%，坦克第3集群达到70%~80%，坦克第4集群则达到100%。拥有950架作战飞机的德空军第2航空队负责支援中央集群的进攻。德军用于进攻莫斯科的总兵力达180余万人，火炮与迫击炮达1.4万余门，坦克达1700余辆，组成了战争开始以来最大的突击集群。苏军用以抗击德军的为三个方面军：西方方面军，布良斯克方面军，预备队方面军，共拥有95个师，125万兵力，990辆坦克，7600余门火炮与迫击炮，近680架作战飞机。

9月30日，中央集群右翼开始突击。10月2日，中央集群中路主力从正西方向（苏军中路）实施突击。当天，德军从中路突破了苏军防线，并旋即从南北两面迂回，在维亚济马合围了西方面军左翼部队和预备队方面军。在布良斯克以南合围了布良斯克方面军左翼部队。德军统帅部命令中央集群在消灭被围苏军部队的同时，继续以部分兵力突击莫斯科。10月3日，中央集群右翼攻占奥廖尔。6日，攻占布良斯克。与此同时，德坦克第3集群从南面突入了苏军维亚济马防线，10月7日，德坦克第4集群从北面突入维亚济马。被围的苏军4个集团军顽强抗击，一直与德军激战至10月13日，钳制了德军大量兵力，使其不能加强莫斯科方向的兵力。从 1941 年 10 月 6 日至维亚济马激战结束，维亚济马的苏军共牵制了德军第 3 坦克集群的一半兵力，坦克第 4 集群的 2/3 兵力及德军第 4、第 9 集团军的 6 个步兵军。继沙波什尼科夫之后任苏军总参谋长的华西列夫斯基写道："在维亚济马地域作战的我军获得了不朽的荣誉。他们在四面受敌的情况下，以自己的顽强战斗牵制了敌军近 28 个师。在这个极其艰难的时刻，他们身处重围中的战斗具有特殊的意义，因为这样就使我们的统帅部赢得了一定的时间，从而有可能采取紧急措施来组织莫日艾斯克地区的防御，从其他战线和内地火速将兵力调到了这里。调来这里的有 11 个步兵师、16 个坦克旅、40 多个炮兵团等。到 10 月中旬，掩护莫斯科方向的第 15、第 5、第 43、第 49 集团军的兵力都已达 9 万人。与此同时，还从远东给西方方面军调派了 3 个步兵师和 2 个坦克师。"10 月 14 日，维亚济马部分苏军成功突围，且战且退至莫日艾斯克防线。西方面军右翼部队也且战且退，于 10 月 10 日，退到了奥斯塔什科夫—耶尔策—斯切夫卡一线，重新组织起坚强的防御。被围的布良斯克方面军左翼，于 10 月 23 日杀出重围，与布良斯克方面军其他部队在姆岑斯克、波内里、法帖日、利哥夫一线地区进行了顽强防御，使德军向图拉的进攻被阻延了 17 天，为苏军在图拉一线组织巩固防御赢得了时间。德军在维亚济马和布良斯克地区的成功合围，使得冯·包克属下的参谋长勃鲁门特里特吹嘘是"打了一场教科书式的战役"，即标准、规范、典型的战役。德军自称消灭了 65 万左右的苏军。

　　10 月 10 日，西方方面军与预备队方面军合并为西方方面军。朱可夫大将临危受命，被任命为西方面军司令。1896 年出身于贫穷农家的朱可夫（格奥尔基·康斯坦丁诺维奇）参加过第一次世界大战和十月革命，从苏军的一名基层指挥员逐步成为高级统帅。华西列夫斯基说："朱可夫具有卓越的统帅天赋。""在战争的各个阶段，解决战略、战役或组织问题时，朱可夫元帅原则性强，智慧过人，头脑冷静，能够正确判断情况，正确预见事态的发展，正确决定对敌实施决定性突击的时机。他惊人地沉着。他是一个勇敢过人，泰然自若的人。在最困难甚至最危险的时刻，我从未看到他惶惶不安或灰心丧气。相反，在这种时刻，他总是精力充沛、全神贯注、意志坚定。"朱可夫后来被西方（法、英、美）许多将帅称为"欧洲的解放者"。什捷缅科回忆道："朱可夫元帅是一个有巨大统帅才能的人。他勇敢，有独创的见解，贯彻决心非常坚定，为了达到预定作战目的不会在任何障碍面前退缩。当感到自己在某个争论问题上是正确的时候，朱可夫能对斯大林提出相当尖锐的反对意见，这是其他任何人也做不到的。"正是这样的统帅，成为纳粹的克星。"魔鬼造就了希特勒，但上帝造就了朱可夫、华西列夫斯基、罗科索夫斯基……"，伊·格·爱伦堡写道。朱可夫一上任，就着手改善部队部署，建立莫斯科正西方向的梯次纵深大规模防御体系。

10月10日，德军突击加里宁市，10月14日，攻占加里宁市。10月17日，在奥斯塔什科夫方向、勒热夫方向和加里宁地域作战的苏军合并组建为加里宁方面军，最高统帅部任命科涅夫上将（朱可夫的副手）为方面军司令员，加里宁方面军负责加强和掩护西方面军的右翼。布良斯克方面军（司令员为叶廖缅科中将）则掩护西方面军的左翼并强化与西南方面军的结合部。西方面军则全力防守莫斯科正西的莫日艾斯克和沃洛科拉姆斯克方向。10月18日，德军攻占了莫斯科西南的卡卢加，对莫斯科形成了从加里宁市—莫日艾斯克—沃洛科拉姆斯克—卡卢加的北、西、南三面的围攻态势，莫斯科处在危急之中。

10月15日，苏联共产党部分中央领导机构和苏联政府的部分机构及全部外国驻苏使节迁往距莫斯科800公里的古比雪夫。10月16日，苏军总参谋部亦撤往古比雪夫，但以当时任第一副总参谋长的华西列夫斯基为首的总参第一梯队——苏军最高统帅部的参谋小组（包括安东诺夫、什捷缅科等）留了下来。斯大林也留守莫斯科，尽管许多人劝其撤往古比雪夫。斯大林坚守莫斯科极大地鼓舞了苏军全军士气。10月19日苏联国防委员会宣布，从20日起，在莫斯科及其接近地实行戒严。并号召莫斯科人民不惜一切，配合红军，誓死保卫莫斯科。10月20日，《真理报》发表《阻止敌人向莫斯科前进》的社论，号召莫斯科人民以自己的热血埋葬法西斯德军。西方方面军军事委员会发出告全军书，其中写道："同志们，在祖国面临危险的严酷时刻，每一个军人的生命应该属于祖国。祖国号召我们要成为无法摧毁的铜墙铁壁，堵住法西斯匪帮去莫斯科的道路。现在比以往任何时刻都需要加强警惕性以及铁的组织性、纪律性、坚决果断的行动、必胜的信心和随时准备自我牺牲的精神。"莫斯科全市人民紧急动员了起来。3天之内，组成了25个工人营、12万人的民兵师、169个巷战小组和数百个打坦克班。全市有45万人投入修筑防御工事，其中有75%是妇女。美国记者科德埃尔写道："许多老年人都参加了挖掘战壕的劳动，他们挥锹为保卫首都贡献自己的力量。""莫斯科人民以顽强和自我牺牲精神经受着战时的负担，尽着战时的义务，表现得坚韧不拔。"在莫斯科附近，共挖掘了长达

320多公里的防坦克壕，设置了250多公里长的防步兵障碍物，到处放置了炸药和障碍器材。

在德军中央集群的后方游击队四处出击，破坏交通，打击和牵制敌人。他们多由被合围、被打散的苏军转入敌后组成；也有不少由沦陷地区的地方领导人率队组成；还有的由莫斯科派出的侦察破坏小组组成。苏联女英雄卓娅就是这众多敌后游击队中一支的成员。一天，她奉命与战友们侦察敌情，完成侦察任务后，他们决定焚烧敌人的马厩，然后乘德军混乱之际进行袭击。袭击后，卓娅不幸被俘。在德军的严刑审讯下，她始终未吐一字，最后被德军处以绞刑。临刑前，19岁的她镇定地对被德军强迫驱赶来观看的沦陷区人民群众说："同胞们，坚持住！红军会回来的！斯大林和我们在一起！"刹那间，卓娅的壮举传遍了莫斯科前线，苏军将士和莫斯科人民为之深深地感动。斯大林也被深深感动。为此，在12月上旬苏军展开反攻后，他亲笔签署了一道命令，命令各苏军部队决不得接受绞死卓娅的那个德军步兵团任何成员的投降。反攻苏军严格、自觉地执行了这一命令，该团德军罪有应得地无一生还。

在全体苏联人民的支援下，莫斯科前线苏军浴血死守。至10月底，西方面军的中路和右翼将德军第4集团军和坦克第4集群遏止在伏尔加水库—沃洛科拉姆斯克以东—纳罗弗敏斯克—纳腊河—奥卡河—阿列克辛一线。加里宁方面军也牢牢守住了自己的防线，将德军第9集团军钉在自己的防线前。西方面军左翼和布良斯克方面军遏止了德军第3和第2坦克集群的突击。布良斯克方面军所属第50集团军在德军第2坦克集群的强力冲击下，从10月30日—11月1日的3天中，孤军扼守图拉，在图拉市人民建立的歼击营和民兵的

莫斯科郊外的德军

配合下，苦战不退，迫使德军弃攻图拉，从东南和东面迂回过去，但又被迫在图拉正面留下了坦克第2集群的部分兵力，致使坦克第2集群被大大削弱。至11月初德军被遏止在加里宁—土耳基诺沃—沃洛科拉姆斯克—多罗霍夫—纳罗弗敏斯克—谢尔普霍夫—阿列克辛以西一线。德军在10月份的进攻中，伤亡惨重，从其出发地域向莫斯科方向推进了230—250公里，但始终未能突入莫斯科接近地。"台风"规定于10月中旬占领莫斯科的计划彻底破产。

  苏军的奋战赢得了国际社会的尊重与支持。丘吉尔特使艾登确认，莫斯科人民和苏军的成就，为全世界人民反对纳粹的事业做出了巨大贡献。1941年9月29日—10月1日，在莫斯科召开了苏美英三国高级会议。10月1日，签订了三国议定书。议定书规定，从1941年10月1日—1942年6月30日，美英两国每月向苏联提供400架飞机、500辆坦克以及其他各种武器和军用物资，苏联向美英提供原料。1941年10月30日，罗斯福总统代表美国政府写信给斯大林，宣布美国向苏联提供10亿美元无息贷款。11月7日，美国又宣布将"租借法案"扩大到苏联，为向苏联提供军援创造了更加有利的条件。"除了飞机、坦克、卡车和吉普车这些东西之外，我们还给苏联运去了一些较小的作战装备，但有三项东西是最重要的：第一项是野战电话设备和电话线，我们送去了18万9千部战地电话，67万英里长的电话线，足够环绕地球27圈；第二项是送去了4万5千吨带刺铁丝；红军早期最喜欢的第三项作战物资，就是我们送去的手提轻机枪与冲锋枪。"斯退汀纽斯在《租借》一书中写道。1941年8月，苏英两国鉴于纳粹在伊朗的猖狂活动，采取联合行动，同时出兵伊朗，从南北两面控制了伊朗全境。1941年9月后，伊朗成为美、英两国援助苏联的南部通道（北部通道是摩尔曼斯克港）。

1941年4月13日，日本出于东进和南下太平洋与美、英主要是美国争夺太平洋霸权的需要，与苏联订立了"苏日中立条约"，以争取在日美开战时，苏联能置身事外，使日本避免东西两线作战。此前，日本派外相松冈洋右出访德国，向德国就此事作了解释。斯大林愿与日本订约，也是为了使苏联在未来与德国的战争中，避免陷入东西两线作战。在松冈洋右由德国途经苏联返日时，斯大林专门指示朱可夫亲切地接待他一下。"斯大林的'亲切'二字说得特别重。"但在莫斯科战役进行时，日本则暗中向德国表示，一旦德军攻占莫斯科，日本就进攻苏联。为此，日本驻中国东北及中蒙边境的关东军部队由40万人扩充到70万人。苏军对于纳粹军队的成功阻遏，加之日本加紧准备偷袭珍珠港，终于使日本法西斯未敢轻举妄动，始终勉强遵守"日苏中立条约"。苏军也得以从西伯利亚抽调大批（6个师）习惯于高寒地区作战的精锐部队投入莫斯科前线。其中有潘菲诺夫少将率领的著名的步兵第316师，这个师由于在莫斯科保卫战中表现出来的集体英雄主义精神，在1941年11月被苏联国防人民委员会（即国防部）命名为近卫步兵第8师。

1941年11月1日，朱可夫被从西方面军司令部召回莫斯科最高统帅部。斯大林问他："今年十月革命节，除了开庆祝大会外，我们还想在莫斯科举行阅兵式，你认为怎样？前线的形势允许我们这样做吗？"朱可夫沉思了一会儿，回答道："敌人在最近几天内没有能力发动大规模的进攻。在前一阶段的作战中，他们遭到了严重的损失，不得不重新补充兵力和调整布置。为了防备敌人可能进行的空袭，需要加强对空防御，把歼击航空兵从友邻调到莫斯科来。"

莫斯科保卫战期间举行的十月革命纪念阅兵

1941年11月6日，在莫斯科地铁的"马雅可夫斯基"车站广场举行了纪念十月社会主义革命24周年的庆祝大会。11月7日，在红场举行了盛大的阅兵式，斯大林亲自检阅了苏军部队。阅兵式由阿尔捷米耶夫将军指挥（莫斯科卫戍区司令）。《斯拉夫告别曲》的悲壮旋律自始至终响彻红场，激励着人。受阅部队由红场直接开赴莫斯科前线，斯大林向部队发表了送别讲话："全世界都注视着你们，把你们看作是能够消灭德国侵略匪军的力量。处在德国侵略者压迫下的被奴役的欧洲各国人民都注视着你们，把你们看作是他们的解放者。伟大的解放使命已经落在你们的肩上，不要辜负这个使命！"他再次诉诸民族主义和爱国主义激励全军："让我们伟大的先辈——亚历山大·涅夫斯基、季米特里·顿斯科伊、库兹马·米宁、季米特里·波扎尔斯基、亚历山大·苏沃洛夫、米哈伊尔·库图佐夫（全是俄罗斯历史上的著名军事家）的英勇形象，在这次战争中鼓舞你们！让伟大列宁的旗帜引导你们！"斯大林再次重申，苏联人民、苏联共产党和苏联政府有信心一定能够消灭纳粹侵略者！11月7日的壮举空前地鼓舞了苏联人民和苏军士气，并产生了巨大的国际反响和重大的国际意义。

11月10日，苏军最高统帅部决定撤销布良斯克方面军，将其并入西方方面军，从而将图拉地区的防御任务也一并移交给西方方面军。11月中旬，西方面军发起反突击，粉碎了德军突入沃洛科拉姆斯克和阿列克辛两地域的企图，巩固了防御地区。西方面军随之调整了部署，补充了人员和武器装备。11月中旬，西方面军的兵力已达35个步兵师、3个坦克师、3个摩托化师、12个骑兵师和14个坦克旅。方面军航空兵和莫斯科前线防空航空兵已拥有1千多架作战飞机。

德军中央集群拥有3个野战集团军即第2、第4、第9集团军，3个坦克集群即第2、第3、第4坦克集群，总共74个师24个旅。其中，德军第2集团军用于警戒、牵制苏军西南方面军，掩护中央集群之右翼。第9集团军被苏军加里宁方面军所钳制，钉死在了加里宁方面军的正面。这样，在苏军西方方面军正面，德军兵力为1个集团军、3个坦克集群，总兵力达到51个师，包括13个坦克师和7个摩托化师。在坦克、火炮和摩托化装备方面，德军仍占绝对优势。

11月15日，惊心动魄的莫斯科会战第二阶段开始，中央集群再次对苏军西方方面军发起突击。德军最高统帅部和中央集群司令部的战略企图是：以第3和第4坦克集群攻占莫斯科北面的克林，然后从北面纵深迂回莫斯科；以第2坦克集群攻占莫斯科南面的图拉，然后从南面纵深迂回莫斯科；以第4集团军对莫斯科正面实施突击，消灭莫斯科正西方向的苏军；最后，三路大军在莫斯科以东会师，封闭合围圈，一举消灭莫斯科地域的全部苏军并攻占莫斯科。

11月15日清晨，德军开始突击克林，23日，攻占克林。11月27日，德军占领了距莫斯科仅24公里的伊斯特腊。当天夜间，部分德军又在雅赫罗马强渡了莫斯科—伏尔加运河，抵达距莫斯科25公里处。12月初，莫斯科北线德军宣称："我军向布尔什维克首都的进攻，进展神速。现在我军先头部队用较好的望远镜已可以看见克里姆林宫的尖顶。"苏军西方面军采取紧急措施，用快速反突击将突入莫斯科—伏尔加运河东岸及伊斯特腊的德军打退至西岸，并驱出伊斯特腊。11月底—12月初，西方面军右翼的第5、第16集团军得到了刚从最高统帅部预备队调来的第1突击集团军、第10集团军和重新组建的第 20 集团军的加强。在苏军空军的配合下，实施了一系列反突击，稳定了战线，解除了莫斯科北线的危局。潘菲诺夫近卫第 8 步兵师表现卓越，该师守卫通向伊斯特腊和莫斯科的洛沃科拉姆斯克公路的最重要地段。该师的一名连级指挥员克罗契柯夫率领一个战斗分队坚守杜波塞科沃附近的一个分道口。11 月 16 日，面对德军坦克团的连续冲击，他们顽强抗击，死战不退。先后击毁德军 18 辆坦克，消灭数百名德军，当战斗分队只剩下 28 人时，克罗契柯夫高呼："同志们，俄罗斯虽大，但已没有地方可退，我们的身后就是莫斯科。"血战至该师增援部队赶到时，该分队仅存 5 名遍体鳞伤的战士。坚持到最后的这 28 名英勇战士，均被苏联最高苏维埃主席团授予或追授予"苏联英雄"称号。

11 月下旬，当德国突破了西方面军右翼与加里宁方面军左翼第 30 集团军的结合部时，斯大林从最高统帅部打电话给西方面军司令员朱可夫，问道："朱可夫同志，你坚信我们能够守住莫斯科吗？我怀着内心的痛苦在问你这个问题，希望你作为共产党员诚实地回答我。"朱可夫坚定地答道："斯大林同志，毫无疑问，我们能够守住莫斯科。但西方面军至少需要增加 2 个集团军和 200 辆坦克。"斯大林欣悦地答道："你有这样的信心，真不错。你打电话去总参接洽一下，看把你所需要的 2 个预备队集团军集结在哪里，它们可在 11 月底准备好。但是坦克，现在还不能给你。"半小时后，朱可夫已与华西列夫斯基商量好，将第 1 突击集团军、第 10 集团军、第 20 集团军转隶西方面军，全部用于加强西方面军的右翼即莫斯科北线，分别集结于雅赫罗马地区和梁赞地区。

11 月 18 日，莫斯科南线德军发起突击。11 月底，突至卡施腊地域的德军被苏军近卫骑兵第 1 军重创。德军调整部署后，再行突击。12 月 3 日，包围图拉，切断了图拉与莫斯科之间的公路和铁路联系。苏军连夜增援图拉，在图拉工人歼击营的配合下实施反突击，强行撕开德军包围圈，恢复了图拉与莫斯科的公路、铁路联系。德军攻占图拉未遂，又挥师东向，进攻卡施腊，企图从东面迂回图拉。卡施腊苏军部队猛烈反击德军，粉碎了德军的战术意图。12 月 5 日，莫斯科南线德军全线南撤，被迫转入防御。

德军从北、南两翼实施突击并深远迂回莫斯科的作战计划被苏军全面阻遏后，德军将原计划中作为配合进攻的中路即莫斯科正面改作主要突击方向。纳粹统帅部自以为是地判断，苏军在莫斯科北、南两线的防御作战中，预备队已全部耗尽，其中路兵力已向两翼转移，因此可从正面直接突入莫斯科。12 月 1 日，莫斯科正西方向德军最后一次企图从纳罗弗敏斯克地域突入莫斯科，但叶菲列莫夫中将率领的、得到方面军预备队加强的苏军第 33 集团军成功地遏止了德军。第 33 集团军经过 5 天激战，不仅封闭了德军打开的突破口，而且全歼了进入突破口——阿甫列耶夫卡地域的德军，将德军击退到原出发地域。12 月 5 日，德军被迫退至纳拉河西岸，莫斯科前线的危险被最终解除。

莫斯科会战，德军中央集群预备队消耗殆尽，德军在这一方向的制空权也丧失殆尽。1941 年 7 月—12 月，苏军空军和防空军在莫斯科接近地和城郊，共击落德军飞机 950 余架，击退了德军对莫斯科进行的 122 次空袭。在这一期间，只有占参加空袭飞机总数 7% 的德机飞入了莫斯科市区。苏空军积极配合地面部队，有效地打击、遏制了德军的坦克与炮兵。仅在 10 月份 1 个月中，苏军莫斯科地区

苏联海报：保卫莫斯科

的空军就出动作战飞机26000架次。

当德军于11月底进抵距莫斯科24至25公里处时，冯·包克打电话对哈尔德说，他相信"一切都已不成问题。"11月30日，冯·包克投入了中央集群的最后一个营。事隔仅一天，12月1日晚，正患严重胃痉挛的冯·包克又打电话给哈尔德，说中央集群已严重削弱，不能再用他们来作战了。12月3日，哈尔德记下了冯·包克当天打来的电话："第4集团军的先头部队又撤下来了，因为侧翼跟不上去……我军快要到山穷水尽的地步了。"德军第4集团军参谋长勃鲁门特里特则说："我们想在1941年打败俄国人的希望，已在12月5日的最后一分钟化为泡影。"

莫斯科会战之际，为使德军南方集群被牢牢钳制在南方而不能分兵加强中央集群即莫斯科方向，苏军最高统帅部及南方、西方方面军，不失时机地实施了罗斯托夫反攻。11月中、下旬，为缓解列宁格勒方面军和列宁格勒极端严重的局势，并钳制德军北方集群，使之不能驰援莫斯科方向的中央集群，苏军最高统帅部组织了列宁格勒地区的提赫文反攻。1941年11月下旬，德军切断了提赫文—沃尔霍夫铁路线，使经此线—拉多加湖—列宁格勒的运输线被迫迂回延长了近500公里。苏联政府被迫向列宁格勒空投高热量食品，但列宁格勒仍开始处于饥饿状态。随着燃料的用尽，列宁格勒更加寒冷。在这种情况下，德军北方集群极有可能分兵南下，加强莫斯科方向。11月下旬，列宁格勒军民在结冰的拉多加湖上开辟了汽车运输线。沿此线，粮食、燃料及大批军用物资运进了列宁格勒及其周边地区，伤病员、老弱幼病者被撤往了后方（东方）。这条被誉为"生命之路"的冰上汽车运输线对保证列宁格勒方面军和波罗的海舰队的战斗能力与战斗行动起到了至关重要的作用。苏军最高统帅部与列宁格勒方面军决定，立即发起反攻。11月12日，苏军第52集团军向小维舍拉方向发起突击。11月19日，在德军中央集群对莫斯科发起第二次突击4天之后，苏军第4集团军在提赫文地区发起反攻。11月20日，苏军第52集团军实行迂回机动，在激烈的夜战中摧毁了德军的抵抗，攻克小维舍拉，并向格鲁季诺和谢历申斯基方向胜利推进。12月3日，苏军第54集团军在沃尔霍夫以西地域投入反攻。12月7日，苏军第4集团军突破了德军在提赫文—基里施铁路沿线的防御，进逼西托姆利亚。12月9日，德军在提赫文以北和以东的抵抗被粉碎，苏军攻占提赫文，并西进追击德军。12月16日，苏军第52集团军击溃大维舍拉的德军守备队，在宽大正面上将德军击退至沃尔霍夫河。12月17日，苏军最高统帅部将第4、第52、第59、第26集团军组建为沃尔霍夫方面军。至此，苏军北方方面军和西北方面军的一部一分为三，最北端为卡累利阿方面军，其正面之敌为德军挪威集团与芬兰军队。中线为列宁格勒方面军，负责列宁格勒的正北、西北与东北方向。最南端为沃尔霍夫方面军，守御列宁格勒的西南、南、东南方向。列宁格勒的南线与北线，分别得到沃尔霍夫方面军和列宁格勒方面军的坚强防卫。西北方面军负责列宁格勒的正面及部分西南方向。12月底，实施反攻的列宁格勒方面军的第54集团军与沃尔霍夫方面军将当面德军击退到洛德瓦、基里施地区和沃尔霍夫河西岸的诺夫哥罗德，并在河西岸夺取了登陆场。随后，苏军沿此线转入防御。

苏军的提赫文反攻为列宁格勒赢得了更大的防御空间，改善了列宁格勒及其接近地的态势，保证了连接拉多加湖的铁路线与拉多加湖"生命之路"的畅通，完全粉碎了纳粹企图用封锁造成的饥饿与寒冷困死列宁格勒的罪恶计划。在提赫文反攻中，德军北方集群的10个师（包括2个坦克师和2个摩托化师）被彻底击溃，遭受重创，并使整个北方集群被钉死在列宁格勒前沿。

朱可夫元帅写道："红军在提赫文地区转入反攻，南方面军也转入反攻并攻克了顿河畔的罗斯托夫。在此条件下准备了莫斯科附近的反攻。这一反攻的思想早在11月就有了，它是在防御战役的过程中最后形成的。"11月29日，朱可夫给斯大林打电话，汇报情况后，提出了反攻的建议。斯大林很认真地听完后，问道："你确信敌人已接近危机状态而没有可能投入新的重兵集团吗？"朱可夫回答道："敌人已极端虚弱。但我们如果现在不消除敌人楔入的危险，……局势可能严重复杂化。"斯大林答应与总参（实际上就是总参第1梯队）商量一下。斯大林迅即与华西列夫斯基商量完毕。11月29日晚，最高统帅部答复西方面军，同意转入反攻，并要西方面军呈报反攻计划。11月30日晨，西方面军以最快的速度上报了反攻计划。斯大林对计划审阅后，批示"同意"。11月30日晚，苏军最高统帅部全面分析了加里宁方面军的战斗进程与结果，命令其在2—3天内准备好用于反攻的突击集团。12月4日，最高统帅部下令加里宁方面军于12月5日转入进攻，以掩护并加强作为反攻主力的西方面军的右翼。同一天，最高统帅部命令西南方面军右翼战役集群于12月6日在叶利齐地区转入进攻，以掩护和加强西方面军的左翼。为达成预定反攻目标，最高统帅部从其预备队中抽调了3个集团军加强西方方面军。苏军的反攻总兵力为110万人，7625门大炮，774辆坦克，1000多架飞机。德军中央集群仍有170万人（包括空军），

13500门火炮，1170辆坦克，615架飞机。但因其正面宽达1000公里，兵力相当分散。

12月5日晨，加里宁方面军转入反攻。12月6日，西方面军和西南方面军右翼也转入反攻。12月8日，希特勒签署了命令德军在整个苏德战场上转入防御的第39号训令。12月6日当天，第1突击集团军与转隶西方面军的第30集团军作为西方面军的右翼，突破其正面德军两个摩托化师的防线并向纵深发展，12月9日，进抵克林城下。12月9日深夜，德军第3和第4坦克集群向伊斯特腊水库一线撤退。12月15日，苏军第30集团军和第1突击集团军解放克林市。西方面军右翼的第20、第16集团军于12月12日，解放了索尔涅奇诺哥尔斯克。12月15日，突破德军在伊斯特腊水库地区的防御，向沃洛科拉姆斯克进击。苏军第5集团军也于同时突破了兹韦尼哥罗德西南的德军防线。至12月25日，西方面军右翼各集团军向西推进了70—100公里，前出至拉马河与鲁扎河一线。使德军第3与第4坦克集群几乎丧失了全部坦克，消除了德军从北面迂回莫斯科的威胁。西方面军左翼军队向图拉方向实施反攻，其正面之敌为德军坦克第2集群（含6个步兵师、4个坦克师、3个摩托化师和2个旅）。12月6日，苏军第10集团军发起突击，12月7日，该集团军前出至卡施腊—帕韦列茨铁路线，并向斯大林诺哥尔斯克和耶皮范展开进攻。该翼的近卫骑兵第1军和第50集团军也于同时向德军第2坦克集群侧后迂回，迫使德军丢弃坦克与火炮迅速向正南和西南撤退。12月7日，近骑第1军和第10集团军解放米哈伊诺夫；12月9日，解放韦涅夫。12月17日，第50集团军攻占舍基诺，前出至洛莫夫卡一线。12月14日，同为西方面军左翼的第49集团军解放了阿列克辛，并在塔鲁萨以北和奥卡河西岸夺占了一些登陆场。12月28日，科泽尔斯克被解放。12月30日，解放卡卢加。31日，解放别列夫。至12月底1月初，西方面军左翼击溃了德军第2坦克集群，向西挺进了130公里。前出至梅索夫斯克和苏希尼契的接近地，解除了德军对图拉的包围，消除了德军从南面迂回莫斯科的威胁。西方面军的中路激战整20天，打破了德军第4集团军的顽抗，于12月26日解放纳罗弗敏斯克。1月2日，解放马洛亚罗斯拉韦茨；1月4日，解放博罗夫斯克，向西推进了近250公里。

12月5日，加里宁方面军的第29、第31集团军开始向加里宁方向突击，经11天激战，击溃德军第9集团军的6个师，于12月16日解放加里宁市。同日，第30集团军重新转隶加里宁方面军；不久，苏军最高统帅部以第39集团军加强了加里宁方面军。1942年1月1日，加里宁方面军全线突破德军第9集团军的防御，前出至奥列什基—莫洛吉诺—斯塔里察—洛托施诺一线。1月7日，加里宁方面军已前出至伏尔加河地区，并从西和西南包围了勒热夫。至此，加里宁方面军共推进了60—120公里，重创德军第9集团军。由于加里宁市的解放，恢复了与苏军西北方面军的直接联系，使苏军各战线联成一线，形成了较有利的完整连续态势。博洛哥耶—加里宁—莫斯科铁路干线和公路上的德军被完全肃清。

12月6日，西南方面军右翼向耶列茨实施进攻，12月9日，解放耶列茨。12月16日，西南方面军右翼将其正面之敌击退了80—100公里，开始向奥廖尔方向出击。12月下旬，在该方向上继续推进了30—110公里。

12月18日，苏军统帅部下令恢复布良斯克方面军以加强西方方面军与西南方面军的结合部,并在该地域展开反攻。1月初,布良斯克方面军已达别列夫以南—姆岑斯克—韦尔霍维耶一线,并沿索斯纳河展开了攻击。

在莫斯科反击战中,苏军空军取得了制空权。仅在1941年12月初—1942年1月初的1个月中,苏联空军在反击地区就出动了作战飞机1万6千架次,给德军空军及坦克部队以毁灭性的打击,终致德军重蹈130年前拿破仑大军的噩运。哈尔德哀叹:"德国陆军常胜不败的神话破灭了。"

莫斯科反击战,苏军将德军向西击退了100—250公里,收复了许多城市,解放了1万1千多个居民点,彻底瓦解了德军对莫斯科的围攻。苏军前出至谢利查罗沃—尔热夫—沃洛科拉姆斯克—卢萨—别列夫—姆岑斯克一线。

在苏军实施莫斯科反攻的同时,南线塞瓦斯托波尔的苏军守军击退了德军第11集团军倾全力发动的第二次突击。苏军南高加索方面军抓住战机,准备在刻赤半岛实施登陆战役。战役目的是改善被围的塞瓦斯托波尔的态势,并为以后解放克里米亚创造条件。苏军最高统帅部批准实施这一战役;并命令,在实施战役期间,苏海军黑海舰队和亚速夫海区舰队隶属于南高加索方面军。12月24日深夜,第51集团军的两个师开始登船;25日,载运该部队的亚速夫海区舰队向登陆地点进发,但因风急浪大和德空军的袭击,5支登陆部队中两支被阻遏,两支被迫返航。12月26日,第4登陆队开始登陆,并攻占了赫罗尼地域的登陆场。刻赤海军基地同时完成了将第302步兵师运送至卡梅什隆地域登陆的任务。12月27、28、29日的风暴使第51集团军登陆中断,30日,登陆得以继续进行。第44集团军在黑海舰队的协同下，于12月28日登陆成功。12月30日晨，解放了菲奥多西亚。12月31日，第44集团军陆续在菲奥多西亚地域登陆完毕。12月30日，德军撤出刻赤。1月2日，苏军前出至阿克摩奈地峡的基耶特—新波克罗夫卡—伊久莫夫克—科克捷勃尔一线，并在该线转入防御。刻赤—菲奥多西亚战役的战果是，南高加索方面军解放了刻赤半岛，攻占了德军在克里米亚的重要支撑点刻赤和菲奥多西亚两地的市区和海港，并向西推进了100—110公里，迫使纳粹统帅部暂停了对塞瓦斯托波尔的进攻，将其第11集团军的部分兵力转调至该地区。刻赤—菲奥多西亚战役在南线发展了莫斯科大反攻的胜利。

德军在莫斯科大会战中共伤亡100余万兵力（不包括仆从国军队和德军在南线与北线的损失），其中死亡50万。并损失了大量器械装备，是德军自第二次世界大战以来的第一次大惨败。希特勒恼羞成怒，暴跳如雷地撤换将领。勃劳希契元帅于1941年12月19日被撤去了德国陆军总司令之职。冯·包克的职务则于12月18日由第4集团军司令冯·克鲁格元帅接替。因创造了大规模坦克战并亲自实施而屡屡得手的第2装甲集群司令古德里安，也在12月25日圣诞节前被解职，罪名是"未得批准，擅自下达撤退命令"。同样显赫一时的第4坦克集群司令霍普纳，也以同样罪名被希特勒撤职，并被褫夺了军阶（上将），还被禁止穿着军服。"甚至善于逢迎拍马的凯特尔也与元首闹起纠纷"，"希特勒对其提出的撤退建议不能容忍，大声骂他是个'木头人'。"希特勒对哈尔德表示，他可以留任陆军参谋长，如果他愿意的话。"但是从今以后，我将亲自掌管陆军事务。"希特勒补充道。紧接着，希特勒宣布，他亲自出任德国陆军总司令。12月28日，希特勒向东线即苏联前线德军下达了死守的命令。

在莫斯科大会战中，苏军有36000人荣获各种勋章和奖章，100多万人被授予"保卫莫斯科"奖章，110名战功突出的军人荣获"苏联英雄"称号。10个步兵师、2个摩托化步兵师、5个骑兵师、2个骑兵军、2个步兵旅、2个海军陆战旅、4个坦克旅、2个摩托化车团、9个炮兵团、4个反坦克炮兵团、2个歼击航空团、1个强击航空团和1个通信团被授予"近卫军"称号。在埋放保卫莫斯科牺牲的无名战士遗骨的灰白色克里姆林宫墙旁的墓碑上，刻着这样的字句："你的名字无人知道，你的功绩永垂不朽！"

朱可夫元帅在他的回忆录中写道："每当人们问我对战争中最难以忘怀的战斗是什么，我总是回答：莫斯科会战。我谨向所有参加莫斯科会战还活着的人表示深深的感谢！向那些宁肯站着死也不让敌人逼近莫斯科的死难者致哀！我们所有的人都无法报答他们的恩情！"

"所有的人"应当是整个人类！

三 来自南方的威胁

苏军和苏联人民在莫斯科前线的贡献博得了世界人民的赞誉,《第三帝国的兴亡》的作者威廉·夏伊勒称之为"转折的开端"。1941年12月底,英国外交大臣艾登返回伦敦后,对新闻界发表声明谈访苏印象时说:"我有幸目睹了俄国军队的功绩,真正伟大的功绩。"1942年1月,美军名将麦克阿瑟公开说:"文明世界的希望寄托在勇敢的俄国军队的身上。"而在这之前,希特勒宣称"苏俄的崩溃不过是几个星期之内的事"。

1941年7月30日,在苏军节节败退之际,罗斯福特使霍普金斯到达莫斯科,斯大林当即会见了他。斯大林毫无保留地向他介绍了苏德战场的形势,坚定地表示,苏联能够守得住莫斯科和列宁格勒。在与霍普金斯进行第二次会谈时,斯大林再次表示希望得到美国的援助,甚至呼吁美国参战。霍普金斯表示,他的使命只是有关以物资供应、援助苏联的问题,至于美国参战一事,主要取决于希特勒自己和他对美国根本利益的侵犯。在两次会谈之际,霍普金斯还深入苏军前沿,察看了苏军的战斗实况,并与苏军将士交谈,了解苏军的士气。最后霍普金斯在总体把握了苏联实力的基础上，得出结论——苏军能够抗击纳粹的进攻，美国应当援助苏联。他在向罗斯福总统汇报和向国会作证时，强调了这一点。美国历史学家舍伍德说，这是"战时美苏关系的转折点"。

霍普金斯访苏后，前往伦敦，与丘吉尔一道，乘坐英国战列舰"威尔士亲王"号前往纽芬兰，参加大西洋会议。8月10日，丘吉尔与霍普金斯抵达纽芬兰的阿金夏港。而在8月9日，罗斯福总统已乘坐美国巡洋舰"奥古斯塔"号先期抵达。8月11日，大西洋会议召开。8月13日，美英两国政府首脑签署了一项联合声明，这就是对第二次世界大战做出了巨大贡献的著名的《大西洋宪章》。《宪章》表示，"对于世界拥有一个美好未来的局面抱有希望"。《宪章》谴责一切侵略、奴役他国和他国人民的行为，强调"尊重各民族的自由选择"。并提出要解除所有法西斯国家之军备，预言"纳粹暴政将被最后毁灭"。1941年9月，在伦敦召开了反法西斯同盟国会议，讨论《大西洋宪章》。9月24日，苏联政府发表声明，赞同《大西洋宪章》的基本原则。9月底—10月初，苏美英三国莫斯科会议召开。

1941年12月7日，正值莫斯科前线苏军大反攻之际，日本法西斯悍然偷袭珍珠港。12月11日，希特勒履行对日本的承诺，向美国宣战。斯大林听到这一消息后，对朱可夫、华西列夫斯基等人笑道："有意思，希特勒德国准备用什么力量同美国作战？"苏军的莫斯科胜利巩固、发展了反法西斯同盟，使人类的历史呈现出诚如《大西洋宪章》所言：有一个美好未来局面的希望。1942年1月1日，反法西斯同盟的26个国家在华盛顿签署《联合国家宣言》，一致表示赞同和加入《大西洋宪章》。26国保证："每一政府各自保证对与该政府作战的三国同盟（指德、意、日三个法西斯国家）及其附从者使用其全部资源，不论军事的或经济的。""每一政府各自保证与本宣言签字国合作，并且不与敌人缔结单独停战协定或和约。"世界人民的国际反法西斯统一战线全面形成。

希特勒此时则意识到，他想征服俄国的这一场赌博已经失败了。"6个月的时间内办不到就可能意味着永远办不到。"哈尔德写道。并在其日记中记下了希特勒向德军最高统帅部的几个军官的一次训话："在德国军队离莫斯科只有十几英里而且正在死命进攻这个城市时，元首已经放弃了在年内打败俄国的希望，而在打第二年的主意了。""明年的目标，"希特勒指示，"首先拿下高加索。目标：俄国南方边疆。时间：3、4月。北路方面，今年战争结束以后，伏洛格达或高尔基，时间只能在明年5月底。明年还有什么目标，尚待决定。一切将看铁路运输的能力而定。关于将来要建立一堵'东壁'的问题也待以后决定。"希特勒已在考虑"东壁"即东方壁垒了，也就是说，他已在考虑与苏联的长期僵持。"如果苏联要被消灭的话，还用建立什么'东壁'吗？"哈尔德写道："总的说来，给人的印象是，希特勒现在已认识到任何一方都不能消灭对方，并认识到这种情况将导致和平谈判。"

但这只是希特勒潜意识的一厢情愿。苏联不会同意僵持，斯大林绝不会同意所谓"和平谈判"，《联合国家宣言》也杜绝了"与敌人缔结单独停战协定或和约"的可能。1943年的开罗会议，经罗斯福总统提议，更将这一原则发展为——法西斯轴心国必须"无条件投降"。

1942年1月5日晚，苏军最高统帅部召开会议，商讨苏军在苏德战场全线实施总反攻的计划。斯大林说："德军由于在莫斯科附近的失败而惊慌失措，而且他们过冬的准备很差，现在正是转入总攻的最好时机。敌人企图把我们的进攻拖迟到明年春季，以便春季集中力量再转入积极行动。德军想赢得时间，获得喘息的机会。"没有人反对斯大林的意见。斯大林继续说："我们的任务是，不给德寇以喘息的机会，不停顿地把它向西驱赶，迫使它在春季以前消耗尽自己的预备队。"为此，苏军最高统帅部确定的战略意图是：向德军中央集群实施主要突击，以西北方面军的左翼部队、加里宁方面军和西方方面军从两面迂回并围歼勒热夫—维亚兹马和斯摩棱斯克地区的德军中央集群主力。列宁格勒方面军和沃尔霍夫方面军以及西北方面军的右翼部队，粉碎德军北方集群。西南方面军和南方面军粉碎德军南方集群，解放顿巴斯。高加索方面军与黑海舰队解放克里米亚。苏军最高统帅斯大林要求在最短时期内转入总攻。说明战略意图后，斯大林再次让在座的成员发表意见。朱可夫表示，苏军西线态势较有利，应当趁德军尚未来得及恢复部队的战斗力继续进攻。但苏军西线部队也应加强，特别是需要补充坦克部队。而北线和南线，苏军将可能遇到敌人顽强的防御，没有强大的炮兵与坦克支援，他们不可能突破德军防线，而本身会遭受不应有的重大损失。负责苏联战时经济的沃兹涅先斯基支持朱可夫的意见，说："我们现在还没有掌握足以保障各个方面军同时进攻用的物资。"朱可夫与沃兹涅先斯基主张实施局部反攻而不是全线反攻。斯大林表示不讨论这个问题，必须坚决地转入全线反攻。朱可夫认为："由于受到在莫斯科附近歼灭德国法西斯军队以及在反攻中取得胜利的影响，斯大林作为最高统帅过于乐观了。"虽然斯大林在领导、指挥莫斯科会战方面"做了巨大的工作。由于他要求非常严格，所以使得可以说几乎做不到的事情都做到了。"

1月7日，苏军各方面军司令部接到了进攻的训令。1月10日，各方面军司令员和各集团军司令员接到斯大林的指示信，斯大林重申了他在1月5日会议上对军事形势所作的判断，以及对各方面军建立突击集团和组织炮兵进攻的具体指示。同期，希特勒也在1月3日给德军东线各部队再次下达了死守的命令。命令强调："绝不允许后退一步，这是当前形势向我们提出的要求。"

1月8日，苏军9个方面军（最北面的卡累利阿方面军除外，由北向南依次为列宁格勒、沃尔霍夫、西北、加里宁、西方、布良斯克、西南、南方、南高加索方面军）以及波罗的海、黑海舰队在空军的支援下，先后对苏德战场的390余万德军及其仆从国军队，发起全线反攻。

正西方向，1月8日，加里宁方面军左翼的第39集团军在勒热夫以西长达15公里的地段上突破德军防御，向南推进了50公里。1月15日，推进至斯切夫卡以西地域。1月12日，骑兵第11军开始沿此突破口向南推进，前进了110公里后被德军阻遏。第29集团军亦沿此突破口进入，并向西迂回勒热夫，与勒热夫接近地的德军血战至1月底未取得突破。1月15日，加里宁方面军右翼的第22集团军利用1月9日西北方面军左翼在托罗彼茨、霍尔姆方向上所发起的进攻战役的胜利，从谢利日阿罗沃地域向别累伊方向发起突击。1月底，该集团军推进120公里，突入别累伊地域，并从西面深远迂回于卡尔波沃—奥列尼诺地域德军的侧后，对之进行了包围。1

23日，德军利用加里宁方面军正面过宽的不利态势，由勒热夫和奥列尼诺两地实施相向突击，封闭了突破口，突入的加里宁方面军部队陷入敌后，被迫通过别累伊和涅利多沃两地极其狭窄的通道与方面军主力保持联系。

1月10日，西方面军第20集团军从沃洛科拉姆斯克向沙霍夫斯卡娅展开突击，1月12日，突破德军防线。同时，第1突击集团军和第16集团军也沿此方向展开了进攻。与第20集团军实施突击的同一天，西方面军中线的第5和第33集团军向莫日艾斯克和韦列亚方向进行突击，很快突破德军防御。1月16日，苏军解放洛托施诺，1月17日解放沙霍夫斯卡娅，1月20日，莫日艾斯克解放。1月19日，最高统帅部下令将西方面军所属第1集团军转隶西北方面军，并将第16集团军调至方面军左翼以加强第10集团军的进攻。方面军司令员朱可夫建议稍迟后再变更部署，由古比雪夫回到了莫斯科的沙波什尼科夫总参谋长告诉他，这是斯大林亲自决定的。西方面军右翼由此被极大削弱，第20集团军不得不单独在格日阿茨克方向长达40公里的正面上勉力发展。1月25日，第20集团军的进攻被德军阻遏。1月10日，西方面军左翼的第10、第50集团军突破德军防线，从南面封锁了尤赫诺夫地域的德军13个师。1月20日，第16集团军从北面开始合围这一德军集团。同一天，苏军第33集团军沿尤赫诺夫北面突破，向维亚兹马方向发展。近卫第1骑兵军与第33集团军相向往维亚兹马推进。1月27日—2月24日，苏军陆续对尤赫诺夫地域空降了近两个旅的兵力，以加强对尤赫诺夫的攻击。2月1日，第33集团军从北面突至维亚兹马近郊；2月2日，近卫骑兵第1军从南面突至维亚兹马近郊，两军很快会合，对维亚兹马形成合围态势。2月3日—4日，德军援兵向维亚兹马两支苏军部队根部即后方实施反突击，将其切断、合围。方面军司令部指示其转入维亚兹马西南的森林地区，与当地游击队会合。在敌后，两支苏军部队与游击队频频出击，钳制了德军大量有生力量。在其配合下，3月初，尤赫诺夫地域被围德军被肃清。4月初，德军报复性全力合围第33集团军和近卫骑兵第1军，两军首长请求方面军配合突围，方面军司令员严格规定其穿越森林向基洛夫方向突击，同时命令第10集团军于基洛夫方向打开缺口接应。别洛夫中将指挥的骑兵军执行了命令，经马蹄形路线的长途跋涉后，绕开了德军重兵集团，进入第10集团军打开的缺口，与之胜利会师。第33集团军司令员叶菲列莫夫中将因其部队疲惫，请求沿最短路线——经乌格拉河突围，朱可夫表示绝对不能同意。但向斯大林汇报后，斯大林认为叶菲列莫夫是位有经验的司令员，应当同意他的请求。方面军司令部于是命令第43集团军在叶菲列莫夫突围方向组织相向突击。但第33集团军向乌格拉河运动时被德军重兵集团发现并被打散，只有近1/3的部队突出了重围。叶菲列莫夫中将身负重伤，不愿落入敌手而悲壮地自杀了。与其一起牺牲的还有集团军炮兵司令阿夫罗西莫夫少将。"这是位天才、果敢的军事首长，在莫斯科会战中，他与第33集团军打得非常英勇顽强，功勋卓著。"朱可夫写道。

在加里宁方面军与西方面军实施反攻的同时，西北方面军左翼的第3、第4突击集团军发起了托罗彼茨—霍尔姆战役。突破了奥斯塔什科夫地域德军的防御，在2月6日，已向维帖布斯克方向推进了250公里。1月22日，这两个突击集团军转隶加里宁集团军。

为抗击苏军的突击，德军统帅部于1月中旬向中央集群火速增派了9个齐装满员的步兵师，终于稳定了战线。3月底，陷入敌后的加里宁方面军突击部队与方面军主力实施相向突击，杀出重围。4月初，苏军最高统帅部下令西方面军、加里宁方面军转入防御。2个方面军在反攻中向西最终推进了70—100公里，改善了西部方向上的苏军总态势。但粉碎德军勒热夫—维亚济马集团的战役任务未能完成。

1942年1月至4月，沃尔霍夫和列宁格勒方面军在反攻中实施了柳巴尼战役。清除了柳巴尼地域的德军集团。西北方面军右翼合围了德米扬斯克地域德军的重兵集团。在实施合围时，击溃了德军3个师的救援部队。4月底，德军在腊木舍沃地域突破了苏军的合围正面，打通了一条联系被围集团的狭窄走廊。此后，西北方面军在"腊木舍沃走廊"地域与德军展开了反复的交战。列宁格勒、沃尔霍夫、西北方面军右翼（在其左翼第3、第4突击集团军转隶加里宁方面军后，即为整个方面军）的反攻，重创并钳制了德军北方集群的全部兵力，使之无力进攻列宁格勒。1942年1月—3月，德军统帅部从本土、法国、丹麦、南斯拉夫调来6个师1个旅，以加强北方集群。

1942年1月18日晨，苏军西南和南方方面军部分部队开始实施巴尔温科沃—洛佐瓦亚进攻战役。1月22日，苏军第6、第57集团军在巴拉克列亚—斯拉维扬斯克一线突破德军防御，向前推进了25公里。但第37、38集团军未能完成预期突破。为了发展第6、第57集团军的突破，方面军投入了骑兵第1、第5和第6军。这一战役决策加快了第57集团军的进攻速度，1月24日，该集团军攻占巴尔温科沃。第6集团军在骑兵第6军的配合下，1月27日越过哈尔科夫—洛佐瓦亚铁路线，攻占了重要铁路枢纽洛佐瓦亚，进抵奥烈尔河地区，并指向哈尔科夫。与此同时，南方面军司令部命令其第9集团军和各骑兵军与西南方面军深远迂回德军后方。1月底，德军将大量兵力调至突破口地段，将德军第1坦克集群与第17集团军组建为克莱斯特集群，以德军第3摩托化军为核心加以新增援兵力组建为马肯曾集群，分别向南方和西南方面军展开反突击。2月初，苏军第6、第57、第9集团军在巴拉克列亚—洛佐瓦亚—斯拉维扬斯克一线的战线凸出部（纵深90公里，宽110公里）转入坚固防御，保持着今后对哈尔科夫和顿巴斯德军集团的侧、后实施突击的有利态势。在实施巴尔温科沃—洛佐瓦亚进攻战役的同时，苏军西南和南方方面军的其余部队在别尔哥罗德、哈尔科夫和顿巴斯地域也实施了进攻。南高加索方面军的部队也在黑海舰队的支援下于瓦地域三次展开突击，试图打破德军防御。所有这些进攻都遭到德军的顽强抵抗，未能取得重大战役突破。但西南、南方、南高加索方面军的反攻钳制了德军南方集群，将德军第11集团军钉死在瓦，有利于苏军全线态势的稳定，并粉碎了德军攻占塞瓦斯托波尔的计划。1942年1月—4月，德军从其后方增援南方集群11个师。

在1942年1月—4月苏军的全线反攻中（苏军布良斯克方面军以其两翼配合西方和西南方面军实施了反攻），德军50个师被重创，部分被消灭。德军伤亡近90万人。1942年3月30日德国陆军的东线战况报告表明：东线全部162个德国师中，仅有8个师还有进攻的能力。16个装甲师中，仅剩140辆坦克完好无损。但苏军的反攻未能成建制地歼灭德军主力集团，夺取战略主动权。至1942年4月中、下旬，苏军沿列宁格勒—诺夫哥罗德—大卢基—韦利亚—德米多夫—别累伊—杜霍夫施纳—第聂伯河—涅利多沃—勒热夫—格查斯克—乌格拉河—基洛夫—奥卡河—马扎河—奥廖尔—库尔斯克—哈尔科夫以东—斯拉维扬斯克—亚速夫海北岸—塔干罗格西段全线转入防御。

当苏军的全线反攻被德军逐渐遏止,后备物资与兵力呈现短缺迹象,跟不上苏军的突击与推进时,希特勒立即着手利用德军尚存的战略优势。1942年4月5日,希特勒签发了德军统帅部第41号作战指令。指令强调:"一当天气和地面条件好转,德国统帅部和军队就要利用自己的优势,再度夺取主动权,强迫敌人接受我们的意志。我们的目的是彻底消灭苏联尚存的全部防御潜力,尽可能夺取他们最重要的军事经济中心。为此,必须使用德国及其盟国一切可用的军队。为了达到东方战线最初的目的,中线军队将坚守阵地;北线将攻占列宁格勒,并同芬兰人会师;南线军队将突进高加索。因此,一切可用的军队将集中于南线的主要地段,其目的是在顿河这边消灭敌人,以夺取高加索油田和进入高加索山区的隘口,越过高加索山脉。"指令下达不久,希特勒对德军第6集团军司令鲍卢斯说:"如果我拿不到迈科普和格罗兹尼的石油,那么我就必须结束这场战争。"一如既往地表现出志在必得的狂妄。苏军总参谋部作战部长什捷缅科所说的"南方的威胁"由此开始。

为了实现第41号作战指令,德军统帅部迅速补充和增援苏德前线。至1942年5月1日,德军的东线兵力已达217个师和20个旅。其中德军178个师和8个旅,仆从国军39个师和12个旅,共计619.8万人;火炮和迫击炮56941门,坦克和自行火炮3229辆,作战飞机3395架,基本战舰63艘。与之抗击的苏军共9个方面军

(包括卡累利阿方面军,沃尔霍夫方面军已改编为列宁格勒方面军的沃尔霍夫集群。南高加索方面军先改称为克里木(即克里米亚)方面军,1942年4月5日与滨海独立集团军合并为北高加索方面军)和1个独立集团军,从北至南为卡累利阿方面军、独立第7集团军、列宁格勒、西北、加里宁、西方、布良斯克、西南、南方、北高加索方面军、三支舰队(北线为北方舰队、西北和正西方向是红旗波罗的海舰队、南线为黑海舰队)、3支分舰队(拉多加湖区分舰队,属红旗波罗的海舰队;伏尔加河分舰队,亚速夫海区分舰队;后两支分舰队属黑海舰队)。不包括国土防空部队和海军,苏军共有510万人,3900辆坦克,44900余门火炮和迫击炮(不包括60毫米的迫击炮),2200余架作战飞机。3支舰队共有140艘基本战舰。两军对比,苏军的坦克与战舰多于德军,但德军的兵力、作战飞机、火炮和迫击炮方面占有优势。为贯彻第41号指令,德军南方集群拥有兵力达59个步兵师、7个坦克师、5个摩托师、3个炮兵师和1个步兵旅(不包括仆从国军队)。

1942年5月8日晨,德军第11集团军(15个师)向防守刻赤半岛的苏军克里米亚(北高加索)方面军发起突袭,德军突击集团的主要突击方向为菲奥多西亚湾海岸。防守该处的苏军第44集团军抵御不住,被迫向东退却。随即,德军实施深远迂回,前出至克里米亚方面军右翼和中路的侧、后。5月11日,德军在阿克莫纳伊地域合围了克里米亚方面军的部分兵力。5月15日,德军攻占刻赤市。苏军统帅部决定将克里木方面军撤至塔曼半岛和楚什卡沙嘴。5月15日—19日,苏军横渡刻赤海峡撤出。由于在刻赤半岛的战斗中德空军夺取了制空权(5月8日—15日,德军飞机每日出动近1800架次），乘坐军舰撤退的苏军遭德机狂轰滥炸，损失严重。但方面军司令部和三分之一兵力在黑海舰队支援下得以安全撤出。陷入合围和来不及撤出的苏军转入刻赤半岛坑道组成了大规模游击部队，一直坚持战斗到1944年春季克里米亚全部解放。

刻赤半岛沦陷使保卫塞瓦斯托波尔的苏军滨海集团军（属北高加索方面军）的态势急剧恶化。德军在胜利结束刻赤半岛的进攻战役后，在塞瓦斯托波尔地域集中了第11集团军的基本兵力（共10个步兵师，20.4万人），意欲在最短时间内攻占塞瓦斯托波尔。担任主攻的德军步兵第54军得到了120个炮兵连的支援，在德军进攻正面上，1公里的火力密度为60门火炮与迫击炮，在其主要突击方向则为150门。德军第11集团军司令——德军名将曼施坦因说，像在最后一次攻打塞瓦斯托波尔时那样密集地使用炮兵，是德军在第二次世界大战以来从未有过的。守御的苏军滨海集团军包括协助其的海军与空军，共10.6万人。6月2日，德军开始了历时5天的炮火准备和空军轰炸。6月7日晨，德军步兵开始冲击。苏军将士顽强死守，寸土必争，激战至6月18日，德军才突入北湾。6月23日，防守北湾的苏军按计划撤至北湾南岸。6月下旬，德军被迫增兵，德军步兵第46师被调至塞瓦斯托波尔城下，顿巴斯的德军第17集团军的若干部队也陆续调至。6月28日，德军强化了攻势，将苏军逼向英克尔曼车站和英克尔曼公路，并在当天夜间强渡北湾，攻占了南岸。苏军处境危急万分，已普遍缺乏弹药，越来越多地进行白刃战，炮兵、坦克兵也经常参加白刃搏斗。6月26日，北高加索方面军调派步兵第142旅乘坐黑海舰队的战斗舰艇增援塞瓦斯托波尔。此后，德机加强了空袭，德舰强化海上封锁，苏军只能依靠潜水艇向塞瓦斯托波尔增援极其有限的人员、弹药与粮食。6月30日,德军突入塞瓦斯托波尔,守军在黑海舰队的全力支援下开始撤退。苏军一边抗击德军的正面突击,一边登舰,顶着德军飞机的轰炸与德舰的骚扰袭击,逐步撤出。撤退持续到7月3日。未来得及撤出的苏军转入山区组成了游击队,一直战斗到1944年春季解放。

历时8个月零5天(1941年10月30日—1942年7月4日)的塞瓦斯托波尔保卫战创造了现代战争史上守御时间最长、歼敌人数最多(德军与罗马尼亚军队被歼近30万人)的奇迹,并长期钳制了德军的重兵集团。为了纪念史无前例的、英勇的塞瓦斯托波尔保卫战,苏联最高苏维埃主席团颁发了"保卫塞瓦斯托波尔奖章",授予这个英雄城市的英雄保卫者们。"塞瓦斯托波尔保卫者的忘我战斗是整个苏军和全体苏联人民的英雄主义的典范。"华西列夫斯基元帅写道。

苏军最高统帅部正确地预见到德军1942年春夏的进攻。最高统帅部认为,1942年春夏,德寇能在两个战略方向上同时实施大规模进攻战役,这两个方向很可能是莫斯科和我国南方,什捷缅科回忆道。针对此,斯大林指示:"目前我方还没有足够的兵力兵器展开大规模的进攻战役。在近期内,应当限于进行积极的战略防御。"但他又认为,可以在哈尔科夫、克里米亚地区实施一系列进攻战役。即先敌突击。

遵照斯大林的指示,在塞瓦斯托波尔激战之时,苏军实施了哈尔科夫战役。苏军的战役企图是:从沃尔昌斯克地域和巴尔温科沃地域实施两个指向哈尔科夫的向心突击,以围歼哈尔科夫地域的德军。同期,德军为执行第41号训令,已计划清除苏军占据的巴尔温

塞瓦斯托波尔保卫战

科沃凸出部，打算以克莱斯特集群从斯拉维扬斯克—克腊马托尔斯克地域向西北，以德军第6集团军从巴拉克列亚地域向东南实施两个指向巴尔温科沃凸出部的向心突击达到战役目的。

5月12日，苏军西南方面军突击集团发起进攻，经过3天激战，德军第6集团军防线被突破，苏军由沃尔昌斯克地域推进了25公里，由巴尔温科沃凸出部推进了近30公里。德军迅速调整部署，5月17日，德军克莱斯特集群从克腊马托尔斯克地域对掩护西南方面军左翼的南方方面军的苏军第9集团军发起猛攻，同时从哈尔科夫以东和别尔哥罗德以南地域对西南方面军右翼第28集团军实施突击。苏军第9集团军抵御不住，全线后撤，第28集团军也被迫且战且退。第9集团军的迅速撤退使苏军巴尔温科沃凸出部的兵力集团立刻面临被德军从后侧深远迂回、切断合围的危险。在西南方面军的苏军最高统帅部代表华西列夫斯基请求立即停止进攻哈尔科夫的战役，全线后撤。但是西南方面军司令铁木辛哥和斯大林没有同意这个请求。直至5月19日下午，苏军最高统帅部才决定停止进攻，同时命令西南方面军第6集团军回师东进，掩护西南方面军突击集团的侧后。"以后战事的进程证明，这一决定已经晚了。"苏军中将普拉托诺夫这样说。苏军第6集团军仓促回师，被迫分散地投入战斗，不仅未能阻挡德军的合围，反而被德军分割消灭。5月23日，德军克莱斯特集群与德军第6集团军在巴拉克列亚以南10公里处会合，合围了巴尔温科沃凸出部的苏军。被围苏军与德军激战至5月29日，除部分突围外，大部分壮烈牺牲或被俘。西南方面军副司令员科斯坚科中将在突围时英勇牺牲。与此同时，从沃尔昌斯克地域实施突击的苏军第28集团军也被德军击退并被切断了退路，苏军顽强奋战，2万余人杀透重围，其余大部英勇牺牲，少部被俘。哈尔科夫战役以苏军的全面失败而结束，苏军西南方面军进行突击的40多个师损失了30多个，仅存突出重围的10个师左右。苏军南方面军所属第9集团军不仅遭重创，而且由于它的迅速后撤导致战局全面恶化。

为配合并策援南线苏军，苏军西北方面军于1942年5月3日向德米扬斯克地域的德军集团发起了进攻，进攻一直持续到5月20日，但未能突破德军的防御和切断"腊木舍沃走廊"，被迫于5月21日转入防御。苏军西方面军也于5月中旬对正面之敌实施突击，德军死守顽抗，西方面军未取得突破，亦于5月下旬转入防御。5月中旬，列宁格勒方面军的沃尔霍夫集群（即原沃尔霍夫方面军）在沃尔霍夫河西岸展开攻势，企图影响哈尔科夫地域苏军的态势。经过激战，苏军第2突击集团军攻占了西岸宽达6公里的一个登陆场。其后，沃尔霍夫集群致力于扩大这个登陆场，但德军的猛烈炮击使之未获成功。鉴于孤军过河的第2突击集团军的处境极端不利，苏军最高统帅部于5月14日命令列宁格勒方面军司令员将其撤回沃尔霍夫河东岸，但第2突击集团军司令弗拉索夫中将未能及时、有效地组织后撤。5月30日，德军切断了第2突击集团军后撤的走廊，第2突击集团军陷入德军合围。苏军随即以大兵团在拉多加湖区分舰队的配合下实施渡河两栖作战，以解第2突击集团军之围。至6月19日，苏军以重大代价撕开了德军的合围圈，打通了一条通向被围苏军的近1.5公里宽的走廊，第2突击集团军沿此走廊开始后撤。6月22日，被围苏军大部撤出后，德军又发起突击切断了走廊，苏军沃尔霍夫集群全线退守沃尔霍夫河东岸，组织强固防御。未撤出的部分苏军在第2突击集团军司令弗拉索夫中将的率领下，向德军投降，堕落为苏联人民的叛徒。这是苏德战场唯一的一起大规模叛降事件。战后，弗拉索夫理所当然地受到苏联人民的严惩。

苏军在1942年五六月间所进行的各次战役均以失败告终，德军则在各次战役中基本实现了其战役企图，苏德战场局势在5月底6月初发生了不利于苏军的急剧变化，战略主动权重新被德军掌握。自来"南方的威胁"日益严重！

1942年6月初，德军统帅部拟定了代号为"蓝色"和"克劳塞维茨"的两个进攻战役计划，作为对于第41号作战指令的补充。"蓝色"的战役企图是：从库尔斯克东北向沃罗涅日、从沃尔昌斯克向奥斯特罗哥日斯克同时实施两个突击，以合围和粉碎在沃罗涅日地域防御的苏军，前出至顿河。"克劳塞维茨"的战役企图是：当德军攻占沃罗涅日以后，以装甲、摩托化部队挥师南下，突击苏军西南方面军的后方；同时，集结于斯拉维扬斯克—阿尔条莫夫斯克—克腊马托尔斯克一线的德军在苏军西南方面军和南方面军的结合部实施突破，与南下德军相向突击，合围苏军西南方面军。尔后，德军分兵直取斯大林格勒和高加索。为实现"蓝色"与"克劳塞维茨"，至1942年6月底，南方集群集中了占苏德战场上德军37%以上的步兵与炮兵，53%左右的坦克和摩托化集团，达69个步兵师、10个坦克师、8个摩托化师、3个骑兵师，分属8个集团军。此外，罗马尼亚第3、第4集团军作为加强力量正在向乌克兰疾进，使德军兵力达到102个师以上。为利于对如此庞大的战役集群进行指挥，德军统帅部将其分组为A集团军群和B集团军群。A集群由德军元帅李斯特指挥，下辖德军第1坦克集群，第11、第17集团军和意大利第8集团军，以攻占高加索为其最终作战目标。B集群由冯·包克元帅指挥，下辖德军第4坦克集群，第2、第6集团军和匈牙利第2集团军，以攻占斯大林格勒为其作战目标。B集群中的德国第4坦克集群、第2集团军和匈牙利的第2集团军组成魏克集群，主攻沃罗涅日。罗马尼亚第3、第4集团军和德军统帅部调来的若干坦克师与步兵师，作为A、B集群的战略预备队。抗击德军两大战役集群的为苏军布良斯克（苏军正西方向最南端即左翼）、西南、南方和北高加索方面军。他们得到伏尔加河分舰队、亚速夫海分舰队和黑海舰队的支援。

6月28日晨，德军B集群的魏克集群经过炮火准备和空军轰炸准备，对苏军布良斯克方面军左翼（方面军南翼）发起突击，苏军第13、第40集团军防线被突破，当天日终，德军楔入苏军防线5—20公里不等。苏军最高统帅部迅速从西南方面军抽调2个坦克军，从预备队中抽调1个坦克军以及多个歼击、强击空军增援布良斯克方面军。但布良斯克方面军来不及组织第二防御带，德军沿楔入部迅速推进了60—80公里，并开始深远迂回，意欲合围苏军第40集团军。6月30日，德军第6集团军从沃尔昌斯克对苏军西南方面军发起突击，当天就突破了苏军第21、第28集团军的防线。7月2日，德军魏克集群前出至卡斯托尔诺耶—旧奥斯科尔铁路一线。德第6集团军前出至斯科罗德诺耶（科罗查以北30公里）—契尔尼亚克（新奥斯科尔以北20公里）—奥斯科尔河—沃洛科诺夫卡一线，德军造成了突至顿河和占领沃罗涅日的直接威胁。苏军最高统帅部迅速调整部队部署，并火速抽调预备队集团，沿德军正面建立起缜密、坚固的防线，终于将德军的突进阻遏住。7月6日，苏军布良斯克方面军预备队从耶列茨以南对德军魏克集群左侧发起反突击，迫使德坦克第24军和3个步兵师由正面转师北上，削弱了敌进攻沃罗涅日正面的主要突击集团兵力。7月7日，苏军最高统帅部将布良斯克方面军左翼（南端）各集团军与调派至此的预备队集团组建为沃罗涅日方面军，任命曾任苏军第一副总参谋长的瓦杜丁中将为方面军司令。战线虽暂呈稳定，但布良斯克方面军与西南方面军的防线已在长达300公里、纵深达150—170公里的规模上被德军突破。沃罗涅日方面军虽堵住了这一突破正面，但德军已前出至顿河，并在沃罗涅日以西强渡了顿河。7月6日，德第6集团军避开沃罗涅日方面军正面，转师南下，深远迂回西南方面军右翼，直接威胁西南、南方方面军的后方。德军统帅部利用这一有利态势，决定由第6集团军与第4坦克集群由北向南，A集群的第1坦克集群从斯拉维扬斯克—阿尔多莫夫斯克由南向北实施相向突击，合围苏军西南方面军和南方面军右翼。苏军最高统帅部新任总参谋长华西列夫斯基（沙波什尼科夫元帅因健康欠佳，转任高等军事学院院长）正确预测到敌人的企图，当他将这一分析报告斯大林时，斯大林表示完全赞同。7月6日，苏军最高统帅部下令西南方面军和南方面军右翼部队后撤至新卡利特瓦—楚普里宁—波帕斯纳亚一线，以避开德军的突击。同时，采取措施加强了北高加索的防御。南方面军右翼7月6日深夜开始按计划后撤，7月11日撤至斯塔罗别尔斯克—伏罗希洛夫斯克—红卢奇一线。同一天，德军第6集团军在博科夫斯卡娅和新亚历山大斯克地域进入顿河大弯曲部，与魏克集群对西南方面军右翼形成合围之势。西南方面军右翼在坎帖米罗夫卡地区与敌军展开激烈的战斗。苏军最高统帅部将西南方面军的中路与左翼转隶南方面军。同时，从统帅部预备队中调来了几个精锐的集团军，以加强斯大林格勒方向的防御。7月15日，德军B集群所属魏克集群的第4坦克集群南下前出至莫罗佐夫斯克—米列罗沃地域，A集群的第1坦克集群前出至卡缅斯克地域，意欲合围南方面军。苏军最高统帅部命令南方面军全军由顿巴斯地域撤过顿河，协同北高加索方面军的部分兵力沿上库尔莫亚尔斯卡娅至巴加耶夫斯卡娅一带的顿河左岸，以及罗斯托夫北面的接近地组织坚固的防御。7月24日，南方面军撤过顿河。同时，德军统帅部命令属于B集群的第4坦克集群南下转隶A集群，以加强对罗斯托夫—高加索方面的突击力量；命令意大利第8集团军北上至顿河西岸，沿巴甫洛夫斯克—上库尔莫亚尔斯卡娅一线展开，以作为德军第6集团军的后卫与预备队。至此，德军全线进逼伏尔加河—顿河—北高加索一线，并欲以B集群（意大利第8集团军为其后应。在意大利第8集团军的身后，罗马尼亚第3和第4集团军正星夜兼程地赶来，以加强斯大林格勒方向的B集群）合围西南方面军右翼后，全力进攻斯大林格勒；以A集群（加强了第4坦克集群）强击罗斯托夫—北高加索一线。7月中旬，苏军西南方面军右翼第21集团军杀出重围，撤过顿河，与为援其突围实施掩护突击的沃罗涅日方面军会合。德军第6集团军及意大利第8集团军亦北上与魏克集群会合，德军B集群立即沿斯大林格勒方向展开，将突击锋芒直指斯大林格勒，德军第6集团军担任主攻。在其攻击正面组织防御的是苏军沃罗涅日方面军和布良斯克方面军（西南方面军已被撤销）。在德军A集群正面进行防御的是苏军南方面军与北高加索方面军。人类历史上亘古未见迄今亦未再见如此规模的伏尔加河—顿河—北高加索大会战在即。朱可夫、华西列夫斯基、罗科索夫斯基、什捷缅科、扎哈罗夫、格列奇科等苏军名将都意识到：这将是"决战"。朱可夫元帅坚定但沉重地预言：苏联人民和苏军将"继续经受严峻的考验。"

斯大林格勒巷战

四
"指 环"

1942年7月12日，苏军最高统帅部下令建立斯大林格勒方面军，以担负斯大林格勒接近地及其正面的防御重任。在其编成内，有从最高统帅部预备队调来的精锐的第62、第63、第64集团军，突出重围撤过顿河的原西南方面军第21集团军也编入了该方面军。7月下半月，第57集团军、第8航空集团军和伏尔加河区舰队也遵奉苏军最高统帅部之令，编入斯大林格勒方面军。斯大林格勒方面军的作战正面，从巴甫洛夫斯克至上库尔莫亚尔斯卡娅一线，宽达530公里。

1942年7月17日，德军第6集团军在鲍卢斯上将的指挥下，与德军坦克第4集群在突破了苏军在沃罗涅日方向的防御后，迅疾突入顿河大弯曲部（即著名的顿河大河湾，在顿河中游），斯大林格勒直接面临德军重兵集团的突击威胁。斯大林格勒（原名察里津，现名伏尔加格勒）位于伏尔加河下游西岸，是苏联内河航运干线——伏尔加河上的极重要港口，还是苏联南方的最大铁路交通枢纽之一和地位突出的工业城市。斯大林格勒以西、以南是广阔富饶的顿河下游、库班河流域和高加索，是苏联粮食、石油和煤炭的主要产区。1941年乌克兰沦陷之后，斯大林格勒成为联系苏联中央地带与整个南方的最后一条交通线的核心枢纽。若斯大林格勒沦陷，苏联中部与南方联系的最后一条脉带将被切断，德军将能够封闭整个苏联南方，使苏军南线部队失去补给和预备队，最终被德军合围，并致德军最终攻占整个苏联南方。若如此，德军除可获得巨大的粮食与能源补给，从而使纳粹战争机器获全新动力之外，南方集群还将与德军中央集群对苏联心脏地带（以莫斯科为中心）最终形成南北相向突击——合击之势，从而逆转整个苏德战场态势——也许是全部人类历史的态势——至少在数十年之内。希特勒确是具有战略眼光，特别是在他屡屡得手之际。尽管"他的决定与自古以来公认的战略、战术原则不再有共同之处。他的决定往往是一种狂暴的天性在一时冲动下的产物。"哈尔德在他任总参谋长的最后屈指可数的日子里写道。希特勒极强的征服欲、野心和他的这种具有神经质敏感的战略眼光相结合，更具有威胁性。率军进逼斯大林格勒的鲍卢斯上将被认为是德军众多将领中富于才干的一位，他军事素养极高且经验丰富，在第一次世界大战中，他作为一名年轻军官，就已供职于当时的德军参谋总部了。而当时的德军总参谋部及其效率、作风与传统，是由毛奇、克劳塞维茨等著名军事家缔造与塑造的，并由兴登堡、鲁登道夫等直接掌握。希特勒选择他作为对于苏联和纳粹德国来说都是最关键一役的先锋，绝非偶然。鲍卢斯挟哈尔科夫战役中大获全胜的盛气，当仁不让地担负起这一先锋角色，同时，也就不可逃避、无可推卸地充当了对于纳粹而言，既是喜剧又是悲剧，开场是喜剧终场是悲剧的主角。鲍卢斯的咄咄进逼，拉开了过去没有过、迄今为止也还没有过如此规模的伏尔加河—顿河—高加索大会战中最惊心动魄的斯大林格勒战役的序幕。这场战役自1942年7月17日开始，至1943年2月2日苏军全歼鲍卢斯集团结束，历时整整201天。战场总面积达10万余平方公里，从陡峭的伏尔加河南端（下游）沿岸一直伸展到辽阔的顿河草原。在这次战役的某些阶段，苏德双方同时参加战斗行动的部队达200万人以上，2000余辆坦克，超过25000门的火炮、迫击炮和2300余架飞机。称之为人类两种历史前途的搏杀与较量，丝毫不为夸张①。

1942年7月13日，因哈尔科夫的胜利最终从1941年冬1942年春的失败中恢复了元气而更趋骄横的希特勒，在德军统帅部大声责骂德军东线前线的司令官们和总参谋部进展迟缓，并立即解除了尚属谨慎的冯·包克的B集群司令官职务，以更具冒险精神的德军第二集团军司令魏克（又译作魏克斯或威克斯）即魏克集群司令取代之。希特勒将他的全部希望和赌注寄押在南线，特别是南线的B集群，为B集群配置了他的战功赫赫的战将——鲍卢斯与魏克（鲍卢斯及其第6集团军虽属B集群，但不属于魏克集群，实际上是直接听命于希特勒的独立突击集团）。经过部队和人事的这一番调整后，希特勒相信，"决定性的胜利已经在握"。当7月13日，希特勒将原属B集群的第4坦克集群调往A集群，以帮助克莱斯特集群（以属于A集群的第1坦克集群为核心并以其司令克莱斯特命名）突破罗

---

① 在这一战役之后，人类才有充分理由庆幸自己的选择、价值观念和整个历史。若这一战役的结局不是人类的全部历史所昭示的那样，那么人类便无丝毫理由哪怕仅仅是庆幸自身的存在，这就是斯大林格勒战役对莎士比亚的著名命题——"to be or not to be"（存在还是死去）的回答与解释。

斯托夫附近的顿河下游、挺进高加索油田时,哈尔德试图告诫他:"德国陆军根本没有力量能在两个虽属同一战线,但根本不同的两个方向同时进行两场强大的攻势。因此,应当集中力量打下斯大林格勒。"希特勒当即反驳他,说俄国人已经"完了"。

7月17日,斯大林格勒外围防御战开始。德军第6集团军的突击集团沿奇尔河扑向苏军第62、第64集团军的正面,经过6天激战,苏军于7月23日退出基本防御地区。同一天,希特勒签发了第45号作战指令,强调:"B集群的任务是加强顿河上的防御工事,迅猛突向斯大林格勒,消灭集中在那里的敌军,占领这座城市,封锁顿河和伏尔加河之间的陆上交通以及顿河上的航运。紧接着,快速部队将沿伏尔加河向阿斯特拉罕迅猛推进,封锁伏尔加河这条主要航道。"显然,希特勒重申了切断苏联中部与南方联系的战略意图。为此,德军B集群迅疾决定:以第6集团军强攻斯大林格勒,以第2集团军掩护、屏蔽沃罗涅日方向(针对沃罗涅日方面军),以匈牙利第6集团军和意大利第8集团军为第6集团军的侧翼和后应。7月23日晨,德军以2个坦克师、2个摩托化师、1个步兵师突击苏军第62集团军的右翼。7月25日,德军突破苏军防线,在卡明斯基地区前出至顿河右岸,从北面深远包围了苏军第62集团军的右翼。苏军最高统帅部迅速将尚未组建完毕的预备队的坦克第1和第4集团军调往斯大林格勒前线(两个坦克集团军总共只有240辆坦克),分别在7月25日和27日,从卡拉奇地域和特廖霍斯特罗夫斯克地域向西北和西方方向实施了两次反突击,打破了德军对第62集团军的合围正面,并阻止了德军继续东进。7月25日,德军开始突击苏军第64集团军右翼,企图在卡拉奇附近地区前出至顿河右岸(即东岸),直扑斯大林格勒。苏军边战边退,沿苏罗维基诺—雷奇科夫铁路线—顿河东岸设防固守下来,粉碎了德军欲在行进中攻占斯大林格勒的战役企图,但未能阻止顿河沿线苏军态势的恶化:第62集团军未能恢复原来的阵地,其在顿河西岸的部队仍面临被德军合围的威胁;第64集团军已全军撤至顿河东岸;德军已在下奇尔斯卡亚地域前出至顿河沿岸,造成了从西南方向突击斯大林格勒的严重威胁。7月31日,苏军最高统帅部下令将北高加索方面军的第51集团军转隶斯大林格勒方面军。8月1日,又从最高统帅部预备队中调第57集团军加强斯大林格勒方面军,展开于伏尔加河—顿河防线的南部。同期,苏军最高统帅部指示斯大林格勒方面军,下奇尔斯卡亚—斯大林格勒方向"对方面军来说是最危险的,也是最主要的",必须"予以高度重视"并采取紧急措施。斯大林格勒方面军虽得到了2个集团军的加强(主要在西南正面),但其防御正面已宽达700公里。7月31日,希特勒命令原属B集群的第4坦克集群由高加索方向回师北上,回归B集群建制,沿科帖尔尼科沃—斯大林格勒铁路线由西南向东北方向进攻,第6集团军则从西面再度突击斯大林格勒。这一决定被德军将帅们认为是致命的错误。克莱斯特表示:"第4坦克集群本来可以在7月底兵不血刃地拿下斯大林格勒,但却被调到南边来帮我过顿河,我并不需要它的支援,它来了反而使我正在使用的道路拥挤不堪。等过了两个星期,第4坦克集群回师北上时,俄国人已在斯大林格勒集结了足够的部队遏制它了。而在这时,我确实又需要坦克部队了。如果第4坦克集群没有被调去配合进攻斯大林格勒的话,我早已拿下目标(格罗兹尼油田)了。"克莱斯特的说法虽一厢情愿并自相矛盾,但希特勒将坦克第4集群调往斯大林格勒方向，则充分显示了他攻占斯大林格勒的决心与疯狂。

7月31日晨，德军第4坦克集群向科帖尔尼科沃—斯大林格勒方向展开突击，8月2日，突破苏军第51集团军的防御并攻占科帖尔尼科沃地区。苏军第51集团军沿科帖尔尼科沃—阿勃加涅罗沃铁路且战且退，于8月2日，全军退至萨尔河上游—库迪诺夫库特—齐莫夫尼基一线，8月6日又继续后撤，至8月17日，再次退至斯大林格勒以南的湖泊地带。斯大林格勒方面军司令部鉴于此况，8月3日，命令第64集团军立即撤离顿河，在顿河—勃洛多维托耶一线占领斯大林格勒外围防线的南部，以缩小第57集团军的防御正面，并由两个集团军组成较绵密的西南防御带。为了对付突入科帖尔尼科沃地域的德军，斯大林格勒方面军组建了针对其的战役集群，经过两天激战，该战役集群于8月5日被迫退至阿克塞河北岸，编入第64集团军。8月5日，德军第4坦克集群全军前出至苏军第57、第64集团军防御正面，抵进斯大林格勒外围防线南部和西南部。两军于此随即展开激战，德军凭借坦克和空军优势，一再发起突击。苏军第57、第64集团军浴血死守，奋战不退，鏖战至8月10日，苏军将突入防线京古塔地段的德军驱除，终于遏止了德军第4坦克集群的攻势，致使该坦克集群损失惨重被迫转入防御。德军B集群不得不从第6集团军抽调两个师加强第4坦克集群。

为了便于指挥在斯大林格勒西南和南面实施防御的苏军（即德军第4坦克集群突击方向），8月5日，苏军最高统帅部将斯大林格勒方面军的左翼各军——第64、第57、第51集团军和由最高统帅部预备队调来的近卫第1集团军组编为东南方面军；以加强了的坦克第4集团军编入斯大林格勒方面军。至此，斯大林格勒方面军分编为东南方面军和斯大林格勒方面军，分别扼守斯大林格勒的南线和西线（德军第6集团军突击方向）。8月9日，苏军最高统帅部指示两个方面军："保卫斯大林格勒和击溃从西部和南部进攻斯大林格勒的敌人，对整个苏联战场具有决定性的意义。"8月12日，苏军总参谋长华西列夫斯基飞抵斯大林格勒前线，协助两个方面军调整军队部署，以加强斯大林格勒外围的防御体系。为了加强两个方面军的密切配合，8月13日，苏军最高统帅部任命叶廖缅科上将为两个方面军的司令，尼·谢·赫鲁晓夫为两个方面军的军事委员（即政委），统一指挥斯大林格勒地区的两个方面军。

8月7日晨，德军第6集团军猛烈突击苏军第62集团军所扼守的顿河西岸凸出部，从南、北两翼实施合围。第62集团军与德军血战7日，击破了德军的合围意图，于8月14日撤至顿河东岸，在维尔加契—里雅皮切夫一线设防固守。8月15日，德军第6集团军主力转向对扼守特廖霍斯特罗夫斯卡亚的苏军第4坦克集团军发起突击，8月17日傍晚，苏军撤至顿河东岸，在伊洛夫里亚河口—维尔加契一线设防固守，与第62集团军构成绵密防线。同时，苏军近卫第1集团军的3个师在顿河西岸的克烈明斯卡亚—西罗京斯卡亚—伊洛夫里亚河口一线苦战不退，遏止了德军指向苏军两个方面军的结合部的突击，并守住了顿河西岸的登陆场。这一天，斯大林格勒外围沿线德军被迫暂停进攻。

在从7月17日至8月17日的斯大林格勒外围防御战中，德军在快速行进中攻占斯大林格勒的企图被粉碎。德军经过1个月的紧张战斗，在斯大林格勒的南线和西线总共只推进了60—80公里，被迫陷入了持久性的消耗作战，而这恰恰是希特勒最忌讳的。

德军为速战速决，迅速调整攻击部署，决定以第6集团军（9个师）从特廖霍斯特罗夫斯卡亚地域向东，以坦克第4集群（9个师）从阿勃加涅罗沃地域向北，对斯大林格勒实施两个向心突击，以一举攻占斯大林格勒。并由卡拉奇出动两个师，向东疾进以配合两个向心突击。德空军第4航空队的全部作战飞机为此突击提供空中支援。8月19日，德军第6集团军和第4坦克集群从斯大林格勒的西面和南面同时开始进攻，斯大林格勒内线防御战开始。8月21日，德军第6集团军在维尔加契地域强渡顿河，攻占了顿河东岸的登陆场；8月23日，德军在拉托申卡、雷诺克、耶尔佐夫卡地域进逼伏尔加河，将苏军斯大林格勒方面军切断，苏军第63、第21、坦克第4集团军被分隔在斯大林格勒西线的北部，与被困于斯大林格勒近郊—市区的第62集团军和方面军司令部失去了直接联系。伏尔加河的航运也一度中断。斯大林格勒西线德军全线进逼斯大林格勒防御内线。苏军最高统帅部接到德军突至伏尔加河的报告后，命令斯大林格勒方面军立即歼击突入的德军。8月23日当天，苏军遵照最高统帅部命令，从萨莫法洛夫克（维尔加契以东22公里）地域发起反突击，迫使德军坦克第14军和步兵第8军转师北上，削弱了德军对斯大林格勒正面（正西）的突击力量。同时，斯大林格勒方面军调动了内务部部队、军政大学学员、防空兵、海军陆战队等部队，加强市区防线。为防止德军从防御内线的北面和西北面突入城市，方面军司令部将方面军部分预备队兵力和斯大林格勒组建的工人歼击营和民兵营的一部分急速派往北面和西北面近郊，组织起伏尔加河—顿河之间的防御。同一天，德军开始进攻斯大林格勒市区边缘的拖拉机厂，斯大林格勒方面军司令部紧急动员装甲兵和机械化部队训练中心的官兵、大量工人歼击营和民兵营投入战斗，至8月24日傍晚，斯大林格勒军民将进犯拖拉机厂的德军击退了3公里。8月23日，德军飞机对斯大林格勒进行了狂轰滥炸，一昼夜之间，德军空军出动飞机2千架次，"在出动飞机的数量与空投炸弹的重量方面，对斯大林格勒所进行的8月23日夜间的轰炸，均是1941年6月22日对苏战争以来最多的一次。里希托芬的整个航空队都用上了，同时还出动了所有可用的容克—52型飞机中队，以及来自于奥廖尔和刻赤机场的远程轰炸机。里希托芬航空队的许多飞行员都出击了3次，投下的炸弹有一半以上是燃烧弹。这是一场纳粹的恐怖袭击，其目的是尽可能多地屠杀和平居民，企图以此摧毁军队和人民的士气。"英国战地记者如此写道。

但尽管8月23日被人们称作是斯大林格勒战役中，苏联军民面临的"最艰苦"、"最危急"、"最严峻"的一天，但苏联军民的士气不仅未被摧毁，反因纳粹暴行而更加高涨。8月25日，斯大林格勒方面军发布了斯大林格勒的戒严令。同一天，斯大林格勒城防委员会发表《告全市人民书》，向全市人民庄严号召："斯大林格勒的市民们，同志们，我们决不能让德寇凌辱我们的家乡！我们必须万众一心，奋起保卫我们亲爱的城市，保卫自己的亲人！我们要让所有的街道都成为德寇不可通过的街垒，我们要将每一栋房屋每一个街区都变成德寇攻不破的堡垒。大家都来构筑街垒，一切能拿起武器的人们都到街垒上去，保卫我们亲爱的家乡和亲人！"斯大林格勒的人民群起响应城防委员会号召，人人争先，尽己所能，毫无惧色，踊跃参战，使斯大林格勒保卫战成为一场置纳粹德国于死地的气壮山河、气势磅礴的人民战争。数天之内，除先前已参加工人歼击营和民兵营的5万人外,又有75000余名市民挺身而出保卫自己的城市。3000名女青年参加了战地救护与通信工作,7000名男青年直接从自己的家门走入苏军第62和第64集团军,成为他们的新生力量。尽管面对德军猛烈的炮击和轰炸,但斯大林格勒各工厂的工人们仍以超乎异常的镇定自若生产各种武器和弹药及军需物资,以保证前线的需要。拖拉机厂源源供给前线以坦克和驾乘人员,这些坦克往往在驶出工厂大门10—15分钟后便直接投入了战斗。或者说,他们直接由工厂开进战场,创造了人类正义战争史上的奇观。"街垒"工厂的工人们还为前线提供火炮和炮手,许多火炮生产出来后,往往直接在工厂区内占据发射阵地,立即开炮向纳粹射击。8月26日,由斯大林格勒方面军副司令员科瓦连科少将率领的方面军预备队在补充了两个师以后,再次从萨莫法洛夫克实施反突击,试图驱除前出至伏尔加河的德军,并打通被切断的方面军北线集团与南线集团(仅包括近郊与市区的第62集团军、方面军司令部与预备队)之间的联系。反突击一度切断了突至伏尔加河的德军与其后方的联系,但在德军的反攻下,反突击部队撤回到原出发位置,反突击未达到其战术目的。为减轻斯大林格勒西郊、市区和南郊的第62、第64集团军的压力,苏军第63、第21集团军在8月底从斯大林格勒北面的谢腊菲莫维奇再行反突击,前出至顿河西岸,占领了对以后的大反攻非常有利的宽阔的登陆场。8月29日,苏军最高统帅部命令第62集团军及斯大林格勒方面军被切断的其余南线部队(主要是方面军预备队)转隶东南方面军,由东南方面军统一负责斯大林格勒西、西南和南面的防御。被切断的斯大林格勒北线集团仍称斯大林格勒方面军,负责斯大林格勒西北的防御。在两个方面军之间,是德军第 6 集团军的楔入部队。

直至 8 月 28 日，东南方面军成功地击退了德军第 4 坦克集群的反复冲击，守住了斯大林格勒的南线。8 月 29 日，德军第 4 坦克集群在阿勃加涅罗沃西北突破苏军第 64 集团军的防线正面，迅速前出至加夫里洛夫卡地域，威胁苏军第 62、第 64 集团军的后方。苏军边战边撤，向斯大林格勒防御内线收缩，至 9 月 2 日傍晚，两个集团军根据方面军司令部的命令，撤至斯大林格勒防御内线，并死守此线至 9 月 13 日。

德军全线前出至斯大林格勒防御内线后，造成了突入斯大林格勒的直接威胁。苏军最高统帅部决定，立即着手组织从斯大林格勒以北地域对德军实施反突击，以打通斯大林格勒方面军与东南方面军的联系，并诱敌北上，分散其正面（西、西南、南面）突击斯大林格勒的兵力。为此，苏军最高统帅部命令友邻方面军把全部航空兵调来支援斯大林格勒。8 月 27 日晚，斯大林与朱可夫研究了实施反突击以缓解斯大林格勒危险局面的部署。斯大林表示，可以动用斯大林格勒方面军精锐的近卫第 1 集团军，将其调往洛兹诺耶地区，在 9 月 2 日晨，以其为主力，加强斯大林格勒方面军的其他部队（第 63、第 21 集团军等），对突进到伏尔加河的德军集团展开反突击。为加强反突击的持续性，将最高统帅部预备队的第 24、第 66 集团军调给斯大林格勒方面军，在 9 月 2 日的反突击掩护下，两个集团军将进入出击位置，随后迅速展开持续反突击（第二攻击波）。朱可夫同意斯大林的意见。随后，苏联国防人民委员会任命朱可夫为苏军最高统帅（斯大林）助理，又称副最高统帅。8 月 29 日，朱可夫飞抵斯大林格勒方面军指挥部（设在斯大林格勒北面的小伊凡诺夫卡，东南方面军司令部则设于被围的斯大林格勒市内，向东撤至伏尔加河东岸），与先期到达的华西列夫斯基等深入研究了战场形势，最后决定：9月3日晨，由近卫第1集团军由北向南发起突击，以实现苏军战术企图。9月3日晨苏军按计划发起进攻，成功地吸引了德军第6集团军主力北上，但苏军的攻势很快被德空军和第6集团军顽强阻遏，至黄昏，只推进了6—8公里。9月3日晚斯大林发出急电致在前线的朱可夫，强调："斯大林格勒的形势日趋恶化，敌人距斯大林格勒仅3俄里（1俄里=1.06公里）。如果斯大林格勒方面军北线部队不立即援助，斯大林格勒可能在今天或明天被攻占。应要求位于斯大林格勒以北和西北的各部队司令员立即突击敌人并援助斯大林格勒的军民，不得有任何迟延。现在迟延就等于犯罪。"朱可夫立即与斯大林通话，斯大林再次要求朱可夫将德军的兵力由斯大林格勒引开，如果办得到，还应消灭突至伏尔加河岸的德军以消除隔在苏军两个方面军之间的德军走廊。朱可夫表示将全力贯彻这一战术意图。为加强反击力度，斯大林格勒方面军刚补充的新建航空兵第16集团军也将开始行动；苏军远程航空兵将加强对德军的突击，部分远程航空兵军已转场至斯大林格勒附近。9月5日拂晓，苏军第24、第66、近卫第1集团军同时由北向南对德军实施突击，但遭德军拼死抵抗。当天，苏军突击部队平均只推进了2—4公里。9月6日，两军再度激战；至9月10日，苏军斯大林格勒北线突击部队虽吸引了大量德军，但其余战术目的均未达到。9月10日，朱可夫等苏军将领得出结论："以现有兵力及其部署不可能突破敌人的防线并消除其走廊。"

9月12日，希特勒飞赴乌克兰，在文尼察附近的德军东线大本营召开了军事会议。讨论德军在斯大林格勒地区的作战进程。B集群司令魏克和第6集团军司令鲍卢斯应召参加了会议。希特勒要求他们不惜任何代价拿下斯大林格勒。他反复强调:"现在最重要的事情是集中每一个可用的人,尽快地占领整个斯大林格勒和伏尔加河两岸。"鲍卢斯表示赞同,并表示将迅速行动,因为:"魏克将军和我都注意到了漫长的和防守不够的顿河战线以及局势的内在危险。"但希特勒在总结时说:"俄国人已经精疲力竭了,他们已不能再进行可能对我们构成威胁的广泛的战略性报复行动。此外,顿河北翼将从盟国方面得到更多的增援部队。在这种情况下,我看不出北线(即伏尔加河与顿河之间以及顿河东岸的德军战线)有什么严重的危险。我们必须关心的倒是:要尽快在南线突破(指斯大林格勒的西、西南、南面),将城市拿到手里,不让它变成大家长期注目的焦点。""为了让第6集团军的全部兵力投入行动,必须将罗马尼亚第3集团军调至顿河地区,展开在霍皮沃尔河口至克列茨卡亚的顿河西岸",以替换驻防该地的德军第6集团军的部队。

9月12日日终,德军战线距离斯大林格勒市区仅2—10公里。当晚,苏军东南方面军司令员叶廖缅科(他已不兼斯大林格勒方面军司令员)与最高统帅部通话,报告德军向斯大林格勒市区方向调动大批坦克部队,第二天必然进行新的突击。苏军统帅部当即命令第62、第64集团军全力死守斯大林格勒;并将近卫步兵第13师连夜调过伏尔加河(至西岸),增援斯大林格勒市区。同时命令空军立即采取行动,突击德军。苏军空军在斯大林格勒内线防御战的25天中(8月19日—9月12日),以少战多,以寡敌众,频繁出击,共击毁击伤德机600余架,已成为苏军斯大林格勒战场的一支重要力量。

9月13日，惨烈的斯大林格勒市区争夺战开始。为了攻占斯大林格勒，德军又从高加索方向的A集群调来9个师、1个旅，使德军用于斯大林格勒方向的总兵力多达50余个师。德军的部署是：以第6集团军和意大利第8集团军的一部阻击苏军斯大林格勒方面军，使之不能南下驰援；以第6集团军和意大利第8集团军的另一部从西、西南面进攻斯大林格勒市区；以坦克第4集群从西南、南面进攻斯大林格勒市区。在它们北面是B集群的魏克集群（德军第2集团军和匈牙利第2集团军，其当面之敌为苏军沃罗涅日方面军，魏克集群受其钳制，亦不能南下加强第6集团军和第4坦克集群），在它们的后面是罗马尼亚第3、第4集团军。德军用以直接进攻斯大林格勒市区的共13个师，17万余人，配置有1700余门火炮和迫击炮，500余辆坦克。苏军在斯大林格勒方向共有两个方面军120余个师，但因长期战斗减员严重，加之新建师往往不待齐装满员就开赴前线，致近2/3师的兵力仅达编制人数的20%—25%，有的师甚至只有800人。支援他们的第8、第16空军集团军（亦称空军军）一共只有389架能用的作战飞机。但伏尔加河区舰队能对苏军提供较有力的火力支援。苏军防守斯大林格勒市区及西南、南部近郊的部队为东南方面军的第62、第64集团军，共有9万余人，配备有1千门火炮和迫击炮，120辆坦克。

9月13日，德军对苏军第62集团军（自9月12日起，由骁勇刚强的崔可夫中将指挥）防守的马马耶夫岗和火车站发起突击，迅速楔入苏军防线。第62集团军与德军展开血战，死守不退。当天的集团军战斗情况报告写道："7时30分，敌人攻入学院大街。7时40分，第30机械化旅第1营与主力失去联系。7时55分，马马耶夫岗

斯大林格勒马马耶夫高地争夺战

地段和火车站附近展开激战。8时，火车站陷入敌手。8时40分，火车站被我军夺回。9时40分，敌军又攻占火车站。10时40分，敌军攻入普希金大街，离集团军指挥部600米。11时，敌军两个团在30辆坦克支援下突进专家大厦。……13时20分，火车站又回到我们手中……"9月14日，德军投入6个师，在数百架飞机的支援下，沿其楔入部突破了苏军第62集团军的防线。下午，通过马马耶夫岗向市中心进攻的德军攻占了第1火车站，并在库波罗斯诺耶地段突至伏尔加河岸，切断了第62集团军与所有苏军防御部队的联系。第62集团军被围逼在伏尔加河西岸，其身后就是伏尔加河，只能仅仅通过伏尔加河与在东岸的苏军部队和东南方面军司令部联系。在此危急关头，苏军近卫步兵第13师奋勇前进，横渡伏尔加河，杀入德军重围，以强韧有力的反突击与德军展开殊死搏杀，仅9月14日、15日两天，该师在斯大林格勒市中心区就击毙2000多名德寇。9月16日，该师夺回马马耶夫岗。随后，与德军争夺第1火车站达1周之久，第1火车站13次易手。9月19日，苏军向古姆拉克——古城旧址一线的德军发起反突击，第62集团军的处境被稍微改善。第62集团军在基本孤立（由于德军飞机和火炮的袭击，从伏尔加河东岸给第62集团军输送援军，补充给养与弹药十分艰难）的条件下奋力抗击，成为楔入德军攻击阵线的坚强凸出部，将大量德军部队钉死在凸出部前。第62集团军所占据的防御地带虽宽达25公里，但纵深只有200—2500米，因而不可能实施纵深机动，正面机动也只能夜间在狭窄的河岸地带进行，因为整个防御纵深都处在德军炮火的射程之内，致使第62集团军调整部署极其困难，因此要求第62集团军的每一个战斗单位、每一个战士要坚持住。第62集团军在如此不利的情况下,不仅坚韧不拔地坚持住了,而且还不断对德军实施顽强反突击。自9月中旬起,斯大林格勒市区的每条街道、每个广场都变成了惨烈的战场,苏军寸土必争,逐条街道,逐座房屋与德军搏杀;德军置重大伤亡于不顾,疯狂地发动连续突击。9月下旬(26日前),两军在市区中部和南部展开激烈争夺,9月27日,德军攻占了市区的察里津河至库波罗斯诺耶一线以及马马耶夫岗的北半部,并在市中心进抵伏尔加河西岸。守城苏军全线被分割并被逼至伏尔加河西沿岸。但德军在苏军坚韧不拔,顽强壮烈的抗击下,进攻的士气和信心开始发生动摇,德军步兵第94师第267团团长威廉·霍夫曼的日记写道:"9月1日:俄国人真的要沿伏尔加河河岸进行战斗吗?那是发疯。9月8日:俄国士兵表现出疯狂的顽强。9月11日:……狂热分子。9月13日:……疯狂的野兽。9月16日:野蛮主义……不是人,而是魔鬼。9月26日:……野蛮主义,他们采用强盗的办法。"苏军已被德军视作"魔鬼"与"强盗",足见德军的心怯与苏军全军以死相拼的奋勇。在此后1个多月里,霍夫曼的日记未再对苏军素质和状态作出评论,而是表露了作者对自己及其战友的困苦处境的悲哀心情。直至10月27日,他又写道:"俄国人不是人,……他们不知疲倦,不怕炮火。"

德军久攻斯大林格勒不下,使希特勒恼怒异常,他照例将这种混杂着狂妄和骄横的沮丧情绪在德军最高统帅部内放肆发泄。9月9日,A集群司令李斯特因未能按预定计划攻占格罗兹尼油田,被希特勒解职。"元首病态地自我充任A集群的最高指挥。"9月下旬,德军又被迫滞陷于斯大林格勒市区,哈尔德于是料到下一个该轮到他下台了。9月24日,希特勒对哈尔德说:"你我的神经都太紧张了。我有一半是为了你的缘故。我看不值得再这样拖下去了。我们现在需要的是国家社会主义的热情,而不是专业的能力。在你这样的旧式军官身上,我是得不到这种热情的。"哈尔德悻悻然地离开了德国陆军总参谋部。他事后评论希特勒对他说的这一番话时表示:"这不是一位统帅,倒像是一个政治狂人说的。"但接着他又庆幸自己的离开,因为"希特勒对自己力量病态地估计过高,对敌人力量有害地估计过低","他甚至不能允许别人客观如实地向他报告俄国的军事力量,分析俄国的军事潜力",指斥"这是愚蠢的废话",因此"德军的前途可想而知"了。尽管希特勒在8月底与雷德尔海军元帅会谈时表示,他的心思已从俄国转向英美,因为俄国现在在他的眼中已是德国的一个不怕封锁的广袤无垠的生存空间,他确信,不用多久便可达到迫使英美谈和的程度了,"但事实总是超出他的想象",继哈尔德之后任德国陆军总参谋长的库特·蔡茨勒是一名较年轻的将军,虽然他比哈尔德热衷于国家社会主义,但他很快发现自己"比元首的一个听差好不了多少"。参谋总长这个曾经在德国陆军中地位最高、权力最大的职位已经是徒具其表。忠实并狂热地忠于元首的德军最高统帅部作战部部长约德尔反对撤销李斯特和哈尔德的职务。"他对这两个人的维护,使希特勒气得有好几个月不愿同约德尔握手。"德军于是在其疯狂统帅的疯狂统率下,继续凶猛但徒劳地鏖战于斯大林格勒。

9月28日,苏军最高统帅部下令,东南方面军改称斯大林格勒方面军,斯大林格勒方面军改称顿河方面军。由曾率第16集团军奋战于莫斯科城下并立下赫赫战功的苏军名将罗科索夫斯基出任顿河方面军司令员。斯大林格勒方面军所属第51集团军随即在9月30

日在斯大林格勒以南地区对德军第4坦克集群侧翼发起反突击并取得了极为重大的战果——占领了察察湖和巴尔曼察克湖之间的要道,前出至德军侧后,对德军第4坦克集群造成重大威胁,使其不敢倾全力进攻斯大林格勒。

9月底,斯大林格勒市区争夺战的重心转向北部工厂区。9月27日,德军开始进攻"红十月"工厂和"街垒"工厂区,激战至10月4日,德军攻占了"红十月"工厂和"街垒"工厂区的住宅区。10月5日,苏军最高统帅部指示斯大林格勒方面军必须坚决守住斯大林格勒。守卫市区的第62集团军在长期的激战中,人员与装备消耗极大,苏军最高统帅部急速对其提供支援与补充,9月底—10月初,伏尔加河区舰队和斯大林格勒人民组织的船队,历经千难万险,将6个步兵师和1个坦克旅运抵伏尔加河西岸,开进斯大林格勒市区。德军也迅疾增兵斯大林格勒市区,在整个10月份,增援了斯大林格勒近20万人的部队,10月上旬,第62集团军防线的正面,德军就多达8个师,9万余人。10月4日,德军出动5个师,在宽约5公里的地段上,猛攻工厂厂区,并出动了2000多架次飞机,对工厂厂区进行狂轰滥炸。下午,180辆德军坦克突入了拖拉机厂北部的体育场,德军的一些突击队随之冲入了一些车间。苏军的两个师被分割成许多孤立的战斗分队,继续进行顽强的抵御并开展了灵活的巷战。拖拉机厂的许多工人也投身于血战。10月15日,争夺工厂厂区的战斗更加酷烈。崔可夫将军的日记记载,苏军的许多战斗分队被包围后,均以死相拼,他们拍给集团军司令部的最后电报往往都是:"我们将战斗到最后一个人!""永别了,但决不投降!""弹药与水没有了,我们将为祖国牺牲!"崔可夫读着这些电报常常痛楚得泪眼模糊。但大量苏军战斗分队一直坚持到反攻。斯大林格勒战役结束后，第62集团军被命名为近卫第8集团军，成为享誉苏军全军的精锐之师。15日傍晚，德军攻占了拖拉机厂，并从这里突进到伏尔加河，然后沿伏尔加河西岸转师南下，企图歼灭苏军第62集团军主力。值此生死存亡关头，苏军步兵第138师及时赶到，他们在行进间就投入战斗，对德军进行反击，并恢复了与"街垒"工厂区的许多苏军战斗分队的联系。

10月19日，苏军顿河方面军从斯大林格勒以北地区对德军实施了突击；10月25日，第64集团军从斯大林格勒市区以南对德军侧翼实施突击。朱可夫认为："这两次突击缓解了第62集团军的困难处境，最终粉碎了敌军攻占斯大林格勒的企图。"但两次突击均迅速被德军阻遏。10月25日，鲍卢斯乐观地打电报向希特勒报告，他估计至迟可于11月10日完全占领斯大林格勒。希特勒听到这个保证高兴极了，第二天便下达命令：第6集团军与第4坦克集群在攻陷斯大林格勒之后，应立即沿伏尔加河向南北两线继续推进。这种痴人说梦的命令发出之后，希特勒深信局势已如其所愿，在他掌握之中，于是在10月31日率德军最高统帅部人员及德军陆军参谋总部撤离了乌克兰文尼察的东线大本营，回到了东普鲁士腊登斯堡的大本营——狼穴。他认为，如果苏军真的还能发动什么冬季攻势的话，只能在中部或北线，他在东普鲁士的狼穴可以更好地指挥反击，将苏军的攻势轻易瓦解。

11月初，德军对斯大林格勒市区的苏军各个防御带，均进行了数度突击，但均被已类似于"疯狂的猛兽"的苏军将士顽强阻遏，打得筋疲力尽。元气大伤的德军无力实施持续突击，不得不稍作休整。苏军也抓紧时间，利用伏尔加河运渡、补充人员、弹药、粮食与装备。11月11日，强弩之末的德军对斯大林格勒市区发动了最后一次攻势。当天下午，德军攻占了"街垒"工厂区南部，并在一个狭窄的地段突进到伏尔加河岸，将苏军第62集团军切断、分割为两部分。但从此之后，德军再也无力发起突击，并被迫转入防御，从而未能越苏军各防御带雷池半步。苏军第62集团军牢固地守御着"红十月"工厂区—察里津河一带狭长的伏尔加河西岸沿线—斯大林格勒的生命线。戈罗霍夫上校指挥的、在10月15日被切断的部队死死控制着市区东北角的雷诺克—斯巴尔塔诺夫卡地区；步兵第138师顽强地固守着"街垒"工厂区东部。苏军一直保持着这种楔入德军攻击线的态势，直至反攻。

在斯大林格勒市区争夺战的67天中，德军空军的出动率达到了斯大林格勒战役期间的最高点——共出动7万余架次，平均每昼夜达1千架次以上。针对此，苏军空军为援助英勇的守城部队，在敌众我寡的情况下，仍奋勇出击，67天内共出动45325架次，平均每昼夜676架次，共投弹15400余吨，击毁、击伤德机929架。11月上旬之后，纳粹航空兵因受到严重损失，被迫急剧减少在斯大林格勒地域的出击率。

苏军第62集团军守住了斯大林格勒的生命线——斯大林格勒段的伏尔加河西岸沿线，伏尔加河区舰队和斯大林格勒人民组织的船队则保障了这条生命线畅通无阻。当斯大林格勒南、西、北三面被包围并被突破时，其东线的伏尔加河成了维系苏军进行这场空前酷烈的大会战的唯一运输线。伏尔加河区舰队经常在德军炮兵和航空兵的袭击下强渡伏尔加河，把数万名战士和数千吨物资运进斯大林格勒，将老人、妇女、儿童、伤病员撤往伏尔加河东岸。在斯大林格勒保卫战期间，伏尔加河区舰队共完成了35400次航渡，并无数次地以舰炮火力压制德军炮兵，支援苏军守城部队。斯大林格勒人民组织的船队也完成了大量的运输任务。有些船只的驾乘人员，全是自愿参加战斗的老人、妇女，甚至孩子。苏军将士看着白发苍苍的老人，贡献了丈夫或孩子给前方，又承担起大半个后方而脸色坚毅的妇女，由于经历战火而过早成熟了的面容严肃的孩子冒着生命危险（有不少确实献出了生命）驾驶着船只来往于伏尔加河两岸，常常纷纷流下热泪。同时，他们也具体而真切地认识到，他们正是在为这些亲人们、为自己的孩子们而战！

哀兵必胜，是为千古真理。苏联英雄——炮兵战士波尔金科，单独操纵一门火炮对抗15辆德军坦克，最后将其全部击毁击伤在自己的阵地前；近卫军中士雅科夫·巴甫洛夫领导的战斗小组死守"一月九日"广场的一座6层楼达两个月之久，为巩固近卫步兵第13师的防御带做出了无可比拟的贡献（战后大楼重建时，被命名为雅·巴甫洛夫大楼）；第62集团军的将士们于每日清晨，在自己守御地带的最高建筑物上升起令德军胆丧、令苏军昂扬的红旗——苏军有无数惊天地、泣鬼神的壮怀激烈之作为。守住斯大林格勒——同时也守住了人类光明历史前景之路口的，正是这样一群"哀兵"。为了纪念斯大林格勒保卫者的英雄业绩，苏联政府颁发了"保卫斯大林格勒奖章"，授予这个城市的英雄保卫者们。

在斯大林格勒保卫战展开的同时，德军南方集群的A集群已紧跟于7月25日撤过顿河的苏军南方面军，进逼高加索沿线，高加索会战随即展开。1942年7月23日希特勒签署的第45号作战训令指示 A 集群："在罗斯托夫以南和东南地域围歼逃到顿河对岸去的敌军兵力。"为此，德军计划以第 1 和第 4 坦克集群通过萨尔斯克—提霍烈茨向克拉斯诺达尔实施主要突击，达成目标后，将第 4 坦克集群归属 B 集群，第 1 坦克集群继续进攻格罗兹尼、马哈奇卡拉、巴库。以第 17 集团军从罗斯托夫地域向南实施辅助突击，然后分兵通过高加索主山脉各山口进攻第比利斯和库塔伊西。以第 11 集团军强渡刻赤海峡，通过塔曼半岛向克拉斯诺达尔实施突击，然后挺进诺沃罗西斯克、图阿朴谢。

7 月 26 日，德军开始进攻。苏军南方面军和北高加索方面军在顿河—高加索主山脉山前地带一线与德军展开激战。7 月 28 日，德军 7 个军前出至顿河东岸，高加索面临被德军突入的威胁。为了统一并改善北高加索方向苏军的指挥，苏军最高统帅部 7 月 28 日下令将南方面军与北高加索方面军合并为北高加索方面军，同时命令 1942 年 6 月组建的南高加索方面军（又称外高加索方面军）展开于捷烈克河—乌鲁赫河—高加索主山脉中部各隘口一线并占领防御地带，以接应且战且退向高加索主山脉山前地带及此防线的北高加索方面军。7 月 31 日，德军突破北高加索方面军顿河集群防线，向斯塔夫罗波尔方向迅速推进了 120 公里。立即使抵挡德军第 17 集团军的北高加索方面军滨海集群侧翼暴露（北高加索方面军分为顿河与滨海两个集群，构成方面军的西线与东线即左翼与右翼），8 月 5 日，滨海集群被迫撤过库班河。8 月 5 日，德军第 1 坦克集群向迈科普方向展开突击。当晚，在阿尔马维尔地段强渡了库班河。德军第 17 集团军开始强攻克拉斯诺达尔。苏军最高统帅部立即命令第 18 集团军和骑兵第 17 军可靠掩护迈科普—图阿朴谢方向；第 47 集团军从塔曼半岛东北面掩护诺沃罗西斯克和塔曼半岛接近地。8月中旬，苏军强化抵御，德军进攻速度急剧下降。8月17日，且战且退的滨海集群终于在北高加索主山脉西部山前地带阻遏了德军的进攻。同时，已撤销并转隶南高加索方面军的顿河集群与南高加索方面军的北上先遣支队胜利会师，两军随即成功地在那尔契克方向遏止了德军的进攻，并沿巴克萨河南岸组织了防御。希特勒统帅部企图在顿河与高加索主山脉山前地带之间围歼苏军南方—北高加索方面军的战役企图宣告失败。苏军北—南两支高加索方面军开始会合，并在高加索主山脉山前地带和各隘口组织起绵密的防御体系。苏军最高统帅部立即以人员、弹药、武器加强南高加索方面军，并以滨海集群为基础扩建北高加索方面军（因顿河集群已转隶南高加索方面军）。

8月15日，德军偷袭高加索主山脉某些隘口成功，苏军第46集团军立即实施反冲击，将大部德军击退至山脉北坡，并迫使仍侵占了少数山口的德军转入防御。8月19日，德军第17集团军开始突击诺沃罗西斯克，在北高加索方面军与黑海舰队陆战队的共同抗击下，德军突击失败，至8月25日，仍被阻滞在攻击出发地。德军迅速从图阿朴谢以北向诺沃罗西斯克方向增调援兵。8月28日，德军再次发起突击。8月31日，德军突破了北高加索方面军第47集团军的左翼，前出至黑海沿岸，攻占了阿纳帕城。9月1日，苏军最高统帅部下令，撤销北高加索方面军，将其改编为黑海集群，转隶南高加索方面军。9月3日，德军由克里米亚横渡进攻塔曼半岛，已被切断的防御塔曼半岛的黑海舰队陆战队于9月5日遵奉方面军司令部命令，渡海撤往格连齐克。9月6日，德军攻占塔曼半岛，随即从克里米亚向此运调补充兵力，于9月7日，从南北两面对诺沃罗西斯克实施相向突击。苏军第47集团军与敌血战3天，于9月10日撤离诺沃罗西斯克。在持续到9月26日的激战中，黑海集群守住了采麦斯克湾东岸，使德军无法发挥诺沃罗西斯克作为港口的功能；并成功地掩护了图阿朴谢，使德军未能突入，终于迫使德军最终放弃了在黑海沿岸继续进攻以迂回高加索的企图。在马尔哥别克地域，德军第1坦克集群于9月1日展开进攻，9月2日，德军突破，在莫兹多克地域强渡了捷烈克河，旋即向格罗兹尼方向进攻。9月中旬，苏军与德军血战于帖尔斯基山脉山前地带，在9月下旬遏制了德军的攻势。在苏军的反突击下，德军被迫于9月底停止向格罗兹尼进攻并转入防御。在8、9两个月的高加索诸战役中，纳粹在所有方向均未获得决定性的突破与胜利，其获取高加索诸油田的战役目的的实现日渐渺茫。正是在此时，希特勒这个第一次世界大战中的德国陆军上士，决定亲自指挥A集群，而这一位置往往是需要由具备元帅或上将军衔的军官来出任的。希特勒决定，德军应在图阿朴谢和弗拉基高加索方向（分别在高加索主山脉的西侧和东侧）实施强攻，一举突破高加索主山脉，攻占南高加索。

1942年9月25日至11月底，德军第17集团军在图阿朴谢方向发动了三次大规模突击，试图突破苏军防御。苏军以顽强的阻击和反突击遏制了德军，并肃清了在10月份冲过普希什河的德军凸出部，迫使德军第17集团军转入了全线防御。10月25日，经过补充与休整的德军第1坦克集群在那尔契克方向对苏军发起突击，意图攻占后再攻弗拉基高加索，然后沿宋日阿河河谷向格罗兹尼油田突进。当天，德军突破了苏军第37集团军的防御，攻占了那尔契克，并迅即向东南方向的弗拉基高加索挺进。11月2日，德军攻占吉捷耳，前出至弗拉基高加索的接近地。在通过顽强阻击大量消耗了德军之后，11月6日，南高加索方面军以精锐之师发起强有力反突击，粉碎了攻占吉捷耳的德军坦克部队，德军由此一蹶不振，不得不放弃了进攻格罗兹尼油田的企图。德军统帅部命令第1坦克集群转入顽强防御。虽然德军在8月8日攻占了几乎被撤退的苏联军民破坏殆尽的迈科普油田，在8月21日，一度将卐字旗插上了高加索主山脉的最高峰——厄尔布鲁斯山峰，但这一切都已成了明日黄花，德军在高加索沿线的攻势无可挽回地失败了。德军始终未能实现其战役企图——占领高加索最大的油田——格罗兹尼和高加索主山脉的各主要隘口。苏军经过5个月北高加索的艰苦防御战，成功地将德军阻遏在高加索主山脉的山前地带，德军突入南高加索的努力终于付诸东流。希特勒分兵伊朗南出波斯湾与日本法西斯会师印度洋的恢宏计划亦成南柯一梦，倏忽而逝且再也无法捕捉。希特勒于是在11月上旬，将A集群的指挥权匆匆交与克莱斯特，返身去对付斯大林格勒的致命威胁了。

　　北高加索防御战与斯大林格勒保卫战是同时进行的伟大战役。在北高加索防御战中，苏军以比德军少得多的坦克、火炮、飞机等劣势装备，抵挡住了用优良装备武装起来的德军的反复冲击，不仅粉碎了德军的战役企图，保护了对苏联继续进行反法西斯战争生死攸关的战略资源地区——格罗兹尼和巴库石油产区，而且牢牢地钳制了德军A集群。高加索的保卫者们以顽强的防御为苏军赢得了时间与空间，使苏军最高统帅部能够从容地组建和训练战略预备队，以便在斯大林格勒方向上转入反攻。前苏联国防部长、当年率领第

56集团军在高加索与德军浴血酷战的格列奇科元帅，一再强调高加索会战与斯大林格勒会战是伏尔加河—顿河—高加索大会战的两个主战场，它们同属于同一场伟大的战役。可以套用丘吉尔的话说：斯大林格勒的保卫者们与高加索的保卫者们共同铸造了人类历史上空前正义的反法西斯战争的"最辉煌的时刻"！英雄们共铸的辉煌已经灿烂于人类的文明史。为了纪念和表彰高加索保卫战，苏联最高苏维埃主席团颁发了"保卫高加索"奖章，授予保卫战的参加者们。

在斯大林格勒和北高加索保卫战进行的同时，苏军最高统帅部在北线和中部战线组织了多次进攻，以钳制德军重兵集团，使德军统帅部不能随其意图调动它的预备队，从而策应斯大林格勒与高加索战线。1942年7月—9月，苏军西北方面军对德军德米扬斯克地区的集团实施了3次大规模突击，虽然未能达到合围聚歼该集团的目的，但将德军第16集团军钉死在了西北方面军的正面，并迫使德军将列宁格勒战线的第18集团军的部分兵力调往西北地区，还迫使德国空军紧急空运给养和装备支撑第16、第18集团军，从而削弱了其对南线战场的运输保障。列宁格勒方面军和沃尔霍夫方面军（由沃尔霍夫集群恢复）利用德军第18集团军部分兵力南下西北战线之机，在锡尼亚维诺方向对德军第18集团军主力发起突击，迅速突破了德军防御并向纵深扩展，德军统帅部迅疾从克里木调来德军第11集团军的重兵集团，但随即又被钉死在列宁格勒前线。以致德军在南高加索前线的兵力被严重削弱，使A集群本已短缺的预备队更趋紧张。列宁格勒与沃尔霍夫方面军的先敌突击还粉碎了德军对列宁格勒发动新突击并与芬兰军队及德军挪威集团会师、以建立绵密的连续战线的企图。7月初，德军统帅部为了将苏军统帅部战略预备队诱离南线，以保证德军在斯大林格勒一线的优势并改善中央集群的不利态势，向占据别累伊东南凸出部的加里宁方面军第39集团军发起突袭，第39集团军一度被德军合围，但第39集团军孤军奋战，浴血杀敌，苦战三个多星期，于7月下旬强行撕开合围圈，杀出重围，与方面军大部队会合。为解第39集团军之围，苏军西方面军在7月5日至12日，在布良斯克方向对德军第2坦克集群实施了局部性进攻战役，德军从预备队中调来3个师才阻遏了苏军的胜利进展。7月底，西方面军右翼和加里宁方面军左翼在司切夫卡方向实施了强大突击。加里宁方面军顺利消除了德军在伏尔加河北岸占据的登陆场。西方面军突破了德军第9集团军的防线之后，前出至勒热夫—维亚济马铁路沿线，从南面包围了勒热夫的德军集团。为了恢复德军第9集团军的原有态势并阻遏苏军加里宁方面军的攻势，德军被迫在南线战斗最紧张的时期，将本来准备投入斯大林格勒与北高加索的预备队的12个师调往勒热夫—维亚济马—司切夫卡一线，并被钳制在那里。德军将领纪佩尔斯基赫虽夸大其辞但不无道理地认为，这是导致德军在南线最终失利的极重要因素。1942年7月，布良斯克方面军和沃罗涅日方面军在沃罗涅日方向的防御作战中抓住战机对敌实施了一系列的反突击，德军B集群被迫将德军第2集团军部分兵力、匈牙利第2集团军和本来用于进攻斯大林格勒的第4坦克集群的2个师和第6集团军的3个步兵师集结于沃罗涅日一线，德军统帅部还从罗斯托夫—高加索方向调来了第1坦克集群的1个师。8月6日至17日，沃罗涅日方面军再次强行突击，将匈牙利第2集团军击溃，并在沃罗涅日以南强渡了顿河，在顿河西岸占领了广阔的登陆场，德军不得不在该方向上保持了强大的预备队。9月15日，沃罗涅日方面军对沃罗涅日实施直接突击,至 10 月 5 日,苏军突破德军防线强渡了沃罗涅日河,突入沃罗涅日南郊和西南郊。B 集群迅即从其预备队中抽调 4 个步兵师和 1 个坦克师驰援沃罗涅日方向。德军统帅部也疾速从其他战线调动 1 个步兵师至此。沃罗涅日方面军英勇无畏的积极行动强有力地支援了斯大林格勒一线的苏军,在斯大林格勒战役中书写了具有特殊意义的一页。1942 年夏秋两季,苏军在北线—西北线—中线(正西方向)—布良斯克—沃罗涅日方向的积极行动不仅钳制了德军大量重兵集团,在战略上深远影响和支援了斯大林格勒和高加索战场,而且使希特勒及其统帅部错误地判断苏军的冬季反攻将仍在莫斯科—斯摩棱斯克方向展开,从而盲目地对南线特别是斯大林格勒一线充满乐观、信心和希望。希特勒 10 月 31 日自乌克兰文尼察大本营返回东普鲁士的"狼穴"时,就是带着这种良好的心情回去的。纳粹的头头脑脑们谁也没有预感——"众神的节日"已上演完毕,"诸神的末日"即将开场!

1942 年 9 月 12 日,朱可夫从斯大林格勒方面军司令部飞返莫斯科,随即与先期回到最高统帅部的华西列夫斯基一起会见了斯大林,报告了斯大林格勒前线的形势。强调:"以现有的兵力与部署不能清除突至伏尔加河岸的德军走廊。""显然,必须寻求另一种解决办法。"朱可夫沉思道。斯大林当即表示同意,要二人"好好想想可以采取什么措施"。9 月 13 日整个白天,朱可夫与华西列夫斯基在总参谋部对苏德战场局势作了仔细、深入的分析研究。两人一致认为,纳粹已没有力量完成其 1942 年苏德战场的战略计划了,德军的主力兵团均已被极大地削弱了;仆从国军队装备较差、经验较少,甚至在防御中都缺乏战斗力;苏军经过一年多的艰苦战斗,已学会了许多东西，成长壮大起来了；苏联的经济已得到了部分恢复，特别是军工生产得到了很大发展（苏联西部国土沦陷后，苏联的工业产品锐减三分之一，耕地面积减少47%，牲畜头数减少50%，工农业生产均大幅度下降。经过苏联人民的忘我辛勤劳动和向乌拉尔山区一线迁移工厂并恢复生产的调整，至1942年春季，苏联的军工生产已恢复到战前水平并还在突飞猛进）；苏军正在组建拥有新式武器的战略预备队，到11月份，苏军将增加强大的机械化部队和坦克部队。基于此，两人最后得出结论——苏军的行动计划应该是：第一，继续以积极防御疲惫敌人；第二，立即着手准备反攻，在斯大林格勒地区围歼德军重兵集团。9月13日整个夜晚，朱可夫和华西列夫斯基继续工作在总参谋部，"他们是在斯大林格勒地域的地图旁度过的。"什捷缅科大将回忆道。那一晚，整个总参谋部异常宁静，虽然两位军事领导"没有把他们工作的目的通知总参谋部作战参谋人员，但他们都已猜到了。"苏德战场、整个反法西斯战争乃至整个人类的前途与命运，就在1942年9月13日夜晚，寄托在静悄悄的苏联红军总参谋部内，托付在朱可夫与华西列夫斯基的肩上，托付在这天晚上工作在苏联红军总参谋部内的所有作战参谋身上。作战参谋们意识到了这一天的沉重与含义，他们一言不发，几乎是全凭心灵的感应严肃、默契、高效地配合着两位将军的工作，为两位将军"提供了有关德军、我军特别是预备队及其向斯大林格勒方向集中的可能性与时限的精确的参考资料"。黎明，朱可夫和华西列夫斯基终于把标有反攻战役企图的全部地图准备完毕。两人立即驱车去见斯大林，斯大林欣悦地同意了他们的意见：胜利的关键是在苏德战场南线——斯大林格勒实施决定性的反攻。斯大林对他们说："朱可夫还要飞回斯大林格勒方面军去，着手研究克烈茨卡亚和绥拉菲莫维奇地区的情况。几天之后，华西列夫斯基将飞往东南方面军研究其左翼情况。关于（反攻）计划，以后我们要继续谈。对计划需再考虑一下，要仔细计算一下我们的资源。在这里讨论过的问题，除了我们三人以外，目前不要让任何人知道。"9月底，朱可夫和华西列夫斯基分别在顿河方面军和斯大林格勒方面军详细研究了准备反攻的所有条件后，回到苏军最高统帅部，再一次讨论和确定了反攻计划的所有细节和要点。随后，朱可夫与华西列夫斯基签署了反攻计划，斯大林签字批准。斯大林说："德国法西斯的军队一旦失去了突然性因素，它就处于崩溃的边缘。"对于苏军最高统帅部在1942年9月中下旬做出的南线反攻重大决策，哈尔德事后承认是及时、严密的。他在被希特勒解职后，就曾坦率地承认，进攻的德军正在被逐渐消耗。约德尔则进一步承认，这项反攻计划达成了战役的突然性。而纳粹则一直是依赖"闪击"的突然性的。约德尔表示，德军统帅部根本就没有发现苏军为准备反攻重新组建西南方面军，就更谈不到发现西南方面军对斯大林格勒地域德军的战役后方所构成的致命威胁了。

苏军反攻计划制定后，朱可夫、华西列夫斯基、苏军炮兵司令沃罗诺夫等作为最高统帅部代表分赴即将承担反攻重任的各方面军部队，以明确落实各方面军的计划，并进一步完善反攻战役企图。10月25日，准备对德军B集群作深远侧后迂回的西南方面军在顿河方面军西北地区组建完毕，瓦杜丁被任命为方面军司令员。苏军大反攻的战役企图是：以西南方面军从绥拉菲莫维奇—克列茨卡亚一线向东南，以斯大林格勒方面军从萨尔帕湖区北部地域向西北，同时对斯大林格勒地域德军的两翼实施强大突击，两大方面军的突击集团应在卡拉奇地域会师，完全合围斯大林格勒地域的德军集团。顿河方面军将同时从克列茨卡亚以东地区向东南、从卡查林斯卡亚沿顿河西岸往南向维尔佳契实施两个辅助突击，切断顿河小弯曲部德军与斯大林格勒德军集团的联系，并将其合围。合围目标达成后，斯大林格勒方面军与西南方面军将对被围敌军实施向心突击，将其分割肃清。顿河方面军将首先歼灭顿河小弯曲部德军，然后参与向心突击，全歼被围德军。斯大林格勒市区的第62集团军也将随大部队转入进攻，最终构成苏军合围圈正东部。苏军最高统帅部指示3个方面军，注意在反攻进程中随敌我态势的变化，不断补充，完善反攻计划。

  1942年11月初，苏德战场的法西斯军队共620万人，266个师，其中193个德国师和1个旅。其余均为纳粹仆从国军队，共拥有51680门大炮和迫击炮，5080辆坦克和自行火炮，3500余架作战飞机。苏军为659余万人，拥有77851门大炮和迫击炮，7350辆坦克和自行火炮，4544架作战飞机。苏军的装备还在不断改善：仅1942年下半年，苏联工人阶级以同样的浴血奋斗，生产了17700门大炮，13268辆坦克和自行火炮，15692架飞机以及难以数计的轻武器。更重要的是苏军将士越战越成熟，越战越勇猛。朱可夫元帅说："优势正在开始转向我军，敌我对比，法西斯军队的优势正在逐渐丧失。"斯大林曾在苏军最高统帅部小范围内讲，即使欧洲没有第二战场，苏联也将独立地打败法西斯德国。在斯大林格勒地域即将投入反攻的苏军3个方面军共有110余万兵力，15500门大炮和迫击炮，1463辆坦克和自行火炮（又称强击火炮），1350架作战飞机（分属第 8、第 16、第 2、第 17 航空集团军即空军军)。其当面之敌为德军 B 集群,此时共有 80 个师,3 个旅,100 余万兵力(其中德军第 2 集团军和匈牙利第 2 集团军的一部分在苏军沃罗涅日方面军正面),拥有 10290 门火炮和迫击炮,675 辆坦克,1216 架作战飞机。兵力和兵器的对比苏军占有优势,兵力为 1.1 比 1,大炮为 1.5 比 1,坦克达 2.2 比 1,若加上沃罗涅日方面军,苏军优势更强,完全具备了反攻条件。

1942 年 11 月 19 日 8 时 50 分,苏军西南方面军和顿河方面军在持续 80 分钟的猛烈炮火准备之后,发起反攻突击。当天,突破敌军防线。11 月 20 日,斯大林格勒方面军按计划转入反攻,突破德军防线。顿河方面军一举切断、合围了顿河小弯曲部的敌军集团。11 月 22 日,苏军西南方面军攻占了顿河大桥,反攻的 3 天之内,34 个师的反攻部队越过了顿河。11 月 23 日,西南方面军和斯大林格勒方面军按反攻计划,兵分两路向卡拉奇地区相向疾进。黄昏,西南方面军克拉夫钦科少将指挥的苏军坦克第 4 军与斯大林格勒方面军沃利斯基少将指挥的机械化第 4 军在卡拉奇地区的苏维埃城胜利会师,斯大林格勒德军集团被封闭合围,包括德军第 6 集团军全部和第 4 坦克集群的大部分,共计 22 个师,33 万余人。苏军成功地实现了战役企图。11 月 24 日—30 日,苏军与被围德军展开激战。11 月 24 日,天气放晴,苏军航空兵立即积极行动,以第 2、第 17 空军(集团)军在合围圈对外正面活动,以强化合围圈并警戒德军增援,以第 8、第 16 空军军在合围地域行动,参与歼灭被围德军。1 周内,苏军航空兵出动了 5768 架次,平均每昼夜 824 架次,比德空军出动率多 4 倍,取得了完全的制空权。至 11 月 30 日,苏军已绝对巩固了合围圈,并将被围德军压缩在方圆不足1500平方公里(东西40公里,南北30至40公里)的铁壁之中。苏军在12天的反攻进程中,还歼灭了罗马尼亚第3集团军的15个整师,重创罗马尼亚第4集团军。

苏军所选择的南线反攻方向及其强锐攻势震撼了德军总参谋部,新任陆军参谋总长蔡茨勒紧急建议希特勒下令德军从斯大林格勒全线撤退。但希特勒暴跳着大叫:"我决不从伏尔加河后退,我决不离开伏尔加河!"他命令德军死守。最后,在蔡茨勒的坚持下,"元首总算同意后撤","但他强调,德军必须以同时守住斯大林格勒为条件。"蔡茨勒说:"这种愚蠢的想法几乎把我气疯。"11月23日,苏军合围圈封闭。希特勒下令,为被围德军解围。希特勒为解鲍卢斯之围,特地将经验丰富、指挥稳重的冯·曼施坦因元帅从列宁格勒前线调至顿河前线,担任特地为解围组建的顿河集群司令。德军顿河集群包括以第4坦克集群未被苏军合围的3个坦克师为基础新组建的德军第4坦克集群;德军第11集团军一部,罗马尼亚第4集团军和第3集团军残部以及所谓霍利特战役集群共30个师,展开在维申奥斯卡亚—马内奇河一线600公里的正面上。德军计划从科帖耳尼科沃(又译作科契尔尼科夫斯基或科捷尼科夫斯基)向苏军合围圈实施主要突击,从托尔莫辛对苏军合围圈实施辅助突击,同时以被围德军与此实施相向突击,以打开苏军合围正面,救出被围部队。12月12日,德军顿河集群主力霍特集群即德军第4坦克集群、第11集团军一部、罗马尼亚第4集团军,从科切尔尼科夫斯基沿铁路线北上,对苏军合围圈南面发起突击。12月16日渡过阿克塞河,进逼梅什科瓦河。苏军斯大林格勒方面军以第51集团军、第57集团军的一部和方面军预备队组成坚强的合围圈正南对外正面，阻击德军。双方血战至12月19日，德军进抵梅什科瓦河，距斯大林格勒40公里。冯·曼施坦因要求鲍卢斯向西南突围，与顿河集群展开相向突击。但被围德军精疲力竭并缺少燃料，无法行动。在此危急关头，精锐的苏军第2近卫集团军奉最高统帅部之命兼程赶到，在行进间投入战斗，加强了合围圈的正南对外正面，阻遏了曼施坦因的攻势。为粉碎德军解围企图，12月16日，苏军西南方面军一部和沃罗涅日方面军左翼奉最高统帅部之命以强大坦克兵团为先导，从马蒙附近向西南方向展开突击，当天，突破意大利第8集团军防线，至12月23日，将意大利第8集团军击溃，并直线南下180公里，前出至托尔莫辛以北地区。集结在托尔莫辛准备辅助霍特集群（以德军第4坦克集群司令霍特命名）突击苏军合围圈的顿河集群其余兵力，包括罗马尼亚第3集团军残部，霍利特战役集群等，对苏军迅速前出至此措手不及，仓促应战。苏军迅速粉碎了逃往此地的意大利第8集团军，全歼罗马尼亚第3集团军残部，击溃了德军霍利特战役集群和增援该集群的援兵，深远迂回至霍特集群侧后，曼施坦因为避免成为第二个鲍卢斯，于12月23日下令霍特集群南撤。12月24日，西南方面军从下切尔斯卡亚向西南再行突击，将德军匆忙拼凑起来开至顿河中游的援军击溃，并楔入顿河集群左翼。同一天，斯大林格勒方面军也对顿河集群展开反攻，迅疾向科切尔尼科夫斯基胜利推进。12月29日，解放科契尔尼科夫斯基市。12月31日，斯大林格勒方面军追击顿河集群前出至托尔莫辛以西—茹科夫斯卡亚—科米萨罗夫斯基—吉莫夫尼基以东20公里一线。顿河集群的罗马尼亚第4集团军被彻底粉碎，其余部队被重创，顿河集群向西和西南迅速溃退。至此，斯大林格勒被围德军彻底丧失了突围的机会与可能。

12月27日，蔡茨勒告诉希特勒："如果你再不下令立即撤出高加索，我们将要碰到第二个斯大林格勒。"希特勒脸色阴沉，一言不发，但最终于12月29日给A集群下达了缓缓后撤的指示。没有达成战役企图的A集群，在目标无望时仓促后撤了。

12月25日，顿河方面军在肃清了顿河小弯曲部的德军之后，由方面军军事委员会和最高统帅部驻方面军代表——苏军炮兵司令沃罗诺夫，共同提出了一个最后肃清被围德军集团的计划。12月28日，斯大林与朱可夫联名答复沃罗诺夫和方面军司令部，指出该计划的"主要突击与辅助突击向不同方向实施，而且没有联系"，要求修订并提出了具体修订内容。顿河方面军以最快速度修订了计划，将对被围德军实施的突击确定为向心突击，从不同方向发起，但都指向鲍卢斯司令部。斯大林与朱可夫认真审查并最后修改后，批准了计划。这个计划的代号叫作"指环"。指环不是戒指，它不像戒指那么脆弱，它是一个小而坚固、紧密的圈，它象征着铁壁合围。它是合围的符号、合围的映射、合围的凝聚、合围的表征。自第二次世界大战以来，从来都是邪恶合围正义，黑暗合围光明，但此时，充斥、弥漫于苏军将士心目中脑海里的词汇、概念、观点、意识、思想……，都是合围，合围，再合围。他们选择了"指环"这样一个代码来表达，来倾诉，预示这是一个开端。从此后，纳粹将步入无可挣脱的正义合围，并被最后肃清。12月30日，斯大林下令将斯大林格勒方面军的第57、第62、第64集团军转隶顿河方面军，并迅即按围歼意图部署突击。"指环"开始启动。

1943年1月8日，顿河方面军向被围德军提出最后通牒，要求其停止毫无意义的抵抗,向苏军投降。鲍卢斯将最后通牒全文转发希特勒,要求准予相机行事。希特勒立即驳回了他的请求。1月10日晨,顿河方面军在进行了55分钟猛烈的航空火力与5千门大炮齐射的炮火准备后,从合围圈全线对德军实施向心突击。1月17日,苏军前出至大罗索什卡—冈查腊—波罗波诺沃一线,紧缩了合围圈。1月22日,苏军经休整补充后,再次发起全线进攻,德军防御内线被突破。1月24日,苏军再次要求德军投降,鲍卢斯照样请示了希特勒。希特勒答复:"不许投降,必须死守阵地,战至一兵一卒一枪一弹。"1月25日,苏军从西面突入斯大林格勒。1月26日,苏军第21集团军与第62集团军在马马耶夫岗胜利会师,将被围德军切割成南北两部分,南部德军被压缩在市中心,北部被封闭于拖拉机厂和"街垒"工厂区,德军同时失去了最后一条小型的临时飞机跑道,被完全隔绝。"双方的最后战斗打得激烈而残酷,在瓦砾成堆、遍地冰冻的城市废墟上,苏德两军都以令人难以置信的勇猛,不顾一切地进行厮杀。但战斗并没有持续多久,德军终于被打垮。""1月28日,这一支曾经喧嚣一时的德军的残兵余卒被分割在三小块袋形阵地之中,鲍卢斯上将的司令部在南面的一块,设在如今已成为一片废墟的一家百货公司的地下室里。据一个目击者说,他坐在黑暗角落里的行军床上,样子万分颓丧。"威廉·夏伊勒写道。1月30日,鲍卢斯电告希特勒:"最后的崩溃不会超过24小时。"希特勒赶紧对这些行将灭亡的军官们封官晋爵,希望以这种元首恩典来加强他们以身殉职的决心。他对约德尔说:"在德军历史上,没有一个陆军元帅是被生俘的。"随即给鲍卢斯发去电报,授予他元帅军衔(德军无大将军衔),并派飞机空投了元帅节杖。117名还活着的军官也

德军在斯大林格勒街头

各升一级。"这真是骷髅卖俏的把戏。"威廉·夏伊勒一语中的。1月31日下午7时45分,第6集团军司令部的发报员自己决定发出了最后一份电报:"俄国人已到了我们地下室的门口,我们正在捣毁器材。"电文最后署上了国际通用的表示本电台停止工作的电码——"CL"。电报刚发出,苏军已包围了地下室,要求里面的人投降。鲍卢斯的参谋长施密特接受了要求,并问:"陆军元帅,还有什么话要说吗?"鲍卢斯表示同意,并提出两个要求:一、用一辆车将他和参谋长接走。二、将他与部队分开,他不想再与他的军队在一起。苏军立即满足了他的要求。2月2日,斯大林格勒市北面最后残存的德军也投降了。战场终于沉寂下来。下午2点46分,一架德军侦察机从城市上空飞过,发回电报说:"斯大林格勒已无战斗迹象。"当天傍晚,苏军顿河方面军司令员罗科索夫斯基和沃罗诺夫向最高统帅部报告:"由于完全消灭了被围敌军,斯大林格勒市和斯大林格勒地区的战斗停止了。"人类历史上最大的战役落下了帷幕。仅在苏军合围圈内,苏军就消灭了22个德国师,33万兵力。其中俘虏91000余人,包括1名德国陆军元帅,23名德国将军。在持续200余天的伏尔加河—顿河—高加索大会战中,苏军共歼灭法西斯军队170余万人,击毁或缴获3500余辆坦克与自行火炮、12000多门大炮与迫击炮,击落击伤4300多架飞机。仅在1942年12月至1943年1月,苏军空军与防空兵就击落击伤德机1000余架。确实是空前绝后的战役,空前绝后的惨败,空前绝后的胜利。苏军也付出了伤亡160余万名将士的代价。

希特勒对鲍卢斯被生擒大发雷霆并恨之入骨,他对德军统帅部的官员们说:"就我个人来说,使我最伤心的是,竟然提拔了他这样的人当了陆军元帅。"整个军队的覆灭他却没提。2月3日,鲍卢斯投降后的第 3 天，德军最高统帅部发出了一项特别公报："斯大林格勒战役已经结束。第 6 集团军在鲍卢斯元帅的卓越领导下，忠实地履行了他们打到最后一息的誓言，终为优势敌人和不利于我军的条件所压倒。"德国广播电台在宣读这项公报时，先播送低沉的鼓乐，然后播放了贝多芬"第五交响乐"的第二乐章，希特勒宣布全国致哀四天。德国历史学家瓦尔特·戈兰茨肯定：这是"德国军队迄今所遭到的最大的一次失败"。曾参加过斯大林格勒战役的德国将军汉斯·焦尔也说："斯大林格勒的失败，是德国有史以来最严重的一次失败，是俄国人一次辉煌的胜利。"德军中将韦斯特法尔描述了斯大林格勒战役之后德军一片沮丧的状况，因为"斯大林格勒附近的失败，使德国人民及其军队都感到十分可怕。在整个德国历史上还从来没有死了这么多军队的可怕情景"。

丘吉尔却写信给斯大林，称"这真是一个惊人的胜利"。并说，从阿拉曼到斯大林格勒战役之后，我们（反法西斯同盟）就几乎再也没有吃过败仗。而在这之前，我们则几乎是每仗必败。1943 年 2 月 5 日，罗斯福总统写信给斯大林，祝贺苏军取得的辉煌胜利，"这一胜利在世界人民联合起来反对纳粹主义及其追随者的战争史上写下了最光辉的一章。"并给斯大林格勒的保卫者们寄来了他亲笔签署的荣誉状，荣誉状说："你们的光辉胜利，制止了纳粹侵略浪潮，成为反侵略战争的转折点。"远在东方但富于历史感的毛泽东也极为钦佩地说道："斯大林格勒战役不但是苏德战争的转折点，甚至也不但是这次世界反法西斯战争的转折点，而且是整个人类历史的转折点。""大西洋宪章"的乐观预言所言不虚。

五
以钢制钢

斯大林格勒战役之后，苏军取得了苏德战场的战略主动权，根本扭转了整个苏德战场的形势，苏军已有可能在更加广阔的战线上实施战略反攻。1943年初，苏德战场的双方兵力、装备对比，已相当有利于苏军。苏军最高统帅部计划，向罗斯托夫方向实施突击，切断德军A集群退路，合围A集群并解放北高加索；向库尔斯克—哈尔科夫—顿巴斯方向实施强力突击，合围B集群另一主力——德军第2集团军及其其余残存兵力。然后，苏军在南线通力合围顿河集群，彻底摧毁德军南方集群。在列宁格勒区域突破德军封锁，彻底解除列宁格勒的被围态势。在战场的其他战线，苏军采取巩固防御和伺机出击的方针，以钳制当面之敌；特别是加里宁方面军与西方面军应积极行动，钉死德军中央集群。

1942年12月底，西南方面军和斯大林格勒方面军已前出至新卡利特瓦—米列罗沃—托尔莫辛以西—吉莫夫尼基以东—斯捷普诺伊一线，并继续向西、西南发展胜利，态势十分有利。1943年1月，两个方面军将肃清鲍卢斯集团的重任转交顿河方面军后，斯大林格勒方面军奉命改称南方方面军,与西南方面军左翼转师南下,与南高加索方面军协同,实施解放北高加索的战役。西南方面军其余部队继续向西、西南发展,与沃罗涅日、布良斯克方面军突击并警戒德军 B 集群与顿河集群。德军 A 集群的意大利第 8 集团军早已调往斯大林格勒地域;德军第 11 集团军的一部分调入顿河集群,其主力仍扼守在克里木。1943 年 1 月,A 集群在北高加索的兵力为其主力——德军第 1 坦克集群和第 17 集团军,称为克莱斯特(第 1 坦克集群司令)集群。但第 1 坦克集群已在 1942 年 12 月底奉命撤退,向顿河集群靠拢,北高加索德军已经没有战役预备队。其空军大部也早已调往斯大林格勒地域,仅存 530 架飞机,在数量上远少于苏军南高加索方面军与斯大林格勒方面军所属的航空兵。针对德军兵力状况和布置态势,苏军计划:南方面军沿顿河下游进攻,进入罗斯托夫地域,以切断德军克莱斯特集群的退路,同时向萨尔斯克—提霍烈茨克方向实施突击;南高加索方面军的黑海集群则向克拉斯诺达尔—提霍烈茨克方向实施相向突击,以合围克莱斯特集群。黑海集群另一部则向诺沃罗西斯克展开进攻,消灭德军第 17 集团军主力并攻占塔曼半岛。南高加索方面军的北方集群(黑海集群是其南方集群)应以积极进攻阻滞德军第 1 坦克集群的有序后撤。西南方面军左翼向伏罗希洛夫格勒方向进攻,并前出至别洛沃茨克—红苏林一线,建立并加强对德军北高加索集团合围圈的西—西北—北部正面。1943 年 1 月 3 日,苏军南高加索方面军北方集群开始向斯塔夫罗波尔方向突击,以期阻断德军第 1 坦克集群的后撤。但北方集群司令担心德军在后撤中虚晃一枪,转师进攻格罗兹尼油田,因而将主力仍用于防守格罗兹尼—奥尔忠尼启则方向,致使战机贻误。

德军第1坦克集群觉察到苏军合围意图后，置德军第17集团军于不顾，快速后撤，1月6日，突破南高加索北方集群阻击。1月7日，华西列夫斯基直接指示南高北方集群司令投入全部兵力追击德军第1坦克集群，并沿其两翼伸展，迂回包抄，但第1坦克集群已摆脱了南高北方集群。西南方面军左翼、南方面军、南高黑海集群按计划实施相向突击，力图扩大突击正面，在大范围内兜住德军第1坦克集群。但黑海集群遭德军第17集团军顽强阻击，使庞大的合围圈在西北方向无法封闭。1月23日，德军第1坦克集群左翼与顿河集群的第4坦克集群右翼会合。1月24日，南方面军与西南方面军前出至艾达尔河—北顿涅茨河一线，但南高黑海集群除部分兵力前出至克拉斯诺达尔以南外，主力才楔入德军第17集团军防线25至30公里，并陷入苦战。1月24日，德军第1坦克集群与顿河集群会师，沿北顿涅茨河—顿河—马内奇河—白格利纳—阿尔马维尔—拉宾斯卡亚一线组成了绵密连续的防御，阻遏住前出至此线的苏军的进攻，苏军未能封闭北高加索，且德军第1坦克集群主力安然撤出。苏军迅速调整部署，决定以南方面军和南高加索北方集群向巴泰斯克—亚速海方向进攻，切断德军第1坦克集群继续退向罗斯托夫—顿巴斯的道路；以南高黑海集群进攻克里木斯卡亚，切断德军第17集团军退向塔曼半岛的道路。1月24日，苏军南高北方集群改称北高加索方面军。2月4日，南方面军与北高加索方面军前出至巴太斯克—耶伊斯克一线，切断了正在退往罗斯托夫—顿巴斯的德军第1坦克集群的长链阵形，第1坦克集群被分割为两个部分，5个师撤至罗斯托夫，2个师退往克拉斯诺达尔，编入德军第17集团军。苏军就此兵分两路：南方面军继续向罗斯托夫—顿巴斯一线进攻；北高加索方面军（南高黑海集群也在1月份编入，南高加索方面军撤销）进攻克拉斯诺达尔，追歼德第17集团军。西南方面军左翼回归西南方面军整体行动。2月初，南方面军进攻，但很快被德军第1坦克集群与顿河集群阻遏。2月9日，北高加索方面军对克拉斯诺达尔发起突击，2月12日，解放该市。德军第17集团军被迫全线向西退却。北高加索方面军继续向西和西南展开攻势，与退至库班河中游下游的德军展开激战，至4月4日，将该地区德军基本驱除，苏军进逼塔曼半岛。但因地形条件复杂和连续3个月进攻的疲惫，苏军在德军抗击下，未能解放诺沃罗西斯克，仅在其以南攻占了一个登陆场。4月4日，苏军前出至捷姆留克湾—克里木斯卡亚一线，设防固守，着手准备对困守塔曼半岛的德军第17集团军的新攻势。

1943年1月初，沃罗涅日方面军受命在西南、布良斯克两个方面军部分兵力的配合下，粉碎德军B集群的主力——沃罗涅日集团（包括德军第2集团军、匈牙利第2集团军、意大利第8集团军的左翼）。沃罗涅日方面军首先将突击锋芒指向防守沃罗涅日以南奥斯特罗哥日斯克—罗索什地域的敌军集团，该集团由7个德国师、10个匈牙利师、5个意大利师构成，拥有27万兵力。沃罗涅日方面军的战役企图是：从彼尔沃耶斯托罗日诺耶地域内的顿河西岸登陆场和坎帖米罗夫卡西北地域向阿列克谢耶夫卡实施向心突击，合围德军重兵集团。从苏奇耶附近的登陆场向卡缅卡方向实施辅助突击，将被围德军分割切开，再行肃清。编入沃罗涅日方面军的苏军第二集团军为战役提供空中保障与支援。苏军最高统帅部命令西南方面军右翼向波克罗夫斯科耶实施突击，以钳制顿巴斯地域的德军，掩护战役顺利进行。沃罗涅日方面军的兵力兵器与敌军相比并不占优势，但在进攻前,该方面军实施了大胆的隐蔽机动——将全部主力集中于即将发起突击的左翼,使之达到完成突破和发展战役所必需的战术与战役密度;果断地减少了右翼和中间的兵力,致使有的区段每公里平均只有50名战士、两挺机枪、两门火炮与迫击炮。1月12日,沃罗涅日方面军按计划发起攻势,至1月14日,在实施突击的3个方向都突破了德军防御,苏军迅速向纵深发展,1月19日,沃罗涅日方面军实施向心突击的第40集团军和第3坦克集团军在阿列克谢耶夫卡地域会师,合围了匈牙利第2集团军、意大利阿尔卑斯山地军和德坦克第24军共13个师。辅助突击亦迅速成功,将被围敌军分割为两部分,一部分为5个师,另一部分8个师。苏军立即组建了坚固的合围圈。1月24日,被围敌军遭全歼,苏军随即追击其他敌军。1月27日,战役结束。苏军共歼敌13个师,击溃8个师,俘虏敌军官兵86000余名。西南方面军的掩护突击一直持续到1月23日,牢牢钳制了顿巴斯方向的德军。1月27日,西南方面军与沃罗涅日方面军参战部队转入防御。冯·曼施坦因承认,奥斯特罗哥日斯克—罗索什战役后,苏军打开了通向北顿涅茨河、第聂伯河各渡口、亚速海沿岸的道路,从那时起,德军能否守住顿巴斯已经很值得怀疑了。1943年1月18日,战役还在进行之时,最高统帅部驻沃罗涅日方面军代表华西列夫斯基和方面军司令部向苏军最高统帅部提出报告,建议继续实施沃罗涅日—卡斯托尔诺耶战役,以乘胜粉碎德军第2集团军并肃清耶列茨—卡斯托尔诺耶铁路沿线之敌。报告提议,布良斯克方面军左翼必须参战。20日,苏军最高统帅部批准报告。德军在沃罗涅日地区有12个师,统属第2集团军,12个师已深深楔入苏军防线,形成了所谓沃罗涅日凸出部。苏军计划以沃罗涅日方面军和布良斯克方面军左翼,从南北两面向德军侧后的卡斯托尔诺耶实施向心突击,以合围德军。1月24日,沃罗涅日方面军中路和右翼部队以及星夜兼程赶来的第40集团军发起突击,1月26日,布良斯克方面军左翼发起突击。德军统帅部急令第2集团军从沃罗涅日凸出部撤出,但1月28日,两个方面军的苏军突击集团会师于卡斯托尔诺耶地区,合围了德军第2集团军。双方血战至2月17日,因沃罗涅日方面军连月征战,预备队耗尽,德军6个师从奥博扬地域突围西撤。苏军全歼德军6个师,战役实现计划企图,胜利结束。苏军两个方面军前出至利夫内—库皮扬斯克一线,与苏军莫斯科方向防线全线拉平,并建立了能够向库尔斯克和哈尔科夫方向发展进攻的态势。

1942年12月8日,苏军最高统帅部命令沃尔霍夫方面军和列宁格勒方面军准备实施突破列宁格勒封锁的战役,命令由斯大林与朱可夫联名签署,战役代号为"火花"。苏军的战役企图,朱可夫元帅说"很单纯",要求列宁格勒方面军从西、沃尔霍夫方面军从东,同时向锡尼亚维诺总方向实施相向突击,粉碎拉多加湖以南的德军集团,清除其楔入苏军防线的什利塞尔堡—锡尼亚维诺凸出部。待两军会师形成连续正面后,合力突击姆加方向,打通沃尔霍夫—列宁格勒铁路,将德军尽可能地从拉多加湖向南压缩,全面恢复列宁格勒的陆路交通。鉴于列宁格勒的重要战略地位和特殊的政治、历史意义,苏军为实施此战役配备了强大的指挥阵容:朱可夫大将和伏罗希洛夫元帅作为最高统帅部代表分别被派往沃尔霍夫和列宁格勒方面军。1月12日9时30分,沃尔霍夫方面军和列宁格勒方面军按计划开始相向突击,在经过数千门大炮的2小时炮击后,苏军将士在零下40—50摄氏度的严冬里，怀着复仇的烈焰穿越冰天雪地奋勇前进，呐喊着扑向德军。德军面对苏军猛烈的炮火准备（在突破地段，平均每一平方米落下了两到三颗炮弹），仓皇失措，但很快镇静下来，开始了有序的抵抗与后撤。1月18日，沃尔霍夫方面军与列宁格勒方面军在锡尼亚维诺以北地域会师，胜利地突破了德军封锁线，在拉多加湖以南造成了一条宽达8—11公里的走廊，列宁格勒与苏联内地的陆路交通终于打通，苏军的战役企图基本实现。在苏军的进攻下，什利塞尔堡—锡尼亚维诺凸出部的德军（5个师）被驱除，德军凸出部消失。苏军立即以绵密的连续正面向姆加方向发起进攻，但遭德军强力抗击，未获突破。1943年3月，苏军在拉多加湖以南转入坚固防御。

突破列宁格勒封锁，极大地振奋了苏联人民和全体苏军将士的士气，对纳粹的战略和心理造成严重的打击。希特勒步履匆匆，气势汹汹地在"狼穴"内踱来踱去，不发一言。苏联最高苏维埃主席团向列宁格勒军民发出了祝贺电和致敬电。23000多名苏军将士被授予勋章和奖章，其中特别突出的被授予"苏联英雄"称号。尽管在列宁格勒被封锁期间，列宁格勒军民有69.2万人死于饥饿和寒冷，2.1万人死于纳粹的空袭和炮击，但无一人投降、叛逃。突破封锁后，朱可夫与伏罗希洛夫等与许多军民进行广泛的交谈，"使我们深受感动的是，在交谈中，竟然没有一个人倾诉、抱怨封锁造成的困苦和艰难。大家谈论的都是如何尽快组织向列宁格勒运送物资技术器材，以便生产和修复我军作战所需要的技术兵器。"朱可夫元帅动情地写道。源源不断的装备和部队奉苏军统帅部之命，通过拉多加湖和陆路、空中交通线向列宁格勒而来，列宁格勒军民期待着全面

苏联二战海报,描绘了红军士兵常用的轻武器

大反攻。更不令纳粹惊讶和胆寒的是，1943年夏天，列宁格勒的军工生产就已恢复和超过了战前水平。1月18日，突破封锁的当天，苏联最高苏维埃主席团发布命令，授予朱可夫大将苏联元帅军衔，以表彰他对反法西斯战争做出的卓越贡献。《热的雪》、《岸》的作者邦达列夫写道："他静悄悄地出现在哪里，哪里就有轰轰烈烈的胜利。"他是战争期间第一个被授予苏联元帅军衔的苏联军人。在突破列宁格勒封锁的战役中，苏军还击伤并缴获了希特勒统帅部命令送往沃尔霍夫前线进行实战试验的德国最新式的"虎"式坦克。苏军统帅部立即组织力量对其进行了全面研究，查明了它的易损部位并迅速传达至苏军各部队。这件事，对于未来的库尔斯克坦克大会战有着极其重要的意义。"虎"的奇特外形又特别易于识别，因此，这个纳粹战争机器的利器在刚出世时就陷入了灭顶之灾。

1943年1月的苏军反攻全部获胜。特别是在南方，北高加索方面军在南方面军的协同下，解放了北高加索的大部分地区，将德军第17集团军分割、挤逼在库班河—塔曼半岛；南方面军追击、重创德军第1坦克集群后，与西南方面军进逼德军顿河集群与第1坦克集群的缜密防线，前出至顿巴斯接近地，西南方面军已在伏罗希洛夫格勒以东强渡了北顿涅茨河，在西岸占领了登陆场。西南方面军右翼、沃罗涅日方面军和布良斯克方面军左翼在消灭了德军B集群的基本兵力后，前出至诺沃西尔—旧奥斯科尔—库皮扬斯克—利西昌斯克一线，不仅与苏军莫斯科战线拉平，恢复了良好态势，而且在德军防线上造成了一个从诺沃西尔至北顿涅茨河长达500公里的缺口，苏军建立了极为有利的态势。顿河方面军围歼了鲍卢斯集团后，1943年2月5日，改名为中央方面军，经过休整补充，开始进至布良斯克与沃罗涅日方面军的结合部，直指奥廖尔—库尔斯克方向。苏军最高统帅部决定，2月份，苏军在宽大正面上继续进攻，重点是南线与中路（莫斯科正西方向），北线在突破了列宁格勒封锁之后，坚持强固防御。德军此时在苏德战场仍有205个师，北方集群50个师，中央集群80个师，南方集群实际上已经解体，分为B、A、顿河集群，共有75个师，但大部已遭重创。

1943年1月底，苏军统帅部命令西南和南方面军发起突击，消灭德第1坦克集群和顿河集群，解放顿巴斯。西南方面军必须迅速前出至亚速海，切断德军退路；南方面军先攻占罗斯托夫，然后进抵亚速夫海岸并沿此向西进攻。1月29日，西南方面军发起进攻，2月6日，收复巴拉克列亚和伊久姆，2月8日，切断了哈尔科夫—洛佐瓦亚铁路线，向克腊斯诺格勒—诺沃莫斯科夫斯克挺进。2月11日，收复洛佐瓦亚，2月12日，逼近巴尔策沃车站，但遭德军顽强阻遏。2月9日，德军决定收缩战线，撤离北顿涅茨河下游和顿河地区，至米乌斯河—克腊斯诺阿尔美伊斯科耶一线设防，集中向西南方面军正面。南方面军立即变突击为追击，在行进中歼灭敌人。2月12日，南方面军从冰上越过顿河，2月14日，解放罗斯托夫和新切尔卡斯克，2月17日，进抵米乌斯河一线，被德军阻遏。在西南和南方面军向顿巴斯方向进攻之际，2月2日，沃罗涅日方面军向库尔斯克—哈尔科夫方向发起强大攻势。方面军中路和左翼迅即将德军兰兹战役集群的10个师逐出奥斯科尔河地区，向哈尔科夫挺进。2月7日，攻占科罗查，2月8日，收复库尔斯克，2月9日，解放别尔哥罗德，收复沃尔昌斯克，全军开始强渡冰封的北顿涅茨河，进逼哈尔科夫。德军立即以劳斯军（劳斯将军指挥）和1个党卫军坦克军阻击苏军。2月13日，在哈尔科夫接近地展开激战，苏军从西北与南面开始合围哈尔科夫，德军被迫后撤，2月16日，哈尔科夫解放。与此同时，布良斯克方面军左翼也攻占了马洛阿尔汉格尔斯克和法捷日。

在德军于2月9日开始后撤米乌斯河一线时，苏军西南方面军指挥部错误判断了德军统帅部意图，认为德军已决定放弃顿巴斯并撤过第聂伯河。西南方面军司令员瓦杜丁将自己的判断通知了沃罗涅日方面军司令员。沃罗涅日方面军司令员戈利科夫根据德军撤离哈尔科夫的事实，同意瓦杜丁的判断，并认为当面之敌正撤向波尔塔瓦。两位司令员立即将一致的判断报告了苏军统帅部，要求扩大反攻，在泥泞的春季到来之前全线进抵第聂伯河。斯大林同意他们的判断，立即批准了他们扩大反攻的计划；并要求，布良斯克方面军收复奥廖尔市，猛烈打击并牵制中央集群，使之不能南下驰援。中央方面军一俟集中完毕（在法捷日—利哥夫一线），就向乌涅查—布良斯克突击；沃罗涅日方面军向利哥夫—雷尔斯克—苏梅—波尔塔瓦方向坚决进攻，然后收复基辅，在基辅—克烈缅楚格一线前出至第聂伯河；西南方面军追击粉碎德军第1坦克集群与顿河集群，前出至第聂伯河；南方面军迅即突破德军米乌斯河防线，协同西南方面军粉碎德军，然后沿亚速海北岸向西攻击前进。西南方面军在请示统帅部前，已于2月12日开始行动，强调先敌赶至第聂伯河，全歼正在撤退的南线德军。2月17日，方面军抵达兹米耶夫—克腊斯诺格勒—锡涅尔尼科沃—克腊马托尔斯克—斯拉维扬斯克—罗达科沃—迪亚科沃一线，遭德军顽强阻击，形势立即发生逆转。

德军根本没有撤离顿巴斯的计划，更谈不上撤过第聂伯河了，德军统帅部正在积极准备对苏军实施反攻。斯大林格勒战役之后，德军统帅部内一片灰暗的气氛，为了摆脱这种不利的气氛，希特勒深知必须扭转颓势。他以惯常的敏感与狂热寻求反攻机会。1月底，德军统帅部决定集中兵力对付苏军西南与沃罗涅日方面军，以挽救整个南线德军的危机。两个方面军在错误判断德军意图基础之上的突进，形成了较远超出其他方面军的孤军深入态势，希特勒决定抓住这个机会。2月17日之前，德军统一了南线建制：撤销B集群和顿河集群，重建南方集群，包括德军第1、第4坦克集群，霍利特战役集群、兰兹战役集群、肯百夫战役集群共30个师（13个坦克师），由曼施坦因指挥；在高加索—库班河流域—塔曼半岛以及克里木的德军仍沿用A集群代号，由克莱斯特指挥；德军第2集团军残部在补充了人员与装备后，转入中央集群。德军统帅部决定，由南方集群向巴甫洛夫格勒方向对西南方面军右翼实施反攻，并向哈尔科夫方向对沃罗涅日方面军实施反攻，德军的反攻突击集团拥有800辆坦克，包括新式的"虎"式，当时苏军还未将"虎"式研究透彻，作为新式坦克，"虎式"具有较强的威慑力，德军反攻突击集团还拥有750余架作战飞机，并由狂热猖獗的党卫坦克军打头阵。一心准备前出至第聂伯河并得到斯大林赞许的苏军西南与沃罗涅日方面军当然察觉不到德军的反攻意图，仍在奋力推进、前出，日益远离后勤供应基地，但铁路与桥梁的修复工作却进行得很慢；连月征战，苏军人困马乏，得不到及时的休整与补充，希特勒终于抓住了战机。2月21日，德军以"赖赫"、"骷髅"坦克师和党卫坦克军为先导，同时从3个方向对西南方面军右翼发起向心突击，并以第40坦克军突击西南方面军快速集群。正在放心大胆地挺进的西南方面军（特别是其快速集群），迅速被德军遏制，并被突破。苏军最高统帅部在2月23日紧急命令沃罗涅日方面军向突击西南方面军的德军侧翼与后方实施反突击，但精疲力竭一味挺进的沃罗涅日方面军无力执行这个命令。2月25日，西南方面军全线退却，苏军统帅部于2月27日命令其退过北顿涅茨河固守，自2月28日—3月3日，损失严重的西南方面军且战且退过北顿涅茨河，组织起强固防御，阻遏了德军。西南与沃罗涅日方面军的态势本已是孤军冒进，西南方面军后撤，立即使沃罗涅日方面军左翼与中路成为真正的孤军。3月4日，其已前出至苏梅—列别定—奥波什尼亚—奥霍查耶一线，离最近的铁路货站（供应基地）300至400公里，人员、物资损耗较大但得不到补充。德军立即在其正面集中了超出其一倍的兵力，直指哈尔科夫方向。2月28日，苏军统帅部提醒方面军注意左翼的突出，并要求其可靠地掩护哈尔科夫方向，但方面军已来不及变更部署。3月4日，德军第4坦克集群从南部向哈尔科夫方向发起突击，苏军和由捷克斯洛伐克爱国者组成的独立营奋力抗击，阻遏了德军。3月6日，德军由西北迂回至哈尔科夫正西方向，继续强劲突击，3月7日，苏军弃守瓦尔基，9日，又弃守柳博亭。苏军统帅部迅速调派预备队增援沃罗涅日方面军，部署展开于库尔斯克以南。3月11日—15日，沃罗涅日方面军与德军在哈尔科夫接近地展开激战，3月15日，守卫哈尔科夫的苏军第3坦克集团军部分兵力被德军合围，3月16日，苏军被迫再度放弃哈尔科夫。德军立即转进别尔哥罗德，3月18日，别尔哥罗德再次沦陷。与此同时，苏军第40集团军左翼被德军肯百夫战役集群包围，被迫向哥特尼亚方向北撤。苏军统帅部调派的预备队火速南下，进入被德军突破的各地段，重新使方面军战线连续、缜密，并解救了部分被围苏军，苏军退至沃尔昌斯克—北顿涅茨河东岸—别尔哥罗德以东、以北—科烈涅沃一线，顽强遏制了德军。3月22日，德军统帅部下令转入防御。沃罗涅日方面军和编入其的统帅部预备队驻守的一线，组成了楔入德军阵线的著名的库尔斯克凸出部南部弧形正面。

在西南与沃罗涅日方面军突进之际，布良斯克方面军奉命攻占奥廖尔，西方面军第16集团军奉命从北攻占布良斯克。德军统帅部决定死守奥廖尔以掩护中央集群右翼，并最终由此向南突击库尔斯克，以与库尔斯克以南德军相向突击，清除苏军的库尔斯克凸出部。2月上、中旬，德军统帅部从中央集群勒热夫—维亚济马凸出部调来7个师加强驻守奥廖尔的第2坦克集群。2月12日，布良斯克方面军开始进攻，但进展极其缓慢，德军疯狂抗击并反突击。至2月24日，方面军仅向西和西北推进了10—30公里。2月22日，西方面军第16集团军开始进攻，立即遭到刚从中央集群勒热夫地段调来的2个强劲坦克师的反击，进攻被阻遏。2月26日晨，集结展开于布良斯克与沃罗涅日方面军结合部的强锐的中央方面军继续向布良斯克突击（第二波攻击），遭德军坚强阻击，血战8天，未获进展。但向谢夫斯克—斯塔罗杜布方向迂回攻击的方面军骑兵集群于3月10日前出至迭斯纳河。沃罗涅日方面军右翼立即配合行动，前出至谢伊姆河。德军立即出动预备队的9个师沿此线反击，苏军被击退至谢夫斯克地域，沿谢夫河固守。3月12日，布良斯克方面军撤销，其右翼第61集团军编入西方面军，其余部队全部编入中央方面军。3月21日，中央方面军沿姆岑斯克—诺沃西尔—布良策沃—谢夫斯克—雷尔斯克一线转入防御，组成了著名的库尔斯克凸出部的北部弧形正面。

当德军刚从勒热夫—维亚兹马区域抽调兵力援助奥廖尔时，苏军西方面军及时发现了德军将放弃此凸出部的意图，立即于3月2日开始追击。3月22日，前出至斯摩棱斯克以北75公里沿线，德军中央集群以17个师在此组织了强固防御，阻挡了苏军的追击。勒热夫—维亚济马德军全部撤往了西方与南方，曾集结了中央集群2/3兵力的该凸出部不复存在，苏军西方面军西进了100多公里。德军统帅部将撤出德军的15个师调往奥廖尔—布良斯克以南一线，1个师调至苏梅地域，使德军战线重新连续绵密起来。在西北地段，苏军西北方面军在2月15日开始对德军德米扬斯克凸出部实施相向与正面突击，试图切断"腊木舍沃走廊"，从凸出部根部分割、合围凸出部内的德军。但德军于2月17日起开始后撤，用撤出的部队加强了根部，将德军防线拉平，苏军合围凸出部德军的战役企图未能实现。苏军迅速追击德军，2月28日，前出至洛瓦特河，德军坚守了17个月的德米扬斯克凸出部被清除。3月4日，西北方面军继续进攻，至3月17日，前出至烈迪亚河，西北战线在此一直稳定到1944年初。

1943年3月下旬，苏德战场全线暂时沉寂下来，希特勒抑制不住欣喜。他认为德军统帅部决定部分德军后撤，成功地调整了德军部署；哈尔科夫的反击取得了局部胜利，他称之为"胜利的哈尔科夫反攻"，斯大林格勒的阴影正在消散，纳粹将帅们又开始重新获得某种信心，产生了某些欲望。希特勒集中代表了这些信心和愿望。前德军中将纪佩尔斯基赫说："元首无论如何不甘心把（战略）主动权就这样轻易地让给敌人；与此相反，他仍然企图再一次强迫敌人接受他的意志。"希特勒和他的将领们过高地估计了"胜利的哈尔科夫反攻",认为1943年2、3月冬季战局结束时,主动权又回到了德军手中。冯·曼施坦因在其回忆录《失去的胜利》中就如此认为,并坚持德国军队优于俄国军队的观点,他写道:"在冬季战局的历次战斗中,德军将士再次显示了高度的战斗素质。"他也许真的这么认为,也许是在失败后为追求、恢复心理平衡而粉饰。因为紧接着在希特勒主持下讨论苏德战场夏季战局时,包括冯·曼施坦因在内的德军将帅们均显得信心不足并流露出犹豫不决的情绪。古德里安借德军第9集团军司令莫德尔的话说:"为了赢得胜利应该采取另一种战术(他暗示防御和死守),而更好的办法是放弃进攻。"曼施坦因则强调:"进攻如果在4月开始,那还有胜利的希望。"但希特勒召集讨论战局的会议时已经是5月了。不知曼施坦因是追悔还是托词(为回避进攻)。纳粹的生命就在于进攻、奴役,并且是"闪击"进攻,希特勒有一种近乎歇斯底里的进攻意识,即使在他最后走向覆灭时,他还坚持,失败是因为日耳曼民族不是一个进攻的民族,他们不能为自己夺得并保持所需要的生存空间,他们在生存竞争中失败了,活该被淘汰。他们好不容易有了这样一个元首,但整个民族辜负了他,而绝不是他辜负了民族。这样一个不能战胜对手的民族就应该覆灭!希特勒的进攻意识远远强于曼施坦因,曼施坦因完全不用自作多情地后悔"迟了"。4月份能进攻的话,希特勒一定会以比曼施坦因多出10倍的热情和百倍的疯狂、千倍的希望投入行动,问题是攻不动!实际上,3月下旬,德军的反攻就被遏制了!后来的事实表明,遑论4月、5月、6月,纳粹也无力进攻。因为苏德战场的形势,确实发生了根本的逆转,但纳粹需要漠视乃至否认这一点,这是他们生存的依托！生存的根据！谁愿意否认自己的生存呢？1943年春夏，苏军的数量已达660万人，远远超过了苏德战场上520万人的德军和仆从国军队。由于苏联部分领土的解放，苏联政府对于战时经济的高度科学有序有效的组织与管理（人们永远不能忘记苏联战时经济的杰出主持者、苏联著名经济学家、政府领导人——沃兹涅先斯基），特别是苏联人民倾其心血的不朽劳动创造（这与纳粹为支持战争机器而大量强迫被侵占、被奴役国家的人民以及战俘从事奴隶劳工恰成鲜明对照），苏联科学家们的杰出贡献，使苏联的经济、科学技术水平，已远远胜过纳粹战争机器。1943年初夏，苏军在火炮、坦克、飞机等装备方面，都已超过苏德战场德军的一倍以上，且性能也较之优越。如"喀秋莎"火箭炮、152mm榴弹炮、122mm加农炮、122mm加榴炮、T-34型坦克及其改进型、拉沃奇金和雅克系列歼击机与强击机、图波列夫与伊留辛系列轰炸机等等，均是第二次世界大战的一代著名武器。

但1943年5月3日—4日在慕尼黑召集的德军统帅部战局讨论会，毕竟是由希特勒的意志控制的。早在4月15日开会之前，他已签发了1943年春夏作战训令，指示德军："我已决定，一当天气好转，即应实施今年的第一次进攻——'堡垒'战役，这次进攻具有决定性的意义，它将使我们在春季和夏季掌握主动权。因此，必须十分谨慎地全力做好一切准备，在主要方向上，应使用最精锐的兵团，最优良的武器，最好的指挥官和大量的弹药。每个指挥官、每个士兵都必须懂得这次进攻的决定性意义。突击的主要方向应是库尔斯克，粉碎并清除这里的苏军。库尔斯克的胜利应该成为全世界的火炬！"大政方针已定，开会讨论就成了形式。"元首再次强调必须争取主动，先发制人。"古德里安写道，"德军若在1943年春夏放弃进攻，就等于承认失败。"这会对整个法西斯轴心集团带来极为严重的后果。实际上，世界人民在斯大林格勒与阿拉曼战役之后，已经在掐指计算法西斯的寿命了。

希特勒和德军统帅部最终确定的进攻意图是：从奥廖尔向南、从别尔哥罗德—哈尔科夫向北，以重兵集团对苏军库尔斯克凸出部弧形北部与南部正面实施强力相向突击，一举将凸出部苏军切断、合围、全歼，以拉平德军南线，然后乘胜续攻南线和中线，彻底扭转苏德战场的双方态势。这就是"堡垒"，它将是"德国的斯大林格勒"，约德尔"画龙点睛"地如是说。德军迅速向库尔斯克战线集结，至6月末库尔斯克战役开始前夕，德军在库尔斯克南北两线各仅有100余公里的正面上和宽度为175公里的正西方向，集中了50个师（17个坦克师，3个摩托化师），90万人，配备有1万余门火炮，2700余辆坦克和自行火炮（强击火炮），包括"虎"式、"豹"式新型坦克和"斐迪南"式自行火炮，2000余架飞机。其中奥廖尔地域（库尔斯克北部正面）为德军第9集团军，23个师；别尔哥罗德—哈尔科夫方向（库尔斯克南部正面）19个师，分属德军第4坦克集群和肯百夫集群；库尔斯克正西为德军第2集团军的8个师，在这么窄的进攻正面展开如此之多的兵力，为战争以来所罕见。德军统帅部志在必得。

但斯大林格勒在一场战争中毕竟只有一个，因此苏军深深明了——超过希特勒的明了这一仗的"决定性意义"，它关系到库尔斯克能否成为全世界烧毁法西斯的火炬！3月下旬，苏军转入全线防御后，最高统帅部通过一切途径密切追踪注视德军动向，对德军的战略企图已了如指掌。苏军准确地判断了德军在整个苏德战场的布置，判断了其进攻区域与方向，掌握了德军在库尔斯克凸出部战线的部队序列、部署配备、人员编成和主要突击方向。后来，甚至准确查明了德军开始进攻的时间。朱可夫元帅回忆道："7月2日，最高统帅部给各方面军领导人预报说，敌人可能在7月3日—6日期间转入进攻。"有了如此确凿的根据，苏军统帅部成竹在胸，针对德军的企图做好了充分的准备。"为了进行库尔斯克会战，我们从1943年3月就开始进行计划准备工作。"朱可夫回忆道。苏军统帅部3月底命令，中央方面军展开部署于库尔斯克凸出部北部弧形正面，组成坚固防御；沃罗涅日方面军集结展开于库尔斯克凸出部南部弧形正面，组成坚固防御。在两个方面军的背后，即库尔斯克中央地带，集结部署了苏军最高统帅部预备队方面军①。它的任务是加强、保障中央与沃罗涅日方面军，随时准备以反突击歼灭可能突破两个方面军防御的德军；同时，准备进行反攻。仅中央和沃罗涅日方面军就拥有133.6万人的兵力，1.91万门火炮和迫击炮，3444辆坦克和自行火炮，2900架作战飞机。草原方面军则集中了几乎苏军现有的全部后备战争资源，仅一线作战飞机就有300多架。苏军统帅部为3个方面军配置了最强的指挥阵容，三位能够同时用智慧与情感进行作战的苏军名将出任其司令员，中央方面军：罗科索夫斯基上将；沃罗涅日方面军：瓦杜丁大将；草原方面军：科涅夫大将。从3月底算起，德军准备进攻用了3个月，苏军作针对性准备也用了3个月。

---

① 苏军预备队方面军在莫斯科会战中编入了西方面军，莫斯科会战后，重新建立，但一般只称最高统帅部预备队，有时也称预备队方面军，但此时正式称作预备队方面军，在战役开始后，改称草原方面军。

在3个月内，苏军进行了工程准备，修筑了长达5000公里的战壕与交通沟，建立了配置大量障碍物的强固的纵深梯次野战防御工事；建立了以高炮部队和航空兵为主体的空中掩护体系；加强了各级指挥体系及其联络以及兵种间的协同组织、指挥体系；全军进行了科学紧张的战斗训练；构建了强大的后勤保障体系，因为伏龙芝早已说过："没有建立在精确的数字计算基础上的周密的后方供应和组织，没有能把一切作战所需物资正确地供应给前线的组织，没有对保证后方供给的输送车辆的最精确计算，没有后送的组织，想要正确、合理地进行任何巨大的战役，都是不可能的。"这已成为苏军的指导思想之一。苏军统帅部还要求敌后游击队对德军交通线进行大规模的破坏活动，并尽力搜集一切敌情资料（游击队已经提供了大量宝贵情报）。在苏军统帅部内，甚至还讨论了要不要先敌突击的问题。斯大林担心，苏军的防御经不住德军的突击，他对1941年和1942年春夏所发生的多次德军突破苏军防御的情况记忆犹新；但他对苏军实施先敌突击又没有把握。在与朱可夫、华西列夫斯基、安东诺夫（副总参谋长，他除了有很高的文化素养和许多优点如镇定、冷静、谦虚、敏锐等等外，还具有编写计划和绘制材料——图表的惊人能力，他后来接替华西列夫斯基出任总参谋长）、沃罗诺夫等人多次讨论之后，斯大林与统帅部成员达成了一致：先以各种火力（航空、地面）在敌进攻之前进行反准备，然后顽强抗御敌军突击并实施反突击，在消耗和疲惫了进攻之敌之后，在别尔哥罗德—哈尔科夫方向和奥廖尔方向发起前所未有的猛烈反攻以彻底粉碎德军。这就是苏军最高统帅部的战役意图。结果，进攻的德军迎头撞上了早已严阵以待的"海神的具有毁灭性的三叉戟"。一位英国战地记者写道。

7月4日傍晚,朱可夫在中央方面军罗科索夫斯基的司令部里得知,"当天俘获的德军步兵第168师工兵所供认的关于敌人将在7月5日拂晓转入进攻的消息是确凿的。"不久,"第13集团军司令普霍夫给罗科索夫斯基打来电话,报告说,据被俘的敌步兵第6师的士兵供认,德军已做好转入进攻的准备,开始进攻的时间大约是7月5日晨3时。"苏军立即先敌实施强力反准备。7月5日凌晨2时20分,苏军统帅部下达了开始反准备的命令。苏军的所有火炮、迫击炮、坦克炮开始轰击德军阵地,苏军作战飞机在夜色中起飞,按数百架一批次飞临德军出发阵地进行轰炸,接着,两千架苏军飞机深远空袭了德军后方,苏军的火力反准备整整进行了一个半小时,德军损失严重,战斗队形与指挥系统完全被打乱。为了不暴露苏军意图,诱敌进攻,4时,苏军停止反准备。傻乎乎的纳粹包括自作聪明的冯·曼施坦因竟然对此都没问个"为什么",就在经过了忙乱的恢复调整之后,仓促发起了进攻。1943年7月5日5时30分,奥廖尔方向德军开始向南突击苏军中央方面军防线。当天就被遏制。7月6日,德军续攻,双方展开激战,仅苏军近卫步兵第70师第203团,在这一天内就击退了德军的16次冲击,德军进攻又被全线遏制。7月7日,德军疯狂突击,傍晚,冲入波内里北郊。7月8日晨,中央方面军立刻进行反突击,将德军击退。7月8日,北线德军倾巢而出,终于攻入了奥尔霍瓦特卡以北地域。但中央方面军随即封闭了德军突破口,德军仅楔入了苏军阵线数公里,7月9日,德军的突击只是稍许加大了一些楔入的深度。7月10日,进攻实力消耗殆尽的北线德军转入防御。7月4日16时10分,库尔斯克南线德军以先遣支队发起了侦察性进攻，很快被击退。7月5日晨，南线德军开始进攻，当天被全线击退。7月6日，德军将1000余辆坦克投入战斗，700辆集中于奥搏扬方向，但方面军司令瓦杜丁准确判断了德军的攻击重点，将方面军坦克、航空兵也展开于此线，草原方面军的炮兵也疾速支援此线。当天，德军未能突破苏军钢铁般的防御，在该方向上损失了200余辆坦克、数万名官兵和近100架作战飞机。此后两天内，德军一如既往，但一无所成。7月9日，德军辅助突击科罗查方向。当苏军注意该方向时，奥博扬方向德军发起突击，楔入苏军防线35公里。随后，在科罗查方向楔入苏军防线8至10公里。7月10日，德军最后的进攻被遏止。号称名将的冯·曼施坦因，仅比北线多挣扎了一天。

7月12日，苏军转入反攻。北线反攻由中央方面军、重新组建的布良斯克方面军、西方面军左翼从各自出发地，对奥廖尔方向向心实施。奥廖尔德军属中央集群，此时有37个师，分属坦克第2集群和第9集团军。7月12日，苏军三个方面军同时行动，实施钳形向心（奥廖尔）攻击。7月13日，西方面军左翼已突破敌军防线，楔入15至25公里。7月16日，布良斯克方面军前出至奥列什尼亚河。7月19日，西方面军左翼前出至博尔霍夫接近地，将其包围。7月23日，布良斯克方面军击溃姆岑斯克地区德军集团，前出至奥卡河—奥普图哈河一线，中央方面军将当面德军击退回原出发地。7月26日，奥廖尔德军开始边战边撤。7月29日，苏军解放博尔霍夫。8月3日深夜，苏军突入奥廖尔，8月5日，奥廖尔全部解放。中央、布良斯克、西方面军左翼在奥廖尔地域胜利会师。当天，中央方面军前出至德军的重要交通枢纽和供应基地克罗梅的最接近地，德军奥廖尔集团被彻底击溃。

库尔斯克会战伊始，德军寄希望于苏军恐惧其新型坦克，虽然德军新型坦克一度令苏军战士不知所措，但苏军很快适应了它们，抗击住了它们的冲击，并掌握了击毁它们的方法，甚至以击毁其为乐事！7月12日，沃罗涅日方面军对德军展开反突击，两军在普罗霍罗夫卡地区进行了人类历史上迄今为止规模最大、程度最烈的一场坦克大战。双方投入的坦克与自行强击火炮达1600辆以上（各800余辆）。双方坦克群互相炮击、冲撞、碾压、厮杀，炮声、马达声震天撼地，硝烟、尘土遮天蔽日，杀得惊心动魄，杀得天昏地暗，至午后，苏军草原（预备队）方面军炮兵对德军坦克群进行急射，沃罗涅日方面军坦克群开始全力冲击。傍晚，德军大败，急速后撤，在日色昏暗，风尘滚滚的战场上留下了500余辆被苏军击毁的坦克和数万名战死的德军官兵。苏军也损失了300余辆坦克，伤亡万人以上。史无前例的库尔斯克坦克大会战以德军的彻底失败而结束。德军的这一失败，不仅是兵力、坦克的巨大损失，更重要的是精神优势的彻底丧失。从此，德军众多部队，被程度不同的"坦克恐怖"心理所笼罩，直至德国战败。坦克自第一次世界大战由英国人发明以来，即成为攻坚与突击的利器，但只是辅助步兵的武器。纳粹将其运用大规模化、快速化，使之成为陆战的主导兵器，步兵成了坦克的辅助。将它与步兵、与摩托车兵搭配，形成了许多新型的步兵建制：坦克集群、摩托化师、快速集群等新名词新概念接踵而至。在人们尚目不暇接、耳不暇听之际，闪烁着阴森森、寒凛凛征服之光的纳粹坦克群已更新了步兵的速度与陆战的图景，征服了大半个欧洲，征服了几乎整个北非。坦克以力量与速度合成的钢与火的冲

库尔斯克战役中红军战士在坦克掩护下作战

击力、摧毁力，摄人心魄，夺人意志。如果说成群结队的步兵伴之以呐喊的冲击，透出勇猛、骁强、狂暴、粗野、非理智并多少有点自我壮胆的气息的话，数十辆、数百辆坦克群的冲击则表现出迥然不同的格调，它透出严格、精确、理智、科学、技术、冷酷。初见此阵势者，很多人肉体尚存，但在精神及心理上就已经魂飞胆丧地崩溃了。难怪当此阵势由纳粹导入欧洲时，几乎整个欧洲都失败了、降服了。因此在这阵势后面，就显出了纳粹的笑容，就有了奥斯威辛集中营，等等。欧洲不战而栗！斯大林深深地悟到现代战争是钢铁的较量、动力的较量、速度的较量。在1943年7月12日库尔斯克南部普罗霍罗夫卡，这种较量达到了登峰造极的形式与程度！纳粹失败了，坦克集群后面的狞笑消失了，征服之光消散了，一直依赖坦克征服阵势的纳粹失去了依赖，以坦克使欧洲恐怖的纳粹开始恐怖坦克，纳粹终于被强迫接受了自己所创造的钢铁征服阵势的报应！从此之后，出现在欧洲的强大坦克群（包括著名的蒙哥马利元帅的、巴顿将军的等等）闪射出解放之光，在此光的后面，是曾被纳粹奴役过的人们的欢笑。以钢制钢，这就是制胜纳粹的真谛，也是驾驭现代战争的真谛！7月12日，德军统帅部指示放弃合围库尔斯克的计划，7月15日，南线德军决定撤回攻击前的出发阵地并固守。7月16日，德军开始后撤，沃罗涅日方面军当天就展开追击。7月18日，草原方面军于深夜开始急速出击，追歼逃敌。7月23日傍晚，两支方面军进逼德军防线。7月24日两支方面军遵奉最高统帅部之命，着手准备实施别尔哥罗德—哈尔科夫战役，以解放这两座城市。8月3日，沃罗涅日方面军与草原方面军指向别尔哥罗德—哈尔科夫，开始钳形向心突击。清晨，在3小时猛烈炮火准备后，两军出击。8月5日,解放别尔哥罗德。8月7日,解放博哥杜霍夫。8月11日,沃罗涅日方面军切断了哈尔科夫—波尔塔瓦铁路,强渡了北顿涅茨河,从东和东南逼近哈尔科夫。德军匆忙将已调往顿巴斯方向去抗击西南与南方面军的3个坦克师调回,对沃罗涅日方面军左翼进行突击,企图迂回、威胁其后方。沃罗涅日方面军立即进行针锋相对的反突击,8月17日,德军被遏止在进攻方向上,转入防御。8月18日,德军又企图突击沃罗涅日方面军右翼,但旋即被粉碎,进攻德军转入防御。德军的行动迟滞了沃罗涅日方面军的进攻,该方面军被迫与进攻之敌展开对抗。但草原方面军乘胜疾进,8月18日—22日,在其两翼正面与德军展开激战,22日傍晚,草原方面军兵临哈尔科夫城下。德军连夜后撤,草原方面军当夜强击哈尔科夫。8月23日,哈尔科夫解放。别尔哥罗德—哈尔科夫突出部德军完全肃清。北线与南线苏军转入反攻后,敌后的苏联游击队也展开了积极行动,特别是进行了大规模的铁道战——破坏德军交通干线,仅8月3日一夜,他们就拆卸或炸毁了4.2万根铁轨。"敌后活动的游击队大大促进了苏军在奥廖尔、别尔哥罗德和哈尔科夫的胜利。"朱可夫由衷地评价道。库尔斯克战役苏军大获全胜!库尔斯克战役历时整整50天,德军被消灭50余万兵力,损失了3000门大炮,3700架飞机,近1500辆坦克,包括大批"虎"式与"豹"式。德军从此不仅彻底丧失了战略主动权,而且彻底丧失了夺回战略主动权的希望。斯大林终于放心地说道:"如果说斯大林格勒附近的会战,预告了德国法西斯军队的覆灭,那么,库尔斯克附近的会战,就使得它已经处在覆灭的边缘。"库尔斯克战役证明,苏军在任何季节都能打胜仗,击破了希特勒及其将帅们自莫斯科失败以来就编造

库尔斯克坦克会战

的"俄国人能够控制冬季战局,是冬天帮助了俄国人。德军可以主导春夏战局"的戈培尔式的谎言。

当8月5日苏军同时解放奥廖尔与别尔哥罗德时,才从加里宁方面军返回最高统帅部的斯大林要安东诺夫与什捷缅科立刻到他那里去。两人匆匆赶到后,斯大林劈头就问:"你们读没读过军事历史书?"两人不知如何回答。斯大林自顾自地继续说:"在古代,当军队获胜时,往往以敲响所有的钟声来表示对统帅及其军队的祝贺。我们庆祝胜利最好也不要只限于发出最高统帅部嘉奖令,而应当更隆重一些。我们,"他转向在场的最高统帅部其他成员,"想用鸣放礼炮来祝贺立功的部队。同时再放点礼花。"这就做出了用在莫斯科鸣放礼炮的办法来庆祝苏军胜利的决定,同时伴随礼花。在鸣放礼炮之前,由苏联的所有广播电台转播最高统帅斯大林亲笔签署的嘉奖令。8月5日,莫斯科以124门大炮齐鸣12响,向解放奥廖尔和别尔哥罗德的苏军部队致敬并表示祝贺。同时,第5、第129、第380步兵师被命名为奥廖尔师;第89、第305步兵师被命名为别尔哥罗德师。当8月23日攻克哈尔科夫时,"我们明白了不能用平均主义的态度对待一切胜利者,哈尔科夫是个更重要的城市。"什捷缅科写道。斯大林建议用224门大炮齐鸣20响来祝贺。后来,由总参谋部制定经斯大林批准,规定了鸣放礼炮的3个等级:324门大炮24响,用以庆祝解放各加盟共和国首都、其他国家首都或其他特别重大的事件(如1944年3月26日,4月8日,苏军前出至祖国的南方、西南方国境线;1945年4月27日与美英盟军会师;9月3日彻底战胜日本法西斯等事件)。224门大炮20响,用以庆祝大城市的解放、突破德军重要防线(如攻入德国国境等)、歼灭敌军重兵集团。

124门大炮12响,用以庆祝攻克有影响的城市和交通枢纽。1945年5月9日,在庆祝德国法西斯无条件投降的这一天,莫斯科用1000门大炮齐鸣了30响。苏军所有将帅都说,他们在前线都是怀着非常激动的心情从收音机里聆听从首都传来的嘉奖令与礼炮声的,每张嘉奖令都由斯大林签署,在其最后,都有这样的词句:我命令,×月×日或今天,在我国首都莫斯科,以×××门大炮齐鸣××响,向我们英勇的××××方面军致敬!

希特勒的进攻失败之后,就轮到苏军进攻了;法西斯的进攻停止之后,就轮到反法西斯的进攻了。1943年8月下旬,苏军统帅部的决策,历史性地转向——攻击!攻击!再攻击!德军统帅部被迫下令转入全线防御,重点防守南线,"因为希特勒高度重视乌克兰的经济意义(农产、矿产、煤等)。而且,他认为,失去乌克兰,将使德国失去所有盟国的支持。"

早在8月初,苏军决定以西方面军和加里宁方面军的兵力实施斯摩棱斯克战役,以在战略上支援库尔斯克战场。8月7日,西方面军发起进攻。13日,解放斯帕斯德缅斯克。同一天,加里宁方面军投入进攻,经过艰苦鏖战,9月19日收复杜霍夫施纳。8月底,西方面军将进攻重点指向耶尔尼亚—斯摩棱斯克方向。8月30日,收复耶尔尼亚,横渡第聂伯河。9月1日,解放多罗哥布日。9月2日,强渡了迭斯纳河和斯诺波特河。9月19日,两支方面军的进攻正面已宽达250公里。9月25日,西方面军解放斯摩棱斯克,德军从此失去了正西方向上最重要的防御枢纽。在西方面军编成内的波兰第1师战功卓著。10月2日,两支方面军前出至鲁德尼亚—克里切夫以西一线。两支方面军的进攻,迫使德军从奥廖尔地区抽调了

13个师来此阻击,有力支援了库尔斯克的北线反攻。在他们进攻的同时,布良斯克方面军也乘胜西进。9月17日解放布良斯克和别日察,10月2日前出至普罗亚河—索日河一线。

斯摩棱斯克战役使希特勒雪上加霜,兵力不济,捉襟见肘,顾此失彼。刚从苏军中央方面军的正面调走13个师,8月26日,苏军中央方面军就开始继续进攻。9月1日,德军被迫撤过迭斯纳河与第聂伯河。9月9日,中央方面军解放重要铁路枢纽巴赫马奇,9月16日,收复北诺夫哥罗德,9月21日,攻占切尔尼哥夫。9月下旬,全军在行进间强渡了宽阔的迭斯纳河。

沃罗涅日方面军在遏制了德军对其两侧的反攻,有力支持了草原方面军解放哈尔科夫后,旋即转入追歼逃敌。8月25日,攻占阿赫特尔卡,9月2日,解放苏梅,随后向基辅方向发展进攻。9月初,乌克兰地区的苏军各方面军都指向了基辅—克烈缅楚格方向,苏军最高统帅部比纳粹更明了乌克兰的经济、政治意义,对此线苏军进攻提供了重点保障。8月底9月初,希特勒赶赴乌克兰,在文尼察和扎波罗日耶连续召集紧急会议,研究对策。曼施坦因表示,除非加强整个南线的兵力与装备,否则坚守不住。因为"在不断战斗中打得精疲力竭的各部队,已无力长期阻挡敌军向第聂伯河方向的进攻"。但希特勒已一时拿不出能满足南方集群要求的部队和装备。9月15日,南方集群奉命向第聂伯河沿线撤退。沃罗涅日与草原方面军立即展开追击战。9月22日,指向基辅方向的沃罗涅日方面军前出至第聂伯河。9月23日,指向克烈缅楚格方向的草原方面军前出至第聂伯河。

8月18日,苏军南方面军和西南方面军开始实施顿巴斯战役,以解放顿巴斯。苏军很快突破德军纵深防御，从东南与东北两线钳形合击顿巴斯。8月30日，解放塔甘罗格，9月8日，解放顿巴斯州首府斯大林诺。9月22日，两军推进至扎波罗日耶以南—莫洛奇纳亚河一线，顿巴斯德军全部被清除。9月30日，西南方面军右翼在消灭了第聂伯罗波得罗夫斯克地域内的敌军后，前出至第聂伯河，并随即强渡过河。其左翼进入扎波罗日耶地域（不久前，希特勒还在此开过会）。

至9月底，苏军中央、沃罗涅日、草原、西南、南方五个方面军在大反攻中解放了除莫洛奇纳亚河以西和扎波罗日耶以东小部分地区以外的整个第聂伯河东岸的乌克兰地区，并在从洛耶夫—扎波罗日耶宽达750公里的正面上全线前出至第聂伯河。德军被大量击溃、合围，在纷纷仓促后撤中又被大量追歼，被迫不断收缩防线，将遭重创部队合并为一个个战斗群。

9月下旬，苏军开始强渡第聂伯河。9月22日，中央方面军率先强渡。当天，就夺占了河西岸一个宽25公里、深2—10公里的登陆场。9月30日，将登陆场扩大了2倍。10月12日，强渡了第聂伯河的支流普罗尼亚河和索日河，并肃清了河西岸之敌。10月16日，又攻占了第聂伯河西岸的一个登陆场。10月下旬，全军渡毕。9月25日，沃罗涅日方面军开始过河。至10月上旬，已在西岸夺占了两个登陆场。伊万诺夫等4名近卫军战士率先强渡并吸引敌军的火力以掩护大军的主要渡口，方面军司令员瓦杜丁和军事委员赫鲁晓夫联名签署嘉奖令予以表彰并激励全军。4名勇士被苏联最高苏维埃主席团授予"苏联英雄"称号。10月中旬，全军渡毕。草原方面军于9月24日开始强渡，遭敌在东岸顽强阻击。9月30日，草原方面军粉碎了阻击之敌，全军前出至河东岸，10月中旬，全军渡毕。西南方面军部分部队已在9月30日渡过了第聂伯河。10月初，该军开始清除德军的扎波罗日耶登陆场，以切断困守莫洛奇纳亚河德军的给养线。10月10日，西南方面军开始进攻，10月14日，解放扎波罗日耶市，消灭了河东岸的此区德军，全军前出至河东岸。10月下旬，全军渡毕。苏军4支方面军在750公里宽的正面上顺利强渡第聂伯河，得到了河西岸敌后游击兵团的全力协助，游击队提供了大量向导与情报，甚至派出先遣分队攻占登陆场以接应苏军大部队，使苏军迅速取得了20多个西岸登陆场。游击队战士视死如归的英勇奋战，激励鞭策了苏军渡河部队全体将士。苏德战场德军南线全线动摇。

1943年10月20日，苏军最高统帅部下令：沃罗涅日、草原、西南、南方方面军分别改称乌克兰第1、2、3、4方面军，中央方面军改称白俄罗斯方面军。过河苏军按最高统帅部意图，人不卸甲、马不卸鞍地投入了解放第聂伯河西岸国土的战斗。11月3日，第1乌克兰方面军开始进攻基辅。11月5日，方面军实施了大胆快速的机动，绕过基辅市区正面，迅速突入北郊和西郊，11月6日，德军重兵集团全力扼守的基辅获得解放，大部德军被歼，少部西窜。苏军攻击纵深达150公里，整个南线德军有被迂回合围的危险。11月8日，德军将匆忙由西欧战场和苏德战场中部调来的部队向特里波里耶和法斯托夫地域实施反突击，但迅即被乌克兰第1方面军遏制。11月13日，德军集结15个师（8个坦克师）在日托米尔—科尔宁地区再度发起反击，乌克兰第1方面军为掩护其侧翼，撤离日托米尔，12月6日至22日，德军集结南线主力，多次反攻基辅，乌克兰第1方面军顽强扼守，德军被击退。12月23日，格列奇科率统帅部预备队（库尔斯克战役期间，统帅部预备队改作草原方面军；战役进行中，重建了统帅部预备队）近卫第1集团军赶到，在行进间对德军发起反突击，德军反攻集团被击溃。24日，第1乌克兰方面军向日托米尔发起反攻，至1944年1月1日，全部恢复了被德军在短暂反扑中夺去的区域，乌克兰第1方面军沿基辅一线转入防御。11月10日，白俄罗斯方面军展开攻势，11月25日，强渡别烈津纳河，并进入贝霍夫地域，德军怕遭合围，于当日深夜从索日河和第聂伯河之间的地区撤退。11月26日，白俄方面军解放哥美尔市。11月底，白俄方面军从出发地向西推进了130公里。10月—11月间，乌克兰第2、第3方面军向基洛夫格勒和克里沃罗格总方向展开进攻。10月23日，两军均在突破德军防御后，向纵深推进了100余公里。10月24日—28日，德军对两军侧翼发起反击，苏军措手不及，退至印古列茨河一线。28日—11月2日，德军再行突击，但迅即被遏制。12月6日，苏军攻占亚历山大里亚，12月14日，解放切尔斯卡。两军进逼基洛夫格勒与克里沃罗格方向，与德军在此相持。同期，乌克兰第4方面军着手突破德军在莫洛奇纳亚河的坚固防御。9月26日，方面军进攻北塔里木里亚，旋即突破。10月24日，解放梅利托波尔，11月5日，进逼第聂伯河下游地区和克里木地峡，并在锡瓦什湖南岸占领了登陆场，德军刻赤—克里木集团即A集群被从陆地封锁。11月上旬，第4乌克兰方面军已从进攻出发地向西、西南推进了50—300公里，解放了北塔里木里亚全境，全线进出至第聂伯河下游（德军仅在东岸的尼科波尔地域维持着登陆场），切断了德军A集群的陆上后撤之路。10月20日，苏军统帅部下令，西

1943年德军退却

北方面军在改称波罗的海沿岸方面军之后,再改称波罗的海沿岸第2方面军,加里宁方面军改称波罗的海沿岸第1方面军。两支方面军与西方面军在10月,也奉统帅部之命,投入反攻。在反攻中,这3支方面军向西推进了上百公里,并楔入了德军中央与北方集群之间,以半环形包围了维帖布斯克地域的德军,吸引了德军从列宁格勒紧急调来4个师,为今后粉碎列宁格勒—诺夫哥罗德区域的德军创造了条件。3个方面军的西线反击,钳制了36个师的德军,在战略上支持了南线乌克兰大反攻。在苏军的夏秋季大反攻中,苏联空军立下了不朽功勋。虽然1943年夏秋天气经常不好,使苏军空军不能正常出击,但一当天气好转,苏军飞机就抓紧出击,为地面部队提供强有力的空中火力支援,并大批次地空袭德军的深远后方,有力配合了苏军的正面反攻。苏军9月间在第聂伯河沿线的胜利,为解放塔曼半岛创造了条件。1943年春夏以来,德军一直固守并与苏军反复争夺库班河下游与诺沃罗西斯克,并强化了塔曼半岛的防御体系,称之为"蓝线"防线。但在争夺库班河下游的苏德两空军的激烈空战中,德国空军遭到毁灭性打击,苏军在最南线夺得了制空权。1943年9月10日晨,北高加索方面军和黑海舰队在经过猛烈的步炮与舰炮准备后,强行登陆诺沃罗西斯克,上午,登陆成功,"蓝线"被撕开缺口。9月16日,苏军解放诺沃罗西斯克,"蓝线"全线崩溃。10月1日,苏军开始解放塔曼半岛全境。黑海舰队和亚速夫海区舰队运载部队同时登陆半岛南、北岸德军后方,德军顷刻瓦解,仓促强渡刻赤海峡撤往克里木。11月1日,刻赤半岛登陆战役开始,2日,苏军登陆成功,但此后,苏军苦战整整35天,才终于在12月6日前出至刻赤城郊—丘什卡沙嘴一线。德军A集群(仅存德军第

17集团军。德军第11集团军大部已调入了北方和南方集群，余部编入第17集团军。第1坦克集群除两个师编入了第17集团军外，早已全部编入了顿河集群，后编入南方集群）第17集团军残部全军困守克里木半岛。苏军解放了塔曼半岛并取得了进攻克里木的出发位置。

至1943年末，苏军在中线和南线的反攻取得了不可逆转的战果：在从别烈津纳河口至黑海的1200公里战线上，全线前出至第聂伯河西岸，并收复了西岸长达1200余公里、纵深达100—200公里的广阔地区，为解放乌克兰全境奠定了基础。德军南方集群被击溃、重创，克里木德军则被完全孤立。德军统帅部1943年春季以来连续制定的三大战略计划：库尔斯克大反攻、扼守第聂伯河东岸、实施长期阵地战，死守第聂伯河西岸，建立与苏军隔河相望的"东方壁垒"——连续遭到破产。冯·曼施坦因简洁地对德军现状一言以蔽之："失去的胜利。"德军自1941年以来取得的胜利无可挽回地开始失去；并开始失去它自1935年进军莱因兰以来所获取的一切胜利。

六

解　放

1943年底至1944年初，纳粹统帅希特勒及其统率下的德国将帅们，在肯特霍芬召集、组织了多次德军将级军官以上的军官会议与集训，研究军事、政治及经济等诸方面的问题，并拟定、布置了企图改变德军态势和提高德军士气的各项措施。戈林、戈培尔等纳粹领袖们都出席并指导了会议和集训。但是，即将成为历史——虽然是人类沉重的一页历史的纳粹的猖獗，毕竟正在成为历史，而历史的趋势一旦显现和明朗，就是不可逆转的，因为它由绝大多数人类的意向与力量所左右、所主导、所推动。将纳粹推进灭顶之灾，从而成为尘封历史的，是站立在《大西洋宪章》背后的人类全体正义力量，首当其冲是苏联人民和苏军将士。

1944年初，苏德战场北段，列宁格勒封锁被突破之后，苏军正在向正西和拉多加湖以南地区发展、巩固胜利；在战场中段，苏军已前出至普斯托什卡、维帖布斯克、莫兹尔一线；在南段，苏军已将德军驱除至第聂伯河西岸，并在西岸1200公里的正面上推进了200—400公里；在苏德战场最南端，德军第17集团军已成孤军，被苏军从陆路上封闭在克里木半岛。在整个苏德战场，苏军作战部队兵力达650万人，超过法西斯军队（520万兵力，198个师又6个旅，但大多数已为残缺师。1943年7月—11月，苏德战场德军损失122万3千人，但至1944年初，德军统帅部只来得及补充了90万1千人，且多为缺乏训练与实战锻炼的新兵，军事素质大为下降，德军后备兵力已近殆尽）30%。现代战争在兵力对抗的背后，是经济的对抗，科技的对抗。"苏联人民同样浴血奋斗的忘我劳动，将同红军的英勇斗争一起，作为举世无比的功绩载入反法西斯战争的史册。"这是斯大林的一段名言。1944年，在遭受法西斯侵略的严重破坏与损失下，苏联的生铁产量已超过了战前最高产量的31%，钢产量超过了29%。苏联人民在这一年里，为苏军提供了4万多架飞机、2万9千辆坦克和自行（强击）火炮。在乌拉尔、中亚、西伯利亚和远东地区，新建和迁移至此的工厂已全速开工；在伏尔加河以东新开发的石油产区，也已经以超出设计水平50%的规模源源不断地生产出反法西斯战争急需的能源。从1941年7月至1944年，全苏新铺设了长达15000公里的铁路线。在斯大林格勒大会战期间，苏联人民竟然奇迹般地铺通了由阿哈图彼和喀山通向斯大林格勒的两条铁路，保障了大会战的胜利。1944年，苏联农业的播种面积比战前扩大了700万公顷。而在苏联的工业生产岗位上，有40%是妇女；在农业生产岗位上，妇女占了将近一半。她们送走了丈夫与儿子（有不少牺牲了），又默默地、坚强地保障起全体苏军将士的战略后方，全体苏军将士都是她们的丈夫或儿子，这种精神力量及其转化成的物质力量，绝不是纳粹的骄狂与"闪击"所能逾越的。在苏军将士的背后，还屹立着整个世界反法西斯统一战线。据美国"租借法案"执行署负责人斯退汀纽斯的精确统计,至1943年库尔斯克战役前夕,美国共援助了苏联4100架作战飞机,13万8千辆卡车和吉普车,91万2千吨钢材,150万吨食品和大量其他战争物资。"库尔斯克战役的伟大胜利鼓舞了反纳粹同盟国,罗斯福总统指示,援苏物资的运输速度必须不断加快。美国海军一直在大西洋保持着强大的力量,其中相当一部分就是为执行'租借法案'运输援苏、援英物资的船队护航。""在整个战争期间,美国援苏物资总量价值高达110亿美元以上,而且是无偿的。为此,斯大林先生多次对罗斯福总统表示了由衷的感谢。"但罗斯福总统反复强调的原则是:"欧洲第一。"首先要粉碎纳粹德国,整个法西斯轴心就会土崩瓦解。苏军将士们也没有辜负罗斯福总统的一片好意与苦心。1944年初,苏军的装备已经远远超过了纳粹军队:火炮,超出敌军70%以上,飞机超出170%以上,坦克与自行火炮超过100%以上。而德国的军事生产水平和经济动员程度显然已不能弥补损失,尽管它拥有斯佩尔这样的经济—军工生产组织专家。一个人的聪明才智一旦与整个人类的意志敌对,他的才智就成了衬托人类意志的装饰品,不仅斯佩尔如此,纳粹的诸多富于军事素养的将帅们亦然。

  1943年10月19日—30日,在莫斯科召开了苏美英三国外长会议,发表的宣言宣告:"反法西斯同盟国家将把战争一直进行到敌人放下武器。"1943年11月28日至12月1日,在苏英军队为保证印度洋西北端和地中海东南岸安全而暂时占领的伊朗的首都德黑兰召开了斯大林、罗斯福、丘吉尔亲自参加的三国首脑会议。德黑兰宣言宣告:"……我们已经拟定了消灭纳粹军队的计划。我们的进攻将是毫不留情的,而且是越来越强的。""敌人必须无条件投降!"苏军全面、彻底大反攻的条件已经成熟。1943年12月，苏军最高统帅部召开会议，总结1943年战局，研究、部署1944年战局。自4月份以来就与朱可夫一样作为最高统帅部代表而东奔西跑的华西列夫斯基，虽然劳累与困顿，但欣悦地进行了战局总结，并对1944年的前景作了估计。沃兹涅先斯基就经济和军事工业问题做了报告，斯大林专门谈了国际关系和第二战场的开辟问题。会议预测：1944年将是苏联全境解放的一年。

经过战争考验与锻炼的苏军最高统帅部也日臻成熟。朱可夫元帅写道："斯大林和最高统帅部的领导成员们已经完全精通组织方面军和方面军群战役的基本原则，并且熟练地多次指挥了这类战役。统帅部成员与最高统帅斯大林的配合非常默契、全面、周到。""斯大林精通重大的战略问题，他这方面的才能，从斯大林格勒会战开始，表现得越来越突出。有一种流行的说法，讲他是凭地球仪来研究情况和定下决心的，这不符合事实。当然，他没必要去研究战术要领图，但他对战役情况图却是非常熟悉的。……毫无疑问，他是当之无愧的最高统帅。""但有人把军事科学方面的一系列基本原则的制订，包括炮兵、坦克兵进攻的方法、夺取制空权的方法、合围德军的方法、分割被围敌军集团并加以各个歼灭的方法等等，都归功于斯大林，这也是不对的，同样不符合事实。所有这些最重要问题的解决方法，都是我军在与敌军作战过程中，广大指战员不断总结经验和深思熟虑的成果。"苏军对敌情的侦察与了解也异常详尽，华西列夫斯基元帅写道："在1944年战局的准备工作中，我军各类侦察机构担负着特别复杂的任务。它们圆满地完成了自己的任务，对敌情的介绍是相当全面的。"在雄厚实力和周密准备的基础上，苏

反攻前的苏军

军统帅部提出了1944年的战略企图：首先在苏德战场的西北和西南方向上粉碎敌军重兵集团，以彻底解除德军对列宁格勒的围困，并解放第聂伯河西岸的全部乌克兰地区和克里米亚，前出至罗马尼亚国境和喀尔巴阡山脉，将苏德战场的德军在战略上拦腰切断，使其北线、中线兵力与南线兵力失去战略联系，无法协同行动；然后再对其各个击破，先行粉碎中线德军，解放白俄罗斯全境。随后，苏军将解放全部苏联领土，并且全线前出至国境线，为跨越国境追歼纳粹建立出发态势。德军则企图在1944年以顽强的战略防御阻滞苏军。德军统帅部一厢情愿地认为，德军能够击退美英联军即将在西线发起的进攻。在击退美英联军的进攻后，德军将集中主要兵力对苏军实施反击，并与美英盟军再行争夺地中海——北非区域。德军统帅部强调，苏德战场南线，特别是尚在德军手中的、第聂伯河西岸乌克兰地区盛产锰矿砂的尼科波尔地域和黑海战略要地克里米亚对德军有突出意义，不仅事关苏德战场，而且事关纳粹的整个战局，必须固守。但战略企图毕竟只是企图，只是书面的计划，虽也可以表达为一系列的作战训令、指令，但关键却是需要有贯彻、执行它的实力、士气、民心，纳粹日益丧失的正是这些！这就决定了1944年的苏德战场绝不可能由纳粹的意图来左右，它只能服从于苏军最高统帅部和整个国际反法西斯统一战线的意图！

1944年1月14日，北线苏军对德军开始实施1944年的第一次突击。1943年底，苏军最高统帅部已拟定了彻底粉碎列宁格勒区域德军、解放列宁格勒地区的计划。德军北方集群也已预料到苏军将在列宁格勒区域大举反攻，并针对性地构筑了代号为"豹"的防御体系，意图固守。列宁格勒对于法西斯轴心联盟与国际反法西斯统一战线都具有特殊的政治意义,选择此地作为双方1944年较量的开端,其结局将昭示1944年整个苏德战场和人类反法西斯战争的进程①。苏军用于解放列宁格勒的部队是列宁格勒方面军、沃尔霍夫方面军、波罗的海沿岸第2方面军和红旗波罗的海舰队,并得到列宁格勒州敌后的35000余名游击队员的有力配合。苏军的当面之敌是德军第18、第16集团军。1944年1月14日晨,列宁格勒方面军从列宁格勒以西的奥腊尼恩乌姆地域向罗普沙—卢加方向发起突击。同一天,沃尔霍夫方面军从诺夫哥罗德南北两侧对之发起突击,意图合围、解放诺夫哥罗德后,继续向卢加方向突击,与列宁格勒方面军在卢加区域会师,合围德军第18集团军。在波罗的海舰队火力和苏军空军远程航空兵的有力支援下,列宁格勒方面军进展迅疾,5天内,毙敌2万余人,于1月19日解放红村与罗普沙,随即向卢加疾进;沃尔霍夫方面军6天内歼敌1万8千余人,1月20日解放诺夫哥罗德,随后从南面迂回卢加。在两个方面军进攻之前,1月12日,波罗的海沿岸第2方面军(原西北方面军)在诺沃索科耳尼基地域转入进攻,牢牢钳制了当面之敌——德军第16集团军,使之不仅不能北上驰援,还迫使德军北方集群从其预备队中抽调了两个师加强它。德军第18集团军在苏军列宁格勒和沃尔霍夫方面军的疾速

---

① 说句题外话,纳粹真是一群兽类。虽然德国有一句古老的谚语:人的一半是天使,另一半是野兽。但纳粹绝没有天使的那一半。不用去列举他们所犯下的人类历史上空前绝后的暴行——连杀害犹太人都是按计划和进度来进行的,在奥斯威辛,每天为一万甚至一万多;仅从他们给自己的兵器、活动及居住场所、驻守阵地所命名的代号,也可见之一斑。纳粹的新型坦克为"豹"式、"虎"式;希特勒在东普鲁士的大本营称作"狼穴";他在贝希特斯加登山上的住所称为"鹰巢";现在,他们又将列宁格勒地区的防守体系命名为"豹"。但兽类能够战胜人类吗?"豹"能够困住列宁格勒吗?

突击下，立即面临被苏军北、南两翼深远迂回、合围的危险。1月20日，德军北方集群急令其从拉多加湖以南的姆加凸出部西撤。苏军亦立即跟踪追击，1月21日，解放姆加，1月26日—29日，解放托斯诺、柳巴尼、楚多沃，肃清了莫斯科至列宁格勒铁路干线全线的德军。苏军继续西进，2月12日，两支方面军解放并会师于德军重兵固守的卢加。为了统一指挥，2月15日，苏军最高统帅部下令沃尔霍夫方面军撤销，全军编入列宁格勒方面军，苏军继续向西发展胜利。2月底，列宁格勒方面军前出至纳尔瓦—楚德湖东岸—普斯科夫—奥斯特洛夫一线，3月1日，方面军转入防御。波罗的海沿岸第2方面军在2月18日解放了旧鲁萨，3月1日，前出至奥斯特洛夫以东—诺沃勒热夫—普斯托什卡一线，转入防御。苏军的1944年第一次突击——列宁格勒—诺夫哥罗德战役胜利结束。此次战役，苏军共歼敌近10万人（打死9万多），完全解放了列宁格勒州，法西斯德军对列宁格勒长达900天的围困被彻底粉碎。苏军前出至爱沙尼亚境内，为继续进攻和解放波罗的海沿岸地区创造了条件，并极大地改善了红旗波罗的海舰队的驻泊条件，扩展了它的活动区域，使之成为波罗的海沿岸地区的又一独立战役力量。

当苏军在北线实施1944年第一次突击时，南线苏军在第聂伯河西岸展开了更大规模的进攻，开始实施苏军在1944年的第二次突击。德军在第聂伯河西岸沿线部署了94个师，大多数为残缺师，平均每师兵力为7千—9千人不等，但其中包括18个坦克师，占苏德战场坦克师总数的70%以上。德军分属冯·曼施坦因元帅指挥的南方集群和由克莱斯特元帅指挥、重新整编的A集群（以第1坦克集群为核心，包括被孤立在克里木半岛的德军第17集团军），支援他们的是德空军第 4 航空队（德空军的航空队相当于空军集团军）。纳粹统帅部深知苏德战场南线的重要地位，将 94 个师有重点地布防于南线战略要地：科尔松—舍夫琴科夫斯基、罗夫诺—卢茨克、尼科波尔—克里沃罗格。苏军统帅部决定以这三个地区为苏军 1944 年第二次突击的战役重点。苏军为粉碎南线德军重兵集团，解放第聂伯河西岸乌克兰地区，投入了乌克兰第 1、2、3、4 方面军的全部兵力，共 177 个师（每师人数从 2600—6500 不等），人数与德军相比，为 1.3 比 1，虽未达到合围——歼灭战所需的绝对优势，但苏军统帅部决定南线战役分期、并划分为若干个具体战役逐步实施，每役务必通过大规模机动，集中数倍于敌军的优势兵力。为此，苏军最高统帅部代表、苏军副最高统帅朱可夫元帅负责协调乌克兰第 1、2 方面军；苏军最高统帅部代表、总参谋长华西列夫斯基元帅负责协调乌克兰第 3、4 方面军。1 月中旬末，两位元帅分别抵达乌克兰第 1、3 方面军司令部。

乌克兰第 1 方面军在 1943 年底粉碎了德军的反突击之后，彻底击溃了日托米尔—别尔迪契夫区域的德军集团，1944 年 1 月中旬，已前出至萨尔内—波朗诺耶—卡扎亭—赫里斯提诺夫卡以北—查什科夫一线。乌克兰第 2 方面军在 1944 年 1 月初，于基洛夫格勒地域继续展开进攻，顺利突破德军防御，1 月 8 日解放了基洛夫格勒，并前出至佐洛托诺沙—斯美拉以西—基洛夫格勒以西一线。乌克兰第 3、4 方面军在 1 月初已前出至基洛夫格勒东南—尼科波尔以东—第聂伯河西岸至河口一线，乌克兰第 4 方面军的左翼在波烈科普地峡和锡瓦什湖南北两岸一线。4 支方面军均占据了良好的出击态势。在乌克兰第 1、2 方面军实施了日托米尔—别尔迪切夫和基洛夫格勒战役之后，在科尔松—舍甫琴科夫斯基地域形成了德军占据的一个凸出部，尽管苏军已在南、北两侧深远迂回至其后方，但德军的科尔松—舍甫琴科夫斯基凸出部仍坚守不退，并拥有安全联系德军后方的宽阔底部，德军想以此作为未来反击苏军的出发地。尽管这一设想丝毫不切合实际，但德军统帅部希望在西线击败美英盟军并稳定战线后，有机会能实现这一意图。苏军统帅部决定，首先清除科尔松—舍甫琴科夫斯基凸出部的德军。进攻指令很快下达：乌克兰第1方面军将由白教堂东南向兹韦尼哥罗德卡开展突击，乌克兰第2方面军则从基洛夫格勒以北向兹韦尼哥罗德卡实施突击，两军的钳形相向突击在兹韦尼哥罗德卡会合，从根部将科尔松—舍甫琴科夫斯基凸出部切断，尔后将凸出部德军全歼。1月24日，乌克兰第2方面军进行了战斗侦察，1月25日，按计划发起突击。1月26日，乌克兰第1方面军发起突击，两军以钳形合围攻势迅速推进，1月28日，两支方面军在兹韦尼哥罗德卡会师，切断了凸出部德军，并迅速建立了强固的合围圈对外正面。德军匆忙从基洛夫格勒以西抽调15个师（其中8个坦克师）星夜兼程赶至凸出部正西方向，企图与被围德军实施相向突击打开合围圈西撤。1月29日，苏德两军在合围圈对外正面展开激战，随后几天，被围德军也多次往正西方向顽强冲击，但德军的解围与突围企图均被苏军强力遏制，苏军在激战中，强化了合围圈对外正面并紧缩了合围圈。2月17日，被围德军近7万人全部被歼（击毙5万多人），德军解围部队在损失了近3万人后，仓皇西撤。在科尔松—舍甫琴科夫斯基战役中，苏军空军不仅火力突击德军坦克集群，而且建立了严密的空中封锁网，使德军无法对被围部队进行空投补给。苏军的科尔松—舍甫琴科夫斯基战役企图全部达成，且速战速胜，打了一场"教科书式的战役"，甚至可以称之为是"演习式的战役"。

1月27日，未参加科尔松—舍甫琴科夫斯基战役的乌克兰第1方面军右翼部队开始实施罗夫诺—卢茨克战役。当天，苏军从萨尔内以南地域展开进攻，并以骑兵从西面对罗夫诺—卢茨克进行深远迂回，直接前出德军后方，德军南方集群因25个师陷入科尔松—舍甫琴科夫斯基战役，无法增援，遂急令罗夫诺—卢茨克德军后撤，但已有部分被苏军切断，随即被歼。2月2日晨，苏军解放卢茨克，当晚，解放罗夫诺。2月11日，解放舍彼托夫卡。2月14日，苏军已前出至腊法洛夫卡—卢茨克—杜布诺以东—扬波尔—舍彼托夫卡一线。曼施坦因承认，苏军前出至此线，使德军南方集群北翼被迫单薄地向西延伸，致使苏军可以南下攻击，击溃南方集群北翼，深远包围全部南线德军（南方与A集群）；亦可以北上攻击，向科韦尔方向展开，深远包围德军中央集群右翼。苏德战场德军态势急剧恶化，南线德军被迫急调6个坦克师加强其薄弱的北翼（左翼）。在乌克兰第1、2方面军酣战之际，乌克兰第3、4方面军开始实施尼科波尔—克里沃罗格战役。苏军这次战役的企图是：乌克兰第3方面军从克里沃罗格东北地域向阿波斯托洛沃实施突击，攻占此地后，转师东南进击尼科波尔；乌克兰第4方面军从南面实施突击，直指尼科波尔，以粉碎尼科波尔地区的德军集团（德军新组建的第6集团军，共20个师）。1月31日晨，两支方面军开始进攻，随即突破德军防御向纵深发展。2月5日，乌克兰第3方面军解放阿波斯托洛沃，并截断了德军西撤的主要道路。苏军航空兵配合乌克兰第4方面军，猛烈袭击德军在第聂伯河东岸保持的唯一登陆场——尼科波尔，2月3日，将尼科波尔区域第聂伯河上的桥梁全部摧毁，该地域德军被迫依赖轮渡西撤。2月6日，乌克兰第3方面军进逼尼科波尔。2月8日，乌克兰大工业中心尼科波尔解放。同日，乌克兰第4方面军彻底清除了第聂伯河东岸德军的尼科波尔登陆场，全军随即渡过第聂伯河，强化封闭了克里木德军。2月22日，乌克兰第3方面军再克克里沃罗格，前出至印古列茨河。

乌克兰诸方面军在三次战役中粉碎了苏德战场南线德军的几个重兵集团，恶化了德军态势，为苏军继续展开进攻，解放第聂伯河西岸的全部乌克兰创造了条件。苏军最高统帅部计划：以乌克兰第1、2、3方面军的兵力同时向南、西南和正西实施突击，将德军切割成若干各自孤立的部分，分别加以歼灭。然后，3个方面军向西南总方向发出进攻，前出至喀尔巴阡山脉，将苏德战场上的德军在战略上彻底切断，使之再也无法实施战略机动。苏军在2月底稍事休整与补充后，在3月初再度发动大规模攻势，乌克兰第1、2、3方面军在从卢茨克至第聂伯河口的宽达1100公里的正面上同时展开突击。但苏军骁将、乌克兰第1方面军司令员瓦杜丁大将在2月29日16时30分前往方面军所属第60集团军检查工作的途中，遭亲纳粹的乌克兰民族主义匪帮袭击，身负重伤，未能参加这场大规模战役。1944年4月15日，瓦杜丁大将终因伤重不治，辞世于基辅。在临近胜利的关头，苏军痛失猛将，全军哀愤。4月17日，瓦杜丁被安葬在基辅，莫斯科鸣放20响礼炮，向祖国忠实的儿子和苏军杰出的统帅致哀、致敬。"他是一个忘我工作的人，对委托给他的事有极高的责任感。"朱可夫这样回忆他的战友。瓦杜丁负伤后，身在乌克兰第1方面军司令部的朱可夫元帅立即自行决定代理方面军司令员之职，并报告了斯大林。最高统帅批准了副统帅的自主决定,要求他在"实施当前重要而复杂的战役时正式担任方面军指挥,同时协调乌克兰第 2 方面军"。

1944 年 3 月 4 日,乌克兰第 1 方面军发起进攻。3 月 7 日,进至捷克诺波尔—沃洛契斯克—普罗斯库罗夫一线,切断了利沃夫—敖德萨铁路干线。德军统帅部感到其普罗斯库罗夫—文尼察—卡缅涅茨波多科斯克集团有被合围的威胁,急增援 15 个师至此线,企图堵住被乌克兰第 1 方面军打开的突破口。"在这里,发生了自库尔斯克会战以来从未有过的激战。"朱可夫写道。整整 8 个昼夜,德军反复冲击,力图恢复原态势,但苏军寸步不让。3 月 21 日,德军抵抗被粉碎,乌克兰第 1 方面军迅速南进。3 月 24 日,解放切尔特科夫城,进抵德涅斯特河,随即过河。3 月 25 日,解放切尔诺夫策市,应市民的请求,方面军首先突入该市的由尼基京中尉乘员组驾乘的坦克被安放在该市的纪念台上,在纪念台的底座上刻上了"1944 年 3 月 25 日,在从德国法西斯侵略者手中解放这座城市时,近卫军中尉尼基京乘员组的这辆坦克最先突入市内"的字句,并以尼基京的名字命名了一条街道。同时,方面军左翼部队解放了文尼察。德军第 1、第 4 坦克集群的基本兵力(23 个师,包括 10 个坦克师、1 个摩托化师、1 个炮兵师)被第 1 乌克兰方面军合围在卡缅涅茨波多科斯克以北地域内。德军迅速调集 5 个师对合围圈正南展开突击,希冀救援被围德军。朱可夫错误判断德军将由此方向突围,全力强固了合围圈南部对外正面。但被围德军虚晃一枪,在与救援德军进行了短暂的向南相向突击后,迅速机动,往正西方向突围。苏军措手不及,机动滞后,使被围德军的一半终于突出重围西撤,另一半被苏军合围全歼。4月14日，乌克兰第1方面军又乘胜合围、全歼了捷尔波诺尔德军集团，并解放了该市。4月17日，方面军前出至托尔钦—别列斯捷奇科—利洛梅亚—库特一线，转入防御。3月5日，乌克兰第2方面军发起进攻，3月10日攻克乌曼和赫里斯提诺夫卡，深入楔入了德军南方和A集群之间，破坏了他们的战役联系。方面军随即又在行进间渡过了南布格河，进抵德涅斯特河，旋即过河，于3月22日前出至巴尔塔以北—五一城一线。德军统帅部急从乌克兰第3方面军正面抽调9个师（6个坦克师）至此地，从而造成了乌克兰第3方面军进攻提腊斯波尔和敖德萨的有利条件。3月28日，乌克兰第2方面军前出至雷勃尼察—康斯坦丁诺夫卡一线，逼近罗马尼亚边界。4月2日，苏军进入罗马尼亚国境。同日，苏联政府发表声明，宣告苏军进入罗境纯为军事需要，决非为了占领罗马尼亚的任何领土。4月15日，苏军进至雅西和基希涅夫接近地，遭德、罗联军猛烈抵抗，乌克兰第2方面军于此线转入防御。3月6日，乌克兰第3方面军对印古列茨河和南布格河之间的德军A集群发起突击。3月8日，攻占新布格。3月15日，德军仓皇退过南布格河，丢弃了大量重型装备。3月18日—22日，第3乌克兰方面军全军在追击德军间开始强渡南布格河，前出至尼古拉耶夫接近地。3月28日，乘德军调走当面之敌去阻击第2乌克兰方面军之际，乌克兰第3方面军攻占了尼古拉耶夫，全军渡过南布格河。4月4日—5日，方面军经过激战攻占腊兹德尔纳亚，切断敖德萨—提腊斯波尔铁路。至此，苏军1944年第二次突击以取得辉煌胜利而结束。南线德军94个师中，59个师被歼过半，10个师又一个旅被全歼，德军南方集群和A集群的基本兵力被消灭，两大集群随即被撤销，整编为北、南乌克兰集群。苏军在科洛马亚—切尔诺夫策地域前出至喀尔巴阡山山前地带,将苏德战场德军切成两段(北、中线与南线),使之丧失了苏德战场全线战略机动能力,为苏军在苏德战场中段、北线和罗马尼亚境内实施大规模突击、各线歼敌、并进击巴尔干创建了优良态势。苏德战场德军战线自此被分割而不再连续。

苏军抓住战机,立即开始实施1944年第三次突击。突击方向指向敖德萨和克里木半岛。1944年3月20日—21日,希特勒对德海军潜艇部队司令邓尼茨再三强调了敖德萨和克里木半岛的重要性,指出它们的丢失将严重危害德国的海上运输,恶化黑海形势、波及东南欧。但希特勒语音刚落,在邓尼茨尚来不及以实际行动答复之际,乌克兰第3方面军已挟胜利之优势,于4月9日突进至敖德萨北郊和西北郊。4月10日,解放敖德萨,德军失去了黑海的最重要港口。4月12日,乌克兰第3方面军攻克提腊斯波尔,旋即强渡德涅斯特河。4月14日,方面军肃清了提腊斯波尔—黑海沿线—德涅斯特河东岸的所有德军。苏军1944年第三次突击的敖德萨战役胜利结束。4月8日,未参加第二次突击的乌克兰第4方面军和独立滨海集团军(由原北高加索方面军改编),开始实施解放克里木的战役,苏军黑海舰队和亚速夫海区舰队配属方面军与独立集团军行动。乌克兰第4方面军将从正面突破克里木半岛北部的德军防线,向塞瓦斯托波尔进击;独立滨海集团军将首先突破刻赤半岛的德军防御,向辛菲罗波尔发展进攻,最后与第4乌克兰方面军会攻塞瓦斯托波尔。4月8日,乌克兰第4方面军开始进攻。进攻前,方面军在波烈科普方向频繁机动,使德军第17集团军司令埃涅克误认为苏军将在此发起突击,当德军全力加强此方向时,苏军却冒雨从锡瓦什湖方

克里米亚作战（1944年反攻）

向通过极其泥泞的道路发起了强击。德军措手不及，防御当即被突破。4月11日，苏军解放占科伊，同日，独立滨海集团军解放刻赤。德军急令克里木守军南撤，刻赤守军亦同撤至克里木南端。4月13日，乌克兰第4方面军在追歼敌军中解放辛菲罗波尔。4月15日—17日，乌克兰第4方面军和独立滨海集团军先后进逼塞瓦斯托波尔，苏军从北、东北、东南三面夹击塞瓦斯托波尔地区。同期，苏军最高统帅部下令撤销独立滨海集团军，将其全部编入乌克兰第4方面军。德军依托坚固的防御体系死守塞瓦斯托波尔，两军血战至5月9日，苏军彻底肃清了塞瓦斯托波尔地区德军。德军残部退守赫尔松涅斯角，并开始经由海路撤向东南欧。可笑并可耻的是，德军第17集团军司令部已在此前先行由海路撤退，开创了德军统帅抛弃其部队，使其在失却指挥下作战的先例。但此举竟得到了希特勒的批准，他惧怕再出一个鲍卢斯，德军在心理上实在是再也不能承受这样的打击了。5月12日，苏军解放赫尔松涅斯角，克里木全境解放。苏军黑海舰队、亚速夫海区舰队和空军全力拦截经海路撤退的德军，3万7千名德军，5千名罗马尼亚官兵在苏军舰炮轰击和飞机轰炸下葬身海底。苏军的1944年第三次突击，以苏军的全面胜利结束了苏德战场最南端的战斗。敖德萨、尼古拉耶夫、奥恰科夫、刻赤、塞瓦斯托波尔的解放，使苏军黑海舰队的驻泊——活动条件大为好转。从此，黑海舰队不仅能有力威胁法西斯军队的海上交通线，而且能对德国海军在保加利亚和罗马尼亚境内的基地实施突击，直接进击东南欧侧翼。

在苏军北线与南线部队实施1944年1、2、3次突击的同时，中线（正西方向）苏军从1月至4月在维捷布斯克、罗加契夫、日洛宾和普斯科夫也实施了进攻战役，钳制了中线德军，使其不能北上或南下。1944年2月，白俄罗斯方面军改称白俄罗斯第1方面军；布良斯克方面军经整编后改称白俄罗斯第2方面军。实力雄厚的白俄罗斯第1方面军（由顿河—中央方面军演化而来）在3月，攻克了卡林科维契和莫兹尔，同期，白俄罗斯第2方面军进入了科韦尔地域，两支方面军的行动强化巩固了西进的乌克兰第1方面军的右翼。

1944年4月，苏军西方方面军经整编后改称白俄罗斯第3方面军。至此，苏德战场全线苏军序列最后确定，从北至南依次为卡累利阿方面军，列宁格勒方面军（沃尔霍夫方面军已全部并入），波罗的海沿岸第2方面军（原西北方面军），波罗的海沿岸第1方面军（原加里宁方面军），白俄罗斯第3、第2、第1方面军，乌克兰第1、第2、第3、第4（苏军高加索部队全部并入）方面军。苏军最高统帅部还掌握有强大的预备队——战略储备力量。与苏军对抗的敌军由北向南依次为德军山地第20集团军（在北芬兰）、芬兰军队、德军北方集群、中央集群、北乌克兰集群（由南方集群改建）、南乌克兰集群（由A集群改建，已退向罗马尼亚国境或退入罗马尼亚及巴尔干）。两军实力对比，苏军已占全面优势。仅兵力，已超出德军一半（600万比430万），作战飞机则超出近4倍。

1944年3月，当苏军的大规模突击接踵而至，席卷南北两线之际，纳粹德国政府以殊死相拼的气势制定了一个所谓"制胜纲要"。要求大幅度提高武器产量；紧紧（采用软硬两手）拉拢住仆从国，以便"在击退西线即将到来的进攻，乘胜解除后顾之忧之后，腾出双手来全力猛攻俄国人"，因此"战争并没有最后定局，德国仍有强大的力量，根本谈不上打输了。"希特勒这样宣告，也这样希望。但"制胜纲要"刚刚制定完毕，历史就开始无情地嘲讽纳粹。1944年下半年，德国主要武器的产量逐月下降，无法扭转；各仆从国以罗马尼亚为首，普遍滋生厌战情绪，不断要求退出战争（罗马尼亚政府在3月27日、30日连续致函希特勒，要求将其侵苏军队从克里木撤回罗马尼亚，但被希特勒含糊其辞地拖延下来，未予置理）。德军侵占之处的敌后游击队力量越战越强。德军、日本法西斯令人发指的暴行日益被揭露，更使反法西斯统一战线的人们同仇敌忾，大气磅礴，锋芒凛然。当初瓦杜丁就是以这种愤恨的心情与高度的理智指挥乌克兰第1方面军的。他曾对朱可夫、华西列夫斯基等战友沉痛、悲愤地说："在解放了的乌克兰地区，我们了解到许多令人愤慨的法西斯罪行。而我们所了解的这些罪行，甚至还不到法西斯在乌克兰所犯下罪行的十分之一。"[①]

苏军最高统帅部决定，不失时机地展开夏秋季攻势。斯大林等最高统帅部成员不约而同地在统帅部4月会议上表示，绝不给希特勒任何喘息的机会。苏军计划以1944年夏季攻势彻底粉碎苏德战场上德军所有重兵集团，完全解放苏联领土，并把战争打出苏联国境。主要突击针对德军中央集群，在白俄罗斯实施。

1944年6月10日，苏军以打击芬兰军队的第四次突击揭开了夏季攻势的序幕。2月，当苏军以1944年第一次突击彻底粉碎了德军

---

① 在太平洋战场，当记者问美国海军的一代名将、绰号"公牛"的哈尔西将军有什么办法能尽快消灭日本法西斯时，哈尔西的著名回答如下："在一切地方，抓紧一切时机，杀日本鬼子，杀日本鬼子，多多地杀日本鬼子！"法西斯阵营已为全世界人民千夫所指。

对列宁格勒长达900天的围困之后,芬兰政府就通过其驻斯德哥尔摩的代表征询苏联政府关于芬兰退出侵苏战争的条件。苏联政府答复很简单:(1)严格遵从1940年签订的《苏芬条约》;(2)遣返苏联及反法西斯同盟国的所有战俘与公民。芬兰政府表示拒绝。苏军统帅部决定,以卡累利阿方面军和列宁格勒方面军为主力,在红旗波罗的海舰队和各分舰队的支援下,粉碎芬军。6月9日,列宁格勒方面军对芬军实施了一整天猛烈的炮火与航空火力准备。6月10日,方面军向芬军核心区域——维堡方向发起总攻。6月11日,芬军第一防御地带被全线突破,被迫退守第二防御地带。6月15日,苏军突破芬军第二防御地带,芬军退守第三防御地带。6月18日,德军步兵第122师紧急调往芬军防线,但杯水车薪,于事无补。6月19日,苏军突破芬军第三即最后防御地带,芬军紧急求援于德军统帅部至少急调6个师,但纳粹已无力满足芬军要求。6月20日,苏军解放维堡。随后几天,方面军与红旗波罗的海舰队协同,肃清了芬兰湾北部各岛屿的敌军,苏军波罗的海舰队的作战条件与态势根本好转。6月21日晨,在经过迅猛的炮火和航空火力准备后,卡累利阿方面军发起进攻,开始实施斯维尔—彼得罗扎沃茨克进攻战役。当天,苏军强渡斯维尔河。6月28日,方面军解放彼得罗扎沃茨克。同日,波罗的海舰队的一支海军陆战队在图洛克萨河口登陆。至此,基洛夫铁路和白海—波罗的海运河沿线的敌军全部肃清。7月,卡累利阿方面军继续猛攻。8月初,战役胜利结束。苏联的卡累利阿芬兰共和国大部分领土获解放。8月1日,希特勒盟友——芬兰总统留蒂宣布引退。8月17日,希特勒派凯特尔赴芬兰,试图诱导芬兰新政府继续参加对苏战争。但芬兰新政府声明,它不认为自己应受前总统留蒂对德国承诺的义务的约束。8月25日，芬兰新政府请求与苏联政府进行谈判。苏联政府提出先决条件：(1) 芬兰公开宣布与德国断交；(2) 责令德军在9月15日前退出芬兰。芬兰政府表示接受先决条件。9月5日，苏芬两国结束战争状态。9月19日，苏芬签订停战协定。1940年的《苏芬条约》最终得到肯定。但在北芬兰（北极圈内），德军山地第20集团军仍停留不走，北极圈内的苏联领土彼特萨莫（贝辰加）仍被德军占据，苏德战场最北端战斗尚未结束。在苏军进行1944年第四次突击时，6月—7月，苏军在白俄罗斯、西乌克兰和波罗的海沿岸也发起了局部性进攻，以调整、完善态势并钳制德军。

苏军全军将士盼望着解放白俄罗斯，不仅因为德军曾将这里作为突袭苏联的主要进攻方向，并从这里踏上了进攻莫斯科的道路，而且"白俄罗斯人民在法西斯占领军的压迫下，万分痛苦地度过了3个年头。希特勒分子洗劫了白俄罗斯人民的一切公共财富，践踏了城市和村庄，烧毁了120万幢村镇建筑物，使7000所学校变成了废墟。220余万苏联军民在此地被杀害，几乎没有一个家庭未受到纳粹分子的伤害。"邦达列夫写道，"我们能不反攻吗？我们能不清算吗？"他问。苏军统帅部和斯大林回答，反攻，倾全力反攻！1944年的苏军第五次大规模突击直指白俄罗斯，此次突击，称之为白俄罗斯战役，代号"巴格拉季昂"[1] 苏军将以此次突击粉碎德军中央

---

[1] 俄罗斯历史上一位著名的军事家。在拿破仑进攻莫斯科时，他守卫莫斯科外围最重要的区域博罗迪诺，英勇顽强，战死不退，为库图佐夫部署莫斯科全城坚壁清野和防御反击赢得了最宝贵的时间。他牺牲后，他的对手拿破仑对他表示了军人的崇高敬意。

集群，解放白俄罗斯。苏军参战部队为四支主力方面军，由北向南依次为波罗的海沿岸第1、白俄罗斯第3、第2、第1方面军，总兵力超过150万人，并得到白俄罗斯敌后37万4千人的苏联游击队的配合。苏军统帅部代表华西列夫斯基元帅负责协调波罗的海沿岸第1和白俄罗斯第3方面军，朱可夫元帅负责协调白俄罗斯第1、2方面军。顽守该地的德军中央集群共4个集团军，80余万兵力，集中分布于维捷布斯克、奥尔沙、莫吉廖夫、博勃鲁伊斯克及白俄罗斯首都明斯克等地区。1944年的6月23日，"巴格拉季昂"这个历史上曾令敌军胆寒的名字，现在作为代码开始全速运行。当天，波罗的海沿岸第1方面军（司令员为当年率西南方面军部分将士杀出基辅重围的巴格拉米扬大将）从北面直袭维捷布斯克。白俄罗斯第3方面军兵分两路（其司令员是当时苏军诸多方面军司令员中最年轻的契尔尼亚霍夫斯基上将，1944年年仅37岁。"他决不是有任何背景、靠了任何关系才如此突出。他从连级长官干起，直至师长、军长、集团军司令，因战攻卓著受到了斯大林的重视。若非战功，从一切利于提拔的条件而言，他并不是突出的。"英国战地记者帕内尔这样写道），一路从东南面直插维捷布斯克，于6月25日与波罗的海沿岸第1方面军会师，合围了维捷布斯克之敌；另一路杀向奥尔沙。白俄罗斯第2方面军（司令员为以勇猛著称又不乏计谋的苏军骁将扎哈罗夫大将）直接突击苏德战场中线正西方向的莫吉廖夫，6月28日，解放该城。实力最雄厚的白俄罗斯第1方面军（司令员是举世著名的罗科索夫斯基大将。他的祖籍是波兰）于6月24日发起进攻，分南北两路以钳形向心攻势合围博勃鲁伊斯克。6月27日，博勃鲁伊斯克地区德军被合围、切断。6月29日，苏军风卷残云般地全歼了维捷布斯克和博勃鲁伊斯克的被合围德军，同日解放奥尔沙。战役进行刚刚1周，苏军已歼敌近14万人（击毙10万余人，俘虏3万多）。苏军航空兵在突击中出色地发挥了作用。6月28日，在围歼博勃鲁伊斯克德军的战斗中，苏军空军在1小时内投弹160吨，并低空强击德军坦克，发射了数万发炮弹。德军伤心地称之为"博勃鲁伊斯克汤锅"，它将德军煮烂了。6月28日，德军中央集群司令布希（又译作布施）被撤职，由北乌克兰集群司令莫德尔兼任（冯·曼施坦因在苏军1944年第二次突击后即被解职，南方集群整编为北乌克兰集群时，他就离开了苏德战场），希特勒想使中线德军与南线北翼德军建立起连续的绵密防线以阻遏苏军。莫德尔遵循其意图，立即从北乌克兰集群调兵北上，但所调的所有坦克师，尚未到达指定集结位置，就被苏军乌克兰第1、2方面军阻击、追击、击溃、粉碎。在援兵无望的情况下，中央集群开始全线急速西撤，苏军迅即向斯文茨扬内—明斯克—斯卢茨克一线猛追。白俄罗斯第2方面军追上并堵住了自莫吉廖夫后撤的德军，将其基本分割消灭。白俄罗斯第1、3方面军以钳形攻势进击明斯克，7月3日，明斯克解放。两支方面军同时将由东西撤的11万余德军合围在明斯克以东地区。7月6日，白俄罗斯第2方面军追歼逃敌至此，强化了合围圈。7月13日，明斯克以东被围德军11万余人遭全歼（生俘37600余人，余击毙）。7月4日，波罗的海沿岸第1方面军解放了波洛茨克。德军防线缺口累累，兵力不济又无法堵补，苏军乘胜继续西进，向帕涅韦日伊斯—维尔纽斯—格罗德诺—巴腊诺维奇方向迅猛发展。7月13日，白俄罗斯第3方面军解放立陶宛首都维尔纽斯。7月中旬，参加"巴格拉季昂"的四支方面军已前出至德文斯克—考纳斯—格罗德诺—比亚威斯托克—科勃林一线。苏军最高统帅部为了继续发展胜利，立即以统帅部预备队加强白俄罗斯第1和波罗的海沿岸第1方面军。7月底，波罗的海沿岸第1方面军收复施亚乌利亚伊，8月1日，前出至里加湾，切断了德军北方集群的陆上交通线。同期，白俄罗斯第2、3方面军解放了考纳斯，强渡了涅曼河，进逼东普鲁士边境。7月中旬末，白俄罗斯第1方面军突破了科韦尔德军防线，强渡了西布格河。7月24日，解放波兰城市卢布林。7月27日，解放波兰的比亚威斯托克，控制了通往华沙的交通要道。7月28日，解放布列斯特。7月28日—8月2日，胜利地强渡了维斯瓦河（又译作维斯拉河），占领了河西岸的马格努舍夫和普瓦维地区。德军想依据维斯瓦河死守的防御计划未来得及实施又告破产。在苏联境内由波兰爱国者组建的波兰第1集团军一直与白俄罗斯第1方面军并肩作战。许多波兰战士踏上自己祖国的土地后，激动得热泪盈眶，跪下来亲吻自己的土地。他们在解放波兰东部地区和强渡维斯瓦河时，以自己的勇敢与鲜血证明了，他们不愧为苏军的战友。同时昭示：波兰民族虽多灾多难，但只要民族精神不灭，民族浩气长存，则民族中兴势在必然！苏军1944年第五次突击以苏军解放白俄罗斯全境、立陶宛大部、波兰东部地区，前出至东普鲁士边境和维斯瓦河及华沙接近地而胜利结束。德军中央集群被粉碎，54万兵力被歼灭。古德里安在《一个士兵的回忆》中承认："由于苏军的这次突击，中央集群实际上被消灭了。我军损失惨重，25个师全丢了，尚存的力量都已投入支离破碎的崩溃的防线。"也就是说，德军在苏德战场已缺乏预备队。在白俄罗斯战役期间，德军统帅部被迫从欧洲被占领国和德国本土调入白俄罗斯的14个师又5个旅，"很

追击到达国境

快成了残缺师"。苏军从此可以从波罗的海沿岸、东普鲁士边境、波兰东部继续展开进攻，并可以从北起芬兰湾南至喀尔巴阡山脉的广阔正面全线进攻。

为了从战略上支援和配合"巴格拉季昂"，苏军最高统帅部命令乌克兰第1方面军实施苏军1944年第六次突击，又称西乌克兰战役或利沃夫—散多梅希战役。当时的乌克兰第1方面军是苏军诸多方面军中最强大的方面军，拥有90个师的兵力（但基本均不是齐装满员的师。直至1944年8月5日，其左翼部队奉苏军统帅部之命转隶乌克兰第4方面军后，白俄罗斯第1方面军才成为苏军全军中最强大的方面军），司令员在朱可夫返回最高统帅部后，由以深思熟虑、能谋善断著称苏军的科涅夫元帅继任。最高统帅部给苏军1944年第六次突击指定的任务是：粉碎德军北乌克兰集群，解放西乌克兰全境，然后前出至维斯瓦河和桑河。苏军远程航空兵奉命猛烈突袭利沃夫、图尔比亚、丹布林的德军机场，并破坏利沃夫—普谢米歇尔和利沃夫—萨姆博尔铁路，以打击德军后勤运输，保障乌克兰第1方面军实施的进攻战役。乌克兰第1方面军正面之敌——德军北乌克兰集群共有38个师（5个坦克师，1个摩托化师）。7月13日，科涅夫下令进攻，当天，德军第一防御地带突破。7月14日—16日，与德军激战3天后，乌克兰第1方面军逾越了德军第二防御地带。7月27日，解放利沃夫，方面军顺利渡过桑河，收复了普谢米歇尔。7月29日，方面军已前出至维斯瓦河，当天，方面军所属步兵第350师强渡过河。此后几天，方面军迅速扩大了渡河正面。德军统帅部急调兵力至该线，企图从散多梅希—梅累茨以南地域发起反突击，切断、合围苏军已过河部队，恢复沿河防御。整个8月，围绕争夺河西岸登陆场，两军展开血战。在击退了德军的多次反突击、反冲击后，8月18日，苏军攻占散多梅希。8月底，争夺散多梅希地域登陆场战斗结束，德军西窜，苏军在河西岸地域建立了宽达75公里，纵深达20—60公里的登陆场。与此同时，转隶乌克兰第4方面军的左翼，进抵喀尔巴阡山口，在进攻中被德军阻遏。苏军的1944年第六次突击歼灭德军17万余人，粉碎了德军北乌克兰集群，解放了以利沃夫为中心的整个西乌克兰和波兰东南部，强渡了维斯瓦河并建立了散多梅希登陆场，为今后在波兰南部、捷克斯洛伐克和外喀尔巴阡乌克兰发展进攻创造了条件。

苏军进入罗马尼亚之后，苏联政府于4月12日致函罗马尼亚政府，建议罗马尼亚断绝与德国的关系，参加"旨在恢复罗马尼亚独立和主权的抗德斗争"。但以安东尼斯库为首的罗马尼亚法西斯政府拒绝了苏联的建议。当时，苏军乌克兰第2、第3方面军已前出至切尔诺夫策—帕希卡尼—杜博萨雷以南—德涅斯特河东岸—黑海一线，造成了合围雅西和基希涅夫敌军集团的有利态势。苏军统帅部决定实施1944年苏军第七次突击，消灭该地域德军和罗军，将罗马尼亚打出战争。德军统帅部极端重视罗马尼亚，除了需要它的石油之外，还因为罗马尼亚的失败必将动摇纳粹在整个巴尔干的统治，而德国此时已离不开巴尔干的资源与人力。由此，德军统帅部全力以赴地加强乌克兰第2、3方面军正面的德军南乌克兰集群，使其兵力达4个集团军（德军第6、8集团军，罗马尼亚第3、4集团军）又1个军（德军独立第17军），共计50个师（25个德国师），80万兵力。条顿民族的傲慢使其不相信罗军的作战能力，因而德军自居防线中央，将罗军部署于其两侧。配合乌克兰第2、3方面军发动进攻的，是苏军黑海舰队和多瑙河区舰队。8月20日晨，乌克兰第2方面军从雅西西北向胡希方向、乌克兰第3方面军从卡德雷以南德涅斯特河西岸登陆场向胡希方向同时发起钳形相向突击，雅西—基希涅夫战役（即苏军1944年第七次突击）开始。8月21日，乌克兰第2方面军解放雅西。8月24日，两支方面军在普鲁特河渡口会师，将22个德国师和部分罗马尼亚军队合围在基希涅夫以南森林地带。同日，解放苏维埃摩尔达维亚共和国首都基希涅夫。苏军以大部兵力围歼被合围敌军，以部分兵力追击逃敌。8月25日，罗马尼亚第4集团军在黑海边被追上，随之被全歼。8月29日，基希涅夫地域被围敌军被全歼。9月5日，德军总参谋部在送交希特勒的报告中说："任何兵团都已没有突围的希望。这是我军集群有史以来所遭到的最大失败。"希特勒未置一言。与此同时，苏军还粉碎了胡希以东和普鲁特河东西两岸的敌军。之后，苏军分兵进击罗马尼亚腹地与东部。8月27日，乌克兰第2方面军突破了敌军号称福克夏尼关隘的福克夏尼防线，前出至古拉古莫腊—兰尼库尔—加拉茨—土耳恰一线。同期，乌克兰第3方面军在黑海舰队与多瑙河区舰队的协同下，攻占了苏利纳港，强渡了多瑙河，解放了土耳恰港。苏军的1944年第七次突击共歼敌近26万人，彻底粉碎了德军南乌克兰集群。

8月23日，罗马尼亚人民在罗马尼亚共产党领导下，以具有强烈反德要求的爱国部队为核心，以首都布加勒斯特为中心，举行了代号为"橡树，十万火急"的全民大起义，一举推翻安东尼斯库的法西斯政权，建立了新的人民民主政权。8月24日，罗马尼亚人民政府宣布退出与德同盟和侵略战争。8月25日，罗马尼亚政府代表全体罗马尼亚人民对德国宣战。此后，罗马尼亚陆续组建、投入了

23个师的人民军部队与苏军并肩作战，解放自己的祖国。希特勒因此恨之入骨，命令德国空军空袭布加勒斯特，并扶持一个亲纳粹的罗马尼亚将军组织了伪政府。但苏、罗联军迅猛进攻，8月30日，苏军解放罗马尼亚最重要的石油工业城市普洛耶什蒂，8月31日，苏军进入布加勒斯特，受到罗马尼亚首都居民的热烈欢迎。同期，苏军还占领了康斯坦察。9月5日傍晚，乌克兰第3方面军前出至罗保（加利亚）边境。当乌克兰第2方面军进入布加勒斯特时，德军统帅部决定从北特兰西瓦尼亚实施进攻，企图消灭展开于南喀尔巴阡山以北的罗军，占领各山口并沿此至多瑙河一线建立新防线。9月12日，苏罗联军与德匈（牙利）部队展开激战，罗军顽强守住了各山口，使法西斯军队不能越雷池半步。9月23日，苏军大反攻，将德匈军队彻底击败。罗马尼亚人民军队乘胜出击，至9月底，肃清了罗境内的德匈部队，解放全国。

眼看纳粹行将灭亡和罗马尼亚的新生，亲纳粹的保加利亚政府宣布"中立"，想以此蒙骗世界舆论并阻止苏军的进入。1944年9月5日，苏联对保加利亚宣战。9月8日，乌克兰第3方面军在黑海舰队的协同下越过保罗边境。当天和9日，先后攻占瓦尔那、布加斯和鲁赛等港口。9月9日，保加利亚共产党领导全民发动武装起义，推翻了亲纳粹反动政权，建立了"祖国阵线"新政府。新政府刚刚成立，立即宣布退出法西斯阵营和侵略战争，并对德国宣战。苏军统帅部根据保加利亚的新形势，命令乌克兰第3方面军停止对保军采取军事行动。9月15日，苏军进入保加利亚首都索菲亚。9月底，保加利亚在苏军的协助下清除了所有法西斯国家军队，解放了全国。同时，苏军进抵罗匈（牙利）边境和南斯拉夫东部边境地区，雅西—基希涅夫战役胜利结束。此次战役，苏军解放了摩尔达维亚苏维埃共和国（北布科维纳和比萨拉比亚从此归属苏联），罗马尼亚和保加利亚加入反法西斯阵营，为苏军进攻德国在东南欧的最后一个盟国——匈牙利打开了通途。

在苏军进行第七次突击时，斯洛伐克爆发了人民起义，德军疯狂镇压。捷克斯洛伐克共和国驻苏联大使费林格请求苏联政府给予直接军事援助。与斯洛伐克最接近的苏军部队是乌克兰第1方面军所属第38集团军，在其编成内有在苏联境内由捷克斯洛伐克爱国者组建的捷克斯洛伐克第1军。苏军统帅部命令第38集团军紧急行动。9月8日，苏军由克罗斯诺地域向杜克拉方向发起进攻，企图突破喀尔巴阡山脉救援斯洛伐克爱国者，10月5日深夜，第38集团军攻占了杜克拉山口，但苏捷联军未能突破德军纵深防线与斯洛伐克爱国者会师。虽如此，苏捷联军仍吸引了大量德军于此，缓解了起义者所受的压力，使起义者能够安全撤至山中，坚持到捷克斯洛伐克全国解放。苏军由此开始进入捷克斯洛伐克。

南斯拉夫人民的反法西斯斗争一开始就采取了武装斗争形式。1941年4月10日，南共联盟中央委员会在萨格勒布举行会议，决定大部分中央委员到各地组织和领导游击队，准备武装起义，并成立了军事委员会。此后，南共联盟为全民武装起义在政治上、组织上、军事上、物质上进行了一系列准备。6月27日，南斯拉夫人民解放游击队总司令部正式成立，南共总书记铁托任游击队总司令。1941年7月4日，南共中央做出了发动全国武装起义的决定。

1941年7月7日，在塞尔维亚的贝拉·茨尔克瓦村，人民英雄日·约瓦诺维奇率领游击队打响了武装反抗法西斯德军的第一枪。

霎时间，南斯拉夫大地上响起了一片愤怒的枪声，游击战争的熊熊烈火迅即燃遍南斯拉夫大地。7月13日在黑山，7月22日在斯洛文尼亚，7月27日在霍尔瓦地区、波斯尼亚—黑塞哥维那相继爆发武装起义，黑山起义军在几个星期内几乎占领了整个黑山，迫使法西斯德国的盟军意大利占领军仓皇后退。7月27日，波斯尼亚起义军向德尔瓦尔城发动进攻并占领该城，在门的内哥罗，起义军解放了80%的土地。南斯拉夫人民在塞尔维亚西部山区，以乌日策城为中心，创建了南斯拉夫的第一个解放区。1941年10中旬，以铁托为首的游击队总司令部迁至乌日策。南斯拉夫人民亲切地把这块解放区称作"乌日策共和国"。

南斯拉夫人民的辉煌胜利使德国法西斯极度恐惧。1941年9月，希特勒命令南斯拉夫占领军司令部采取严厉措施镇压游击队。1941年9月16日，德国法西斯三个师与意大利、匈牙利、保加利亚军队和南斯拉夫傀儡政权的伪军，向塞尔维亚解放区展开了大规模围攻。游击队与敌人鏖战数月，给来犯之敌以重创。为保存有生力量，游击队在取得胜利后，进行了有组织有计划的战略转移，大部队有条不紊地从塞尔维亚转移到波斯尼亚东部和黑山境内。1941年9月26日，南人民解放游击队总司令部改称为南斯拉夫人民解放游击队最高统帅部。1941年12月21日，南斯拉夫人民反法西斯的第一支正规部队——第1无产阶级旅诞生。此后，相继有了第2、3……无产阶级旅。1942年，法西斯军队又两次围攻南游击队，南游击队在铁托的领导下，依靠人民群众进行了大规模战役机动，粉碎了敌人的进攻。1943年1月20日，德、意法西斯向游击队发动了第四次围攻。由六个德国师和三个意大利师以及南斯拉夫伪军组成的"围剿"

大军以压倒的优势向驻在波斯尼亚东南部的游击队主力扑来。游击队为避免在敌我力量过分悬殊的不利情况下作战，向黑塞哥维那和山扎克进行战略转移。当部队撤至奈雷特瓦河沿岸时，米哈诺维奇指挥的 15000 多名伪军已先期抵达河对岸，准备在游击队渡河时，予以突击。此时，追击的德军距离游击队已仅 2 公里。在这万分紧急的时刻，铁托毅然命令炸毁奈雷特瓦河上的铁桥，与敌人摆出了背水决战的架势。正在敌人捉摸不定之机，游击队小分队突击渡河，占领了对岸的一个登陆场，并在一夜之间架起了浮桥，游击队的大队人马神速地渡过了河并拆毁了浮桥，击退了米哈诺维奇的伪军，解放了大部分黑塞哥维那和几乎全部山扎克，胜利地粉碎了敌人的第四次围剿。

法西斯不让游击队获得喘息之机。于 1943 年 5 月在黑塞哥维那发动了对游击队的第五次围攻（苏捷斯卡战役）。铁托率领的 2 万名战士决定撤回波斯尼亚。在突破敌军包围时，在苏捷斯卡河谷和绿山山脊展开了自战争以来最激烈的恶战，游击队牺牲了 8000 名优秀儿女，包括第 3 无产阶级旅指挥员、传奇般的民族英雄萨伐·柯伐契维奇等高级指挥员，铁托左臂负伤。但游击队终于杀出 12 万敌军重围，转至波斯尼亚，解放了一片新地区。1943 年 9 月意大利投降，南游击队解除了 4 个意大利整师、9 个意大利师的部分武装。1943 年 9 月至 1944 年 1 月底，南人民解放军（由游击队改称）粉碎了纳粹的第六次围攻。1944 年 5 月底，南人民解放军粉碎了法西斯发动的、由 18 个德国师、9 个保加利亚师和 15 万伪军参加的第七次围攻——法西斯的最后一次围攻，歼敌近 10 万名（德军 4 万余名）。

南斯拉夫人民在战斗中不仅取得了举世瞩目的军事胜利，而且取得了巨大的政治胜利。1942年11月26日—27日，南斯拉夫各民族和各反法西斯政治团体的54名代表在比哈奇举行会议，愤怒谴责米哈诺维奇等人的卖国行径，号召人民对法西斯侵略者及其帮凶展开坚决斗争。1943年11月29日，在波斯尼亚的古城亚伊策召开了南斯拉夫民族解放反法西斯会议，铁托作关于政治和军事形势的报告，会议决定成立南斯拉夫民族解放委员会。30万军队的统帅——铁托被授予南斯拉夫人民解放军元帅军衔。南斯拉夫人民的斗争也得到了国际社会的赞佩和援助。1943年12月1日，"德黑兰会议"发布的宣言第一条写道："会议决定应尽可能地给南斯拉夫以物资援助和盟军指挥部的作战援助。"此后，英、美和苏联向南人民解放军提供了大量粮食、弹药和武器装备，大大提高了南斯拉夫人民解放军的战斗力。

南斯拉夫人民解放军在1944年的夏季战役中，解放了大片国土。在广大人民的支持拥护下，各解放区都成立了人民解放委员会。此时，敌人所能控制的地方仅限于一些大城市、铁路车站、河海港口等。

1944年9月，乌克兰第2、3方面军突破了喀尔巴阡山以南的德军战略防御体系，打开了一个宽达600公里的缺口，苏军迅疾进逼南斯拉夫。经过统一协商，苏联政府、南斯拉夫全国解放委员会和保加利亚祖国阵线政府决定苏、南、保三国军队在南斯拉夫土地上协同作战，统一指挥。苏联和保加利亚军队从东面、南斯拉夫军队从西面夹击德军F集团军群的主力，解放贝尔格莱德和南斯拉夫东部地区；然后，继续进攻并切断巴尔干德军E集团军群在伊尔巴河、瓦达河和摩拉瓦河河谷的主要交通线，阻止德军从巴尔干半岛南部溃逃。10月8日—14日，三国军队取得了里什等战役的胜利；解放了里什、斯科普列等重要城市。

1944年10月14日，苏军乌克兰第3方面军近卫第4机械化军和2个坦克师以及苏军多瑙河区舰队，配合南斯拉夫人民解放军发动了贝尔格莱德战役。10月20日，苏南联军解放南斯拉夫首都贝尔格莱德，击毙德军15000余人，俘虏9000人。贝尔格莱德的解放使整个巴尔干半岛政治、军事形势发生根本性变化，德军统帅部不得不下令德军急速从巴尔干半岛撤退。本已残缺现在更加溃不成军的德军F、E集群主力仓皇退回本土和捷克斯洛伐克。

贝尔格莱德战役后，苏军北上匈牙利，南人民解放军继续追歼残敌。1945年3月7日，以铁托为首的南斯拉夫新政府成立，苏、美、英迅即予以承认。3月20日，南斯拉夫人民军为完全解放祖国发起了最后攻势，先后从德军手中解放了的里雅斯特、多博伊、萨格勒布等地。5月9日，德国投降，5月15日，滞留、流窜于南境内的德军向南斯拉夫人民军无条件投降。

南斯拉夫人民的反法西斯战争对苏德战场有突出的贡献和意义。除一开始就迟滞了"巴巴罗萨"的实施外，在4年期间，南斯拉夫始终钳制着大量德军主力兵团，1941年为10万，1942年为15万，1943年近20万，1944年高达30万。4年来，南人民解放军毙敌45万余人（包括意大利法西斯军队以及其他法西斯仆从国部队），人民解放军官兵阵亡30万，负伤40万，南斯拉夫人民共牺牲160万，为世界人民的反法西斯事业立下了不朽功勋。至战争末期，南人民解放军已拥有80万兵力，成为威胁德军侧翼的一支重兵集团，从战略上有力地支援了苏军解放东欧及巴尔干。

意大利法西斯1939年4月对阿尔巴尼亚的入侵，揭开了阿尔巴尼亚人民近代史上最大规模的反抗外国侵略者斗争的序幕。1939年11月28日，首都地拉那爆发了震动全国的大规模爱国示威游行，几乎所有的阿尔巴尼亚军队都把枪口对准了法西斯侵略者。墨索里尼1940年10月22日对希特勒诉苦道："阿尔巴尼亚部队几乎全部背叛了我们，他们起义反抗我们的部队。"

1941年底和1942年初，阿尔巴尼亚各地都出现了反法西斯游击队。他们神出鬼没，频频出击，到处袭击敌人，并摧毁法西斯的重要机关。至1942年9月中旬以前，游击队共进行了333次战斗，破坏公路和桥梁69次，炸毁武器弹药库17次，歼敌4467人，俘敌426名。游击队的人数不断增加，新的解放区也一个个出现。阿尔巴尼亚人民的胜利得到了世界各国人民的赞扬，美英苏三国都发表声明，支持阿尔巴尼亚人民的民族解放斗争。

1943年6月13日，14000多名意大利法西斯军队进攻了贝萨地区的游击队，6月25日，8000名意大利军队进攻了马拉加斯特拉—但彼雷地区的游击队。敌人的每次进攻都使用了现代化武器，但游击队实行机动灵活的战略战术，转战山区，来无影去无踪，使敌人的每次进攻都以失败告终。1943年7月，阿尔巴尼亚反法西斯民族解放会议第一次会议召开，决定将20多个分散的游击营统一改编为民族解放军。1943年7月25日，墨索里尼倒台，9月初，意大利军队投降。民族解放军在总司令部的领导下，解除了两个意大利师的武装，夺取了意军的军械库，取得了对意大利法西斯作战的完全胜利。但德国法西斯随即侵占阿尔巴尼亚，阿尔巴尼亚人民的民族解放斗争进入了更艰苦的阶段。

1944年5月，德军以33000余人的优势兵力对阿解放区发动大规模扫荡，民族解放军地处贫瘠山区，处境十分险恶。但民族解放军依靠人民特别是山民的支持，最终粉碎了敌人的进攻。

苏军的1944年大反攻和美英联军在诺曼底的胜利登陆，极大地鼓舞了阿尔巴尼亚人民反抗侵略者的斗志。1944年6月14日，阿尔巴尼亚民族解放军总司令部发布所有武装力量转入总反攻的命令，各地民族解放军奉命行动，开始了解放国土的英勇战斗。至8月底，纳粹所能控制的地区已仅限于少数大城市和某些孤立的据点。9月初，民族解放军发动新攻势，解放了培拉特、吉诺卡斯特。10月，解放发罗拉和科尔察，使困守在地拉那的法西斯德国守军陷入重重包围之中。10月20日，反法西斯民族解放会议第二次会议在培拉特城举行，会议决定把贝尔梅特第一次代表大会选出的反法西斯民族解放委员会更名为阿尔巴尼亚民主政府，恩维尔·霍查当选为政府总理。

1944年10月29日，乘苏军第七次突击前出至巴尔干之胜势，阿军开始向首都地拉那发起总攻击。地拉那人民奋起响应，军民携手同德寇展开激战。11月15日，解放军发动决定性进攻，11月17日，经过19天的艰苦奋战，终于解放了首都地拉那，击毙德军官兵2000多人，俘虏300多人。11月29日黎明，解放军夺回了德军占据的最后一个据点斯库台，解放了全部国土，纳粹丧失了东南欧的又一基地。在整个战争时期，阿尔巴尼亚人民武装力量共消灭意、德法西斯军队68000多人，击毁和缴获汽车及坦克2100辆，为东南欧人民的反法西斯斗争做出了重要贡献。

1944年7月15日至19日，参加"巴格拉季昂"的苏军波罗的海沿岸第1方面军在德文斯克—帕涅韦日伊斯地域击退了德军的强烈反冲击后，发起反击，于7月27日解放重要铁路枢纽施亚乌利亚伊，切断了由此至里加的铁路。8月1日，方面军前出至里加湾，切断了德军北方集群与东普鲁士的陆路联系，德军统帅部最担心的事发生了。德军迅即调集12个师又2个旅（6个坦克师、2个坦克旅）的兵力集结于波罗的海沿岸第1方面军的突破正面，发起持续的顽强反冲击。8月底，苏军被迫撤离里加湾，北方集群与东普鲁士的联系恢复。同期，苏军波罗的海沿岸第2方面军解放了烈捷克涅、德文斯克，波罗的海沿岸第3方面军（由编入列宁格勒方面军的沃尔霍夫方面军分出编成）解放了德军在波罗的海地区的防御枢纽——普斯科夫和奥斯特洛夫。列宁格勒方面军解放了瓦尔纳。德军在希特勒的强令下，固守普斯科夫湖地域和里加方向。务必保持北方集群与德国本土东普鲁士的陆上联系，这是德军统帅部不可动摇的意志。在此意志作用下，苏军波罗的海沿岸第1方面军终于被迫撤离了里加湾。但在其撤退之际，波罗的海沿岸第2、3方面军挟连胜之威势，直逼里加方向。列宁格勒方面军也指向塔林。必须粉碎德军北方集群，决不让其逃回东普鲁士，这是苏军统帅部的意志。两军统帅部这一场意志的大较量，终于化作苏军的1944年第八次大突击。苏军统帅部8月底决定，立即实施波罗的海沿岸战役，即第八次突击，解放波罗的海沿岸的各苏维埃共和国。参战苏军部队为波罗的海沿岸第1、2、3方面军和列宁格勒方面军。其当面之敌——德军北方集群共拥有50个师（5个坦克师、2个摩托化师）又3个摩托化旅及7个战斗群（由被苏军消灭或重创的师的残部拼成），大多为残缺师。9月14日，波罗的海沿岸第1、2、3方面军同时由威尔特西亚尔夫湖至米塔瓦一线发起向心攻击，直指里加方向。9月

15日,德军北方集群司令舍尔纳担心再次被切断退路,急电德陆军总参谋部,要求"今天就下达关于实施'翠菊'战役(北方集群在防御作战中退入东普鲁士的战役代号)的命令。火速下达!现在是撤退的最后时刻了,一旦俄国人在塔尔土附近发起进攻,我军就有被割裂和切断的危险"。德军统帅部9月16日复电,被迫允许北方集群有序退过里加,为实现此,德军在里加以南实施了强固防御,阻击苏军前出里加湾。9月17日,苏军列宁格勒方面军由塔尔土向塔林方向实施突击,舍尔纳的担心不幸言中。9月16日和19日,德军在米塔瓦西南地域和里加以南连续组织了两次反突击,以掩护德军后撤,但很快被苏军遏制。苏军3支波罗的海沿岸方面军从东、东北、西北三面进逼里加。列宁格勒方面军在波罗的海舰队协同下,9月22日解放爱沙尼亚首都塔林,9月27日,解放爱沙尼亚全境。北方集群面临被分割的危险,德军加速撤往东普鲁士。为切断北方集群后撤之路,苏军统帅部命令波罗的海沿岸第1方面军大迂回大机动转攻立陶宛的默默尔,直接前出东普鲁士边境,白俄罗斯第3方面军所属第39集团军掩护其左翼。10月5日,波罗的海沿岸第1方面军转攻默默尔,随即突破德军防御,北方集群试图以"日耳曼·戈林"坦克军反击,但被白俄罗斯第3方面军第39集团军钉死而动弹不得。北方集群察觉苏军意图又无能为力后,沿波罗的海沿岸速退东普鲁士,苏军波罗的海沿岸第2、3方面军立即展开追击。10月13日,两军解放拉脱维亚首都里加。10月10日,波罗的海沿岸第1方面军从陆上困死了默默尔城,沿默默尔以北的波罗的海沿岸前出至东普鲁士境内。同一天,白俄罗斯第3方面军第39集团军攻占了尤尔堡和塔乌腊格,也越过了东普鲁士边境。10月22日,该集团军肃清了涅曼河西岸从河口至尤尔堡一线的全部德军,北方集群继续后撤之路终于在东普鲁士边境被切断。未来得及撤出的30多个德国师于10月21日退入库尔兰半岛的土库姆斯的德军筑垒地域设防固守(在拉脱维亚西部沿海)。同期,列宁格勒方面军在红旗波罗的海舰队的协同下,实施了一系列登陆作战,解放了波罗的海的所有苏联岛屿。1944年10月底,苏军的第八次突击(波罗的海沿岸战役)胜利结束,苏军粉碎了德军北方集群,前出至东普鲁士边境,除库尔兰半岛和默默尔之外,完全解放了爱沙尼亚、拉脱维亚、立陶宛。此后,波罗的海沿岸第3方面军撤销,全部编入列宁格勒方面军;波罗的海沿岸第2方面军不久亦撤销,大部编入波罗的海沿岸第1方面军,少部编入最高统帅部预备队和列宁格勒方面军。列宁格勒方面军和波罗的海沿岸第1方面军及红旗波罗的海舰队按统帅部意图,采取围而不攻的战法,将库尔兰和默默尔的德军困死。1945年1月28日,在东普鲁士战役中,波罗的海沿岸第1方面军以一次漂亮的强击解放了由奄奄待毙的德军固守的波罗的海重要港口——默默尔市。1945年5月9日德国投降后,库尔兰残存德军向苏军无条件缴械投降。

1944年10月初,苏军以匈牙利为主战场,进行了1944年苏军的第九次突击(匈牙利战役),此次战役一直持续到1945年春季,最终成为1945年战局的重要组成部分。

在波罗的海沿岸战役进行之际,苏军卡累利阿方面军和北方舰队向彼特萨莫(贝辰加)—基尔肯内斯一线的德军发起进攻,实施了1944年苏军的第十次突击。此次突击,得到了苏军空军第7集团军(空7军)和北方舰队航空兵的协同。与苏军对抗的是德军山地步兵第 19 军,属德军山地步兵第 20 集团军,但德军第 20 集团军大部驻扎在北芬兰,尽管芬兰政府一再敦促其离境,仍赖留在那里,直至最后向美英盟军无条件投降。10 月 7 日,卡累利亚方面军从彼特萨莫以东发起突击,10 月 8 日,苏军强渡过提托夫卡河并进入土耳亚乌尔湖地域。德军见已被苏军从两翼迂回包抄,立即西撤,但为避免崩溃,其后卫及侧翼部队仍顽强阻击苏军。10 月 10 日,两军在彼特萨莫接近地展开血战,10 月 13 日苏军北方舰队海军陆战队在小沃洛科瓦亚海湾登陆,直插敌军后方,德军放弃有序后撤,急促西窜。10 月 15 日,彼特萨莫解放,该地域所有德军被肃清。卡累利亚方面军与北方舰队继续发展进攻,10 月 22 日,解放阿赫马拉赫奇这一盛产镍矿的地区。10 月 25 日,苏军解放挪威的基尔肯内斯。27 日,解放纳登和瑙特西。当天,挪威政府致函苏联政府,对苏军进入挪威表示欢迎,并说,北挪威人民欢欣鼓舞地迎接自己的解放者。此前,苏联政府已告知挪威政府,苏军进入北挪威纯为军事需要,苏联对挪威的主权、独立、领土完整高度尊重。10 月底,苏军 1944 年第十次突击大获凯旋,苏军完全解放了北极圈以内的苏联领土和北挪威,苏德战场最北线战斗结束。苏军北方舰队的驻泊、活动、作战条件根本改观,苏联最北方海上交通线的战斗也因此而胜利结束。1941 年底到 1942 年初,当德军闪击苏联(包括攻占摩尔曼斯克港)的战略企图失败之际,纳粹统帅部决定封锁苏联北方海上交通线,切断美、英援苏的北方通道。纳粹运用其驻挪威和北芬兰的海军舰艇及作战飞机,不断袭击美、英、苏运输船队和护航舰艇。苏军北方舰队与美、英、苏战友在地球的最北端海域同纳粹展开了殊死搏斗,以维系苏联联系英、美的北方海上交通线,保障苏联最北方各港口和美、英援苏物资的安全，同时掩护苏军卡累利亚方面军的侧翼。除1942年夏季苏、英海军及运输船队损失较大之外，在整个战争期间，苏联北方海上交通线上共来往了74趟护航运输船队，1470艘美、英、苏运输船只，此外还有41艘单独航行的船只，94%—95%的船只均安抵各港口。苏军北方舰队与英、美海军有效、成功地保障了这一海域数量高达500万吨的战争物资的安全运输。苏军北方舰队还常常出动舰艇与飞机，袭击德军的护航运输船队和北芬兰、北挪威的铁路与公路，瘫痪德军的海陆交通线。北方舰队的陆战队则常与卡累利亚方面军协同作战。贝辰加—基尔肯内斯战役的胜利，一劳永逸地解放了德军占据的北挪威各港口，使德国海军在此海域活动失去基地依托，德海军不得不向西、南缩减自己的活动区域与范围，苏、英、美海军与纳粹海军争夺地球最北端海上交通线的斗争以反法西斯同盟的凯旋而告结束。

1944年作为苏军取得决定性胜利的一年载入了波澜壮阔的反法西斯战争的史册。苏军连续进行的十次大规模突击解放了苏联的全部领土，共歼灭德军200余万，苏军前出至东欧和巴尔干各国及东普鲁士。苏军的十次突击及其历次战役，基本均采用钳形向心相向突击战术，首先突破德军两翼，然后合围、消灭其中坚，随即全线推进。在一次突击的中期或后期，就立即实施另一次突击，迫使德军北、中、南三线失顾，无法实施全线机动，只能被动挨打，不是仓皇后撤，即死守待毙。表现出苏军战略战役指挥艺术的成熟与高超。（在苏军进抵喀尔巴阡山脉之后，德军全线战略联系被切断，已根本不可能实施全线战略机动。）

苏军的全线大反攻到处得到了苏联沦陷区敌后游击队的配合、

协同、支持、策应。1941年6月底，苏共中央向全苏联人民发出号召：积极开展敌后斗争，在沦陷区建立游击队。7月中旬，苏共中央又做出"关于在德军后方展开斗争的特别决定"。随后，苏联政府和苏军统帅部采取了一系列具体措施组建敌后游击队：在苏军将撤出地区留下领导成员和机构，组建游击队；向敌后派遣精干的作战小分队，发动当地人民群众组建游击队；指示陷入敌后或被打散的苏军正规部队转入森林、草原、山地、丛岭、沼泽地区，联合当地人民群众组建游击队，等等。苏联沦陷区一切不愿忍受纳粹奴役并能够拿起武器的人们，纷纷参加游击队。1942年5月30日，苏军最高统帅部成立了全苏游击队司令部，德高望重的伏罗希洛夫元帅担任首任全苏游击队总司令。1942年9月，各沦陷区游击队司令由苏军统帅部派出作战飞机，接至莫斯科开会，斯大林、莫洛托夫、伏罗希洛夫自始至终参加了会议。会议总结了经验，确定了任务，强化了协同。1941年和1942年，游击队共歼德军近30万人。1943年，游击队人数增长了近一倍，迫使德军先后用25个师和50万仆从国军队与之作战。这年夏季，全苏游击队司令部提出了破坏德军铁路交通线的总计划。游击队在这一年炸毁德军军列11000余列，破坏了近6000台机车和近40000节车厢，击毁德军汽车22000余辆，炸毁900多座铁路桥梁，歼敌近30万。在许多州内建立了大片游击区，在游击区内，苏联政权机关照常工作。1943年，白俄罗斯游击队控制的地区，占整个白俄罗斯面积的60%以上。游击队的群众性、战斗组织和战术水平都有了很大的发展与提高。许多分散的游击队开始组成游击兵团，与苏军最高统帅部保持着紧密联系，苏军统帅部常将其作为战役力量使用。1944年，在俄罗斯敌占区，游击队兵力已达26万余人,在乌克兰达22万余人,在白俄罗斯则高达37.4万余人。在2月—6月期间,德军中央集群曾对白俄罗斯游击队进行了三次大规模扫荡,每次均以惨败而结束。在苏军实施"巴格拉季昂"(即白俄罗斯战役,亦即1944年苏军第五次突击)前夕,为制止德军机动和溃逃,白俄罗斯游击队在两夜间就拆除和破坏了3.6万余节铁轨。在战役期间,"全苏列宁共产主义青年团游击旅"与白俄罗斯第3方面军先遣部队共同解放了克腊斯诺耶市,"白俄罗斯共产党中央委员会游击旅"协助正规军解放了奥斯特罗韦茨市。在围歼明斯克以东的德军集团时,游击队也出了大力。游击队还通过抓俘虏、深入敌后侦察、打入敌人内部等方式为苏军统帅部提供了大量有高度价值的情报。一位参加过侵苏战争的德军军官承认:"同苏联游击队做斗争是件非常困难的事,因为他们非常熟悉地形,得到当地大多数居民的支援,很快就能获悉我们准备袭击他们的情报,因而轻易就避开了我们的袭击。所以,为了同游击队进行这种我们称之为'被动的斗争',为了保护铁路及重要交通干线,我们不得不调出大量的军队。但是,即使这样,也没能显著地限制住游击队的活动范围。在一些地区,游击队有自己的飞机场,他们在当地召收兵员,甚至征税,这些地区,我军的战斗分队和较大规模的部队也难以深入。"美国战地记者科杜埃尔阅读过一封被击毙的德国兵未写完的家信,信中有一段写道:"后方变得像前线一样危险,留在我们占领地区的俄国人大都参加了游击队,他们夜间向我们射击,烧毁我们居住的房屋。"朱可夫元帅说:"可以说,在敌后实际上存在一支由对法西斯怀有深仇大恨的人民复仇者(许多游击队员的亲人都被纳粹残害了)组成的强大的方面军。"因此,"德国统帅部实际上不得不在自己后方建立起对付游击队的第二战线，从而分散了大量兵力。"德军仍然被迫两线作战！尽管这是希特勒最忌讳的。朱可夫动情地写道："我想列举一下地下党组织的卓越领导人以及游击队和游击兵团的优秀指挥员，他们是：萨穆京、塔拉年科、科兹洛夫、萨布罗夫、博加特尔、马舍罗夫、科夫帕克、苏莫夫、阿尼西明科、梅利尼克、布尔钦科、卡普斯蒂、别格马、韦尔希戈拉、维尔希宁、波诺马连科、斯特罗卡奇、别利琴科、古谢因—扎杰、巴拉诺夫、鲁德涅夫、扎斯洛诺夫、舒莫斯卡斯、梅德维杰夫、加里宁。"他们中的有些人光荣地倒在了自己战斗的土地上，没有能够活到解放。但即使在他们倒下的那一瞬间，他们也知道这一天会来的。

是什么信念支撑着游击队员们走过了那么艰难困苦、阴郁黑暗的岁月，一直走到解放的呢？爱伦堡写道，他访问过的一位游击队员说，是"人民"，"一说到'人民'这个词，这位游击队员的声调都不寻常。"白俄罗斯著名作家沙米亚金访问过的一位游击队长对他说过这样一段话："在艰苦战斗之余，我有时也累得有点茫然，每天都有人伤亡。一天傍晚，我就这样待在森林里，许多游击队员们在我面前来来往往，忙忙碌碌，有许多女队员，她们中有不少人名字就叫娜嘉，有的还带着孩子，有些女孩子叫作薇娜。将这两个名字联系起来一念，我受到了某种启发：娜嘉，娜捷斯达，生命！薇娜，薇塔丽亚，希望！我们的游击队员们，象征着生命和希望！我明白了我们战斗的意义，我们是在为生命和希望而战！"[①] 正是人类所创造所坚持的最美好的一切，将纳粹导向灭亡，将人民引向解放！

[①] 娜嘉是娜捷斯达的爱称，娜捷斯达在俄语中为"生命"之意；薇娜是薇塔丽亚的爱称，薇塔丽亚在俄语中是"希望"之意。

七
"追击这只受了伤的野兽"

当苏军前出至东南欧巴尔干各国、波兰、东普鲁士一线时，斯大林代表苏军统帅部提出了苏军的最后任务：与反法西斯盟国一起，"追击这只受了伤的野兽，将它打死在自己的巢穴里。"苏军统帅部决定在1945年实现这一任务，首先将延续至1945年的1944年苏军第九次突击贯彻到底。1944年9月底，匈牙利法西斯政权为了帮助纳粹，在前出至巴尔干的苏军正面展开了匈牙利第1、2、3集团军。苏军统帅部决定，对希特勒在东南欧的最后一个盟友匈牙利，实施苏军1944年的第九次突击，参战部队为挟第七次突击大胜之威势的乌克兰第2、3方面军。并以乌克兰第4方面军进攻喀尔巴阡山脉各口，以分散德、匈联军兵力，在战略上配合第九次突击。1944年10月2日，乌克兰第2方面军向德、匈军队发起突击。10月6日，方面军击溃了匈牙利第3集团军，在许多地点强渡了提索河，在巴亚—德拉瓦河口一线前出至多瑙河。10月20日，方面军攻占德布勒森，深远迂回了匈境内德、匈联军的侧翼。同期，乌克兰第3方面军发起进攻，配合南斯拉夫人民军实施了贝尔格莱德战役，并独立实施了特兰西瓦尼亚战役,将匈军第2集团军彻底击溃。此时,乌克兰第4方面军越过了多林的喀尔巴阡山主脉,向乌日哥罗德和木卡切沃发展进攻。10月18日,乌克兰第4方面军翻越喀尔巴阡山主脉,突破德军喀尔巴阡山防线。10月26日,解放木卡切沃,27日解放乌日哥罗德。在进攻中,方面军解放了整个外喀尔巴阡乌克兰,重创德军第1坦克集群,全歼匈牙利第1集团军,同时援助了捷克斯洛伐克人民的反法西斯斗争。此后,乌克兰第4方面军继续在喀尔巴阡山脉沿线展开攻击,乌克兰第2、3方面军则钳形追击向布达佩斯方向溃逃的德匈联军。在苏军的打击下,匈牙利反动政权终于明白纳粹战败已成定局,于10月15日向世界反法西斯统一战线各同盟国提出缔结停战协议、匈牙利退出战争的要求。但希特勒决不允许丢失匈牙利,不仅因为匈牙利拥有丰富的铝矿和其他战略资源以及德国在此建立的军事工业基地,而且因为匈牙利是通向奥地利和德国南部的门户,军事地位极其重要。10月16日,希特勒支持萨拉希集团取代霍尔蒂集团,攫夺了匈牙利政权,萨拉希集团向希特勒保证不惜任何代价继续与德国一起进行战争。苏军立刻不停顿地展开进攻。11月初,乌克兰第2方面军抵达布达佩斯的东面和北面;乌克兰第3方面军经3周激战,强渡了多瑙河,于11月底全军渡毕,进抵巴拉顿湖以东和以北地区。12月26日,两支方面军在布达佩斯西北会师,合围了布达佩斯城内的18万德匈联军。希特勒出于两个原因疾速调兵驰援布达佩斯:其一为匈牙利的重要性;其二,他估计,苏军1945年的进攻将沿用钳形相向向心突击战术。只有在击败德军南(匈牙利)、北(东普鲁士)两翼后,中路(维斯瓦河—奥德河即波兰一线)苏军才会进攻,因此他首先增强两翼的兵力,将德军统帅部仅有的预备队派去了东普鲁士,将苏德战场上德军坦克部队的三分之二调到了匈牙利。至1944年底,新调了9个坦克师至匈牙利战场。他想守住两翼后,再集中力量对付中路苏军。作了这一番部署后,希特勒在1944年12月28日对其将领们发表的冗长训话中,竟然"对俄国战场表示乐观",他坚信自己的战略判断,说:"我们大体上还能守得住东战场。"希特勒的调整部署增加了苏军匈牙利战役(1944年第九次突击)的难度。苏军立即相应调整部署,以乌克兰第3方面军建立起坚固的布达佩斯合围圈的对外正面,以乌克兰第2方面军围歼布达佩斯之敌。1945年1月2日至7日,德军以8个师(5个坦克师)的兵力向布达佩斯方向实施突击,被苏军的顽强抗击和反突击粉碎。1月7日至13日,德军又以7个师(3个坦克师)的兵力发起第2次解围突击,再次被苏军的顽强抗击和反突击粉碎。1月18日,德军以集中在狭窄正面上的5个坦克师,奋力实施第3次解围突击,当天,楔入乌克兰第3方面军防线并前出至多瑙河,逼近布达佩斯,乌克兰第3方面军英勇抗击并隐蔽灵活地调动了预备队,于1月27日转入反攻,将德军赶回其出发阵地。与此同时,乌克兰第2方面军紧缩了布达佩斯合围圈。1月下旬,布达佩斯东部敌军被肃清,2月13日,布达佩斯全部敌军被肃清,部分突围的敌军被苏军围歼于布达佩斯西北的森林中。至此,苏军的1944年第九次突击完成。1944年12月21日,匈牙利各民主团体在德布勒森召开了临时国民议会,成立了临时国民政府,新政府立即宣布废除与纳粹的联盟,并于12月28日对德国宣战。布达佩斯解放后,匈牙利在新政府领导下,与苏军一起开始解放匈牙利全境。

希特勒丢失布达佩斯后，深感德军态势恶化，德国南部门户将洞开，遂作全力反扑。在巴拉顿湖附近，德军集结了35个师（11个坦克师），于3月5日，自巴拉顿湖以南—巴拉顿湖—雅连采湖（又译作韦伦策湖）一线对苏军开始疯狂反扑。在此线转入防御的乌克兰第3方面军依据工事和强大的火力以及机动预备队，不断击退德军的进攻。至3月15日，方面军在防御战中歼敌4万余名，击毁德军坦克500余辆，致德军战役预备队消耗殆尽。3月16日，方面军与经休整补充的乌克兰第2方面军奉命发起维也纳战役，两支方面军分别向帕洛塔—帕波方向和迪厄尔方向发起突击，以分割消灭德军刚组编的以韦勒上将为首的新南方集群。3月25日，两支方面军分别达成其战役目的，粉碎了德军新编南方集群的基本兵力。3月26日，两军追歼逃窜德军，向维也纳疾进。3月30日，突破德军沿奥（地利）匈边境构筑的防线。巴拉顿湖一线德军被粉碎、清除。4月3日，乌克兰第3方面军攻占维也纳南面与西面接近地。4月4日，乌克兰第2方面军解放斯洛伐克首府布拉迪斯拉发，随即逼近维也纳北部和西北部接近地。4月8日，苏军开始强攻维也纳，9日，苏军攻入维也纳，与德军展开激烈巷战。10日，德军残部撤过多瑙河，13日，奥地利首都维也纳解放。4月15日，乌克兰第3方面军解放圣珀尔顿市，并前出至东阿尔卑斯山林地带—圣珀尔顿—瓦那日丁—木尔河一线。乌克兰第2方面军则转师布拉格方向。维也纳战役，苏军西进了200公里，粉碎了德军新编南方集群（仅俘虏就抓了13万余名），解放了匈牙利全境、奥地利东部、捷克斯洛伐克的大部分，进逼德国南部。

1944年10月，斯洛伐克起义者在苏捷联军未能突破喀尔巴阡山脉一线德军纵深防御与之建立联系的情况下，与德军激战失利，转入山区坚持斗争。苏军乌克兰第4方面军在完成了1945年1月攻势后，前出喀尔巴阡山主脉，月底，其右翼已前出至维斯瓦河—奥得河上游一线，中路和左翼已进入喀尔巴阡山主脉（山脉中部），3月底，已前出至斯洛伐克工业中心城市沃斯特拉伐接近地—伊斯捷布涅—弗鲁特基一线。德军全力扼守沃斯特拉伐工业区，乌克兰第4方面军（在苏联组建的捷克斯洛伐克第1军在其编成内）连月征战，休整不够，补充不及，久攻不克，遂在该地区转入防御，与敌军对峙。但乌克兰第4方面军在3月已全军越过了喀尔巴阡山主脉和西喀尔巴阡山区，成功地掩护着苏军中央战线（白俄罗斯第1方面军和乌克兰第1方面军，在维斯瓦河—奥得河—波兰—柏林一线）和南方战线（乌克兰第2、3方面军）的左翼和右翼，成为两个战线的坚强结合部，致德军无机可乘。4月中旬，乌克兰第2、4方面军协同，对捷克斯洛伐克全境发动攻击。5月6日，乌克兰第4方面军解放沃斯特拉伐工业区，并前出至沃洛梅茨。同时，乌克兰第2方面军攻占布尔诺地，两军歼灭了摩拉维亚境内的德军，并合围了捷克斯洛伐克境内的全部德军，使之不能西撤、北撤以加强柏林方向。5月5日，捷克首都布拉格人民为加速解放进程，发起全民起义，成千上万民众一夜间筑起了1千多座街垒，冥顽不化的布拉格地区德军集团全力镇压，3万名捷克爱国者和纳粹匪徒展开了殊死搏斗。5月6日，已完成柏林战役任务的苏军乌克兰第1方面军右翼各兵团包括捷克斯洛伐克第2军（在苏联境内组建）从德累斯顿以北挥师南下，猛进布拉格方向；5月7日，乌克兰第2方面军从东北方向向西南疾进布拉格；5月8日，乌克兰第4方面军派出快速集群（坦克集团军和机械化师）和已与其会师的斯洛伐克起义者火速驰援布拉格。5月9日晨4时，乌克兰第1方面军突进布拉格，6小时后，肃清布拉格市内德军。午后，乌克兰第4方面军快速集群经一昼夜200公里强行军后，抵达布拉格。捷克斯洛伐克第1军举行了盛大的入城式，布拉格万民空巷，夹道街头，欢迎自《慕尼黑协定》以来昂首阔步进入首都的自己祖国的部队，许多市民亲吻自己的战士。5月10日，苏军3支方面军在布拉格东南35公里处会师，合围了以舍尔纳上将为首的德军再度新整编的中央集群残余和新南方集群的残余、奥地利集群的全部部队55万余人，5月11日，将其全歼（大部缴械投降，少部逃窜、顽抗者被击毙），捷克斯洛伐克全境解放。苏军乌克兰第2、3、4方面军连续进行的匈牙利战役、喀尔巴阡山脉战役、维也纳战役、斯洛伐克战役、捷克战役（乌克兰第1方面军参战）不仅解放了这些国家（奥地利为东半部），而且彻底封闭、锁死了德国本土南部，德军新编南方集群和新编中央集群（两大集群囊括了德军常驻巴尔干的F、E集群的全部残存兵力、由维斯瓦河—奥得河一线溃逃至此的新编A集群残部和驻守捷克斯洛伐克的全部兵力）以及原新南方集群残余、奥地利集群全军覆灭，德军苏德战场南线兵力彻底消耗殆尽，希特勒企图长期坚持南线维系战争的计划彻底破产，苏德战场南线战事以苏军和反纳粹盟军（最后在此线参战的有罗马尼亚、保加利亚、捷克斯洛伐克人民军）的完全胜利宣告结束。

苏军统帅部1945年作战计划恰恰出乎希特勒意料之外，他常具有的惊人的尽管是神经质的敏感已不再正确。当苏军分别进入东普鲁士（苏德战场北线）、波兰（维斯瓦河—奥得河，苏德战场中线)、巴尔干各国(东南欧、苏德战场南线)之际,苏军最高统帅部一反惯常采用的先突破战线两翼,再全力进攻中线(如1944年第一次突击先解放北线的列宁格勒州,第二次突击解放南线的乌克兰,第5次突击才全力进攻中线的白俄罗斯,围歼德军中央集群)的打法,决定集中前所未有的重兵集团,首先突破中线,解放波兰,进逼柏林。恰在此时,希特勒自作聪明地做出了加强北、南两翼的决定,并随即按此调整了部署。苏军虽展开了南翼作战,但其一是继续完成1944年的第九次突击,其二正是为了分散德军中线兵力。苏军随后实施的东普鲁士战役(北翼),其一是为深入突击德国本土,其二也是为了分散德军中线兵力,希特勒的德军部署调整(将统帅部预备队派往东普鲁士,集中坦克部队主力于东南欧)恰好符合苏军统帅部战略意图,这恐怕就是充分显现的、纳粹行将覆灭的预兆。暂时撇开苏军统帅部的高明决策不论,这大约就是人们常说的"上帝的安排"。敏感察觉到苏军这一战略意图的德军将领,只有古德里安一人,他当时复出,担任最后一任德国陆军总参谋长。这个一会儿自诩"闪击英雄",一会儿自谦"一个士兵"的纳粹将领,在1944年圣诞节和1945年元旦早晨,两次要求希特勒加强中央战线,因为他"预料苏联将于1月中旬在波兰发动进攻",但当时即被希特勒斥责为"胡说"。1945年1月9日,古德里安在苏军中线大进攻之前,再次带上他的谍报处长盖伦面见希特勒,"盖伦企图用地图和其他图表向元首说明,在俄国即将发动的攻势下,德国所面临的十分危险的处境。""希特勒大发雷霆,他说这些图表是'完全荒谬'的,并且命令我把编制图表的人关进疯人院去,仅仅因为他们如实的编制与希特勒想象的不一样。"古德里安愤愤地写道。古德里安的

"胡说"很快言中!

1945年1月,苏军集结于维斯瓦河—华沙方向的兵力为白俄罗斯第1和乌克兰第1方面军,是苏军诸多方面军中实力最强的两支方面军,共拥有180个师。白俄罗斯第1方面军辖有5个诸兵种合成集团军、2个坦克集团军(是苏军坦克集团军中最强的近卫第1、2坦克集团军)、2个坦克军和2个骑兵军、1个空军集团军;乌克兰第1方面军辖有5个诸兵种合成集团军、2个坦克集团军、3个坦克军和1个机械化师、1个空军集团军。白俄罗斯第1方面军司令员为朱可夫元帅[①]。苏军的战略意图是,以强大突击一举粉碎德军中央防线,前出德国腹地,进逼柏林。在苏军白俄罗斯第1和乌克兰第1方面军正面的德军,是以哈佩上将为首的(1945年1月后是舍尔纳上将)新整编的A集群,共拥有36个师(4个坦克师,2个摩托化师)又2个旅以及50个战斗分队(营),约40万兵力。苏军在兵力和兵器各方面均占绝对压倒优势。苏军预定发起攻势的时间是1945年1月20日。但1944年12月16日,希特勒集中20个师的兵力在

[①] 1944年10月,苏军已全面集中前出至巴尔干—波兰—东普鲁士一线,苏德战场战线大大缩短,苏军最高统帅部认为已无必要再派出最高统帅部代表去前线贯彻统帅部意图和协调若干方面军的行动,可以由最高统帅部直接指挥各个方面军了。鉴于第1白俄罗斯方面军指向柏林方向,极为重要,苏军副最高统帅朱可夫被统帅部任命为司令员,原司令员罗科索夫斯基元帅改任白俄罗斯第2方面军司令员。1945年年仅38岁的契尔尼亚霍夫斯基大将任白俄罗斯第3方面军司令员。乌克兰第1、2、3、4方面军司令员分别是科涅夫元帅、马林诺夫斯基元帅、托尔布欣元帅、叶廖缅科大将。波罗的海沿岸第1方面军司令员是巴格拉米扬大将。列宁格勒方面军和卡累利阿方面军司令员分别是戈沃罗夫元帅和麦列茨科夫元帅。苏军最高统帅部的日常工作由斯大林、华西列夫斯基元帅——总参谋长、安东诺夫大将——副总参谋长主持,在他们手下,还有年轻——37岁、能干的作战部长什捷缅科上将,这基本上构成了苏军的最强指挥阵容。

在二战中战功卓著的的苏军朱可夫元帅

西线战场（苏德战场为东线）阿登森林地域对美英盟军发起最后一次反攻，美英盟军未料到希特勒困兽犹斗（实际上被希特勒委任为这次反攻总指挥的伦斯泰德元帅甚至都不愿意领衔受命，在希特勒强迫下，他说完"对于我来说，战争在1944年9月已经实际上结束了"这句话，还是勉强赴任去了），一时措手不及，英国首相丘吉尔在1945年元旦致信斯大林，希望苏军在东线发起进攻，以分散德军兵力，缓解西线压力。斯大林立即复电丘吉尔，表示苏军将倾力援助盟军。1945年1月12日，比预定计划提前8天，苏军白俄罗斯第1方面军和乌克兰第1方面军以180个师的全部兵力发起维斯瓦河—奥得河战役，直袭德国心腹地带。威廉·夏伊勒写道："这是大战以来俄国发动的最大的一次攻势，斯大林投入了180个师的兵力，其中很大一部分是装甲师，它们锐不可当，势如破竹。"白俄罗斯第1方面军从已占领了的维斯瓦河东岸自那累夫河口至尤泽福夫宽达270公里的正面（包括马格努舍夫地域和普瓦维地域登陆场）出击，进攻锋芒直指库特诺—波兹南—罗兹方向；乌克兰第1方面军从已占领了的维斯瓦河东岸自尤泽福夫至亚斯沃宽达230公里的正面（包括巨大的散多梅希地域登陆场）出击，突袭锋芒直指拉多姆斯科—弗劳兹拉夫方向，苏军突击正面总宽度达500公里，横贯大半个波兰。乌克兰第4方面军从亚斯沃以南向克拉科夫实施辅助突击。3支方面军的全部航空兵都集中于主要突击方向。1月12日，乌克兰第1方面军先行突击，当天，突破德军第一防御地带，德军急急撤往第二防御地带，方面军快速兵团——坦克集团军全速前进，于1月13日先敌进抵德军第二防御地带，与德军部署在此的战役预备队展开激战，当天，方面军所属空军第二集团军出动飞机692架次，轰炸德军战役预备队。1月14日，德军第二防御地带崩溃，一线二线德军汇合西逃，方面军转入追击。1月15日，解放基埃尔塞市，击溃德坦克第24军。1月17日，攻占交通枢纽拉多姆斯科和琴希托霍瓦市。仅5天，达成战役第一阶段目标。1月15日，乌克兰第4方面军向新松奇—克拉科夫方向发起突击，1月19日，协同乌克兰第1方面军解放了波兰重要城市克拉科夫和罗兹，有力地保障了乌克兰第1方面军南翼。如此严密的协同进攻，使德军无丝毫反击余地与可能。1月14日，战役主力——苏军第1白俄罗斯方面军开始进攻，当天突破德军防御体系，德军急将此方向的战役预备队投入战斗，想堵住缺口，但在1月15日被全部粉碎，方面军乘胜疾进。1月16日，配属方面军的波兰第1集团军（在苏联境内由波兰爱国者组建）向华沙展开突击，方面军所属空军第16集团军为支援突击，当天出动飞机3500架次，狂轰滥炸德军防线。1月17日，解放索哈切夫地域，切断华沙德军西退之路。1月17日，波兰第1集团军以惊涛般的复仇热情与气势攻入祖国首都华沙，苏军随即入城。自1939年9月华沙沦陷以来，德军罪行罄竹难书，苏、波联军入城时，华沙已成为一片废墟，华沙街头仍躺着许多在1944年8月1日—9月下旬华沙人民举行的大起义中被德军屠杀的烈士的尸骸。在这次起义中，华沙人民共有20万被屠杀。波苏两军战士见状，热泪盈眶，咬牙切齿，以同仇敌忾之势转入猛追西逃之敌。当天，龟缩于基埃尔塞—拉多姆地区的德步兵第42军和逃窜至此的德军被乌克兰第1方面军和白俄罗斯第1方面军合围全歼。自1月12日—17日，两支方面军彻底摧毁了德军苦心构建的维斯瓦河防御体系，德军A集群被全线击溃，部分兵力被合围，苏军西进100—140公里。随后，白俄罗斯第 1 方面军向波兹南方向、乌克兰第 1 方面军右翼向弗劳兹拉夫方向、左翼向卡托维兹方向发展进攻，战役进入第二阶段。两支方面军的后续进攻自 1 月 19 日启动，全军在整个进攻正面上平行快速推进，猛追逃敌。希特勒此时方才明白德国腹地危在旦夕，但这位罪孽深重的纳粹魁首只能一如既往地以暴跳如雷来对待。古德里安说："1945 年前线来的消息越发不妙，他暴跳如雷的时候就越来越多了。他发脾气的时候总是手脚发抖，无法控制。"当维斯瓦河防御体系全线崩溃时，"他站在我面前晃着拳头，我那好心肠的副总参谋长托马尔不得不抓住我的衣襟，把我向后拉了一把，他怕我会被他冷不丁地揍一下。"还是古德里安这位参谋长使出浑身解数，从 1 月 19 日—2 月 3 日，向白俄罗斯第 1 方面军和乌克兰第 1 方面军的进攻正面急调了 30 个师（尽管绝大多数是残缺的）和 300 多支小部队（营、连级部队，许多是守备队，不是野战军），但所有这些部队均未能阻挡住气势如潮，突击汹涌的苏波联军，他们往往一被投入，就被打散、击溃、合围、歼灭。1 月 25 日，白俄罗斯第 1 方面军前出至波兹南，合围了波兹南地区 62000 余名德军，方面军以部分兵力围歼德军，大部兵力继续西进。1 月 31 日，方面军大部队前出至奥得河东岸沿线，开始在屈斯特伦地区强渡奥得河，2 月 3 日，方面军将东岸德军全部肃清，并在奥得河西岸攻占了几个小登陆场，方面军距柏林仅 60—70 公里。2 月 13 日，波兹南地区被围德军被全歼，波兹南解放，但德军沿奥得河一线拼死抵抗，白俄罗斯第 1 方面军战役目的已全部达成，沿此线转入防御，与德军的柏林方向重兵集团对峙。乌克兰第 1 方面军右翼 1 月 19 日攻入德国国境，23 日，方面军全军进入德国国境。1 月 22 日，方面军右翼先头部队前出至奥得河东岸沿线，1月23日，解放弗劳兹拉夫，并在此地段强渡了奥得河，夺占了河西岸数个登陆场。1月25日，在克本—奥波累一线前出至奥得河。向卡托维兹方向继续进攻的乌克兰第1方面军左翼，于1月19日进攻的当天突破了瓦尔塔河德军防御，从北面迂回了西里西亚工业区的德军集团，1月23日至25日，方面军左翼的第21集团军前出至奥波累—塔尔诺夫斯克古雷—博伊滕一线，从南面迂回了西里西亚工业区。西里西亚工业区是德国第二大工业地区（战后，据雅尔塔协定，作为赔偿割让给了波兰），集中了大量重工、军工企业，还出产丰富的煤矿，其地位仅次于鲁尔工业区。在鲁尔区成为美英空军密集型地毯式轰炸的重点目标之后（德累斯顿在大轰炸之中，死了近25万德军和居民，成为一片废墟，希特勒甚至都没有勇气应纳粹要员之邀前去视察），更多的德国企业迁到了西里西亚，德军统帅部决心死守。苏军统帅部为了完整地得到西里西亚工业区，决定对此地域德军采取半合围的进攻态势，不封闭合围圈，敞开西南方向，以半环形的攻击压力迫使德军由此预置方向撤出西里西亚工业区。德军统帅部苦于兵力不足，死守无望，又怕面临被合围的灭顶之灾，于1月26日仓促下令撤出西里西亚工业区，退守奥得河西岸和尼斯河西岸一线，以全力扼守柏林。1月28日，苏军攻占东布罗伐煤矿区中心卡托维兹市。1月29日，西里西亚残存德军被全部肃清，部分来不及撤走逃至该区西部森林地带的德军被围歼。德国失去西里西亚工业区是对纳粹继续进行战争的能力的一个毁灭性打击。截止德国投降，德国煤的产量仅为1944年同期（1月—4月）的1/4，钢产量则为1/6。1月30日，乌克兰第1方面军左翼前出至奥得河，并在西岸某些地段夺取了登陆场。乌克兰第4

方面军在维斯瓦河—奥得河战役的第二阶段，在波兰南部亚斯沃至科希策200公里宽的正面上发起进攻，突破了西喀尔巴阡山区的德军防线，开始攻占喀尔巴阡山主脉各口，解放了波兰西南部，并向捷克斯洛伐克境内推进了100—200公里，1月底，已前出至比亚拉—扎科帕涅一线，钳制并歼灭了大量德军，为最后解放捷克斯洛伐克奠定了基础。

维斯瓦河—奥得河战役在1月底胜利结束，苏军西进了570公里，彻底粉碎了德军新整编的A集群，歼敌35个师（因德军西逃迅速，大部是重创或击溃），30余万兵力，仅俘虏就达14万7千余人。解放了波兰全境和捷克斯洛伐克的一部分，苏军深入了德国东部和东南部，在奥得河—尼斯河一线休整补充，积极备战，准备直取柏林。

希特勒照常以一阵狂怒对苏军的胜利作了无可奈何、无能为力的发泄。从黑色幽默角度理解，这可以看作是他对反法西斯战线所获胜利的一种"祝贺"方式。1945年2月13日，他和古德里安在苏德战场问题上大吵了两个钟头。"他站在我面前，举起拳头，脸上气得通红，全身发抖。狂怒使他完全变了形，丧失了控制自己的能力。在每一次发作之后，他就在地毯上走来走去，然后猛地在我面前停下来，重新指着鼻子骂我。他几乎是放开嗓门嘶叫，两只眼睛鼓得要突出来，额边的青筋也暴了起来。"古德里安后来的回忆录里这样写道。

为了粉碎德军在奥得河沿线建立永久性强固防御体系的计划，乌克兰第1方面军受命不停顿地实施下西里西亚和上西里西亚战役。乌克兰第1方面军在1月份攻势行将结束时，在一周内调整了兵力部署，加强了方面军右翼，为实施下西里西亚战役做好了准备。2月8日，方面军右翼从弗劳兹拉夫以北的登陆场向科特布斯方向展开突击，连续突破该地区德军奥得河防线、博伯尔河—克维斯河筑垒防线，于2月24日前出至自尼斯河河口至彭泽赫一线，歼敌近6万人。下西里西亚战役胜利结束后，乌克兰第1方面军进行了20余天的休整与补充，于3月15日发起了上西里西亚战役。方面军兵分两路，一路从格罗特考地域向南实施突击；另一路从腊契布希以北地域向西实施突击，3月中旬末，方面军两路进攻集团在奥波累西南地区会师，合围了德军5个师，经激战，于3月底将其全歼，共4万5千余人。至此，上、下西里西亚地区德军全部被肃清。3月31日，方面军前出至斯彻林—尼斯—那契布希—苏台德山前地带一线。上、下西里西亚战役结束后，乌克兰第1方面军已全军渡过了奥得河最南段（德军奥得河防线的非主要防御段），前出至尼斯河沿线—苏台德高地山前区域一线，在此转入防御，积极备战，从东南方向威逼柏林。

东普鲁士是德国法西斯的策源地之一，希特勒的军事大本营"狼穴"就设在这里。1944年秋冬，由苏德战场中央战场（正西方向）败退的德军中央集群残部和由苏德战场波罗的海沿岸战线（西北战线）及北方战线（列宁格勒方向）败退的德军北方集群残部（另一残部固守在库尔兰半岛），纷纷溃逃龟缩于此，纳粹统帅部将这两个德军集群的残部拼凑、补充，于1944年11月，将其组编为新的中央集群，任命莱因哈特上将为司令，企图依靠此集群构建已大大紧缩了的苏德战场德军北翼。1944年底，希特勒基于自己的战略判断，为此集群加强了统帅部预备队，使其拥有41个整师（3个坦克师、4个摩托化师）又一个旅，并拥有强大的工兵等特种部队，近60万兵力，还得到戈培尔、希姆莱等纳粹头目主持组建的所谓"人民冲锋队"20万人的支持。为他们提供空中掩护和支持的是德空军第6航空队的515架作战飞机。东普鲁士濒临波罗的海，是德海军重要基地群所在，并且是德国重要的产粮区之一。鉴于此，德军统帅部在此构筑了十分完善的、纵深梯次配置的防御体系，修筑了不计其数的永固工事和野战工事，企图死守东普鲁士，大量消耗和钳制苏军，掩护战线中央地段（柏林方向），待西线阻击住美英盟军后，再调兵东进集中力量反攻苏军。苏军在白俄罗斯战役即1944年第五次突击（"巴格拉季昂"）大获全胜之后，白俄罗斯第1、2、3方面军均已前出至东普鲁士地区；在波罗的海沿岸战役（1944年苏军第八次突击）获胜之后，苏军波罗的海沿岸第1方面军也已前出至东普鲁士边境波罗的海沿线。1944年底，苏军为实施中央突破战略调整部署，白俄罗斯第1方面军全军集中于柏林方向；波罗的海沿岸第1方面军继续围困波罗的海重要港口城市、德军主要海军基地之一——默默尔，同时可靠地掩护、屏蔽东普鲁士东北边境区域波罗的海沿线；以白俄罗斯第2、3方面军直取东普鲁士腹地。苏军统帅部决定以白俄罗斯第2、3方面军实施东普鲁士进攻战役，战役企图是：分割、合围、歼灭德军中央集群（1945年1月26日，德军统帅部将其改称北方集群，以伦杜利克上将取代莱因哈特出任司令官），前出至东普鲁士的波罗的海沿岸全线，攻占其所有重要港口，一劳永逸地消除德国海军特别是其潜艇部队在此地的活动（因丧失驻泊基地），在战略上有力地配合、支援苏军白俄罗斯第1和乌克兰第1方面军在战线中央地段特别是华沙—柏林方向的进攻。白俄罗斯第2、3方面军共拥有167万兵力，28360门火炮和迫击炮（其中1000架喀秋莎火箭炮），3300辆坦克和自行（强击）火炮，近3000架作战飞机。苏军对德军占有全面优势，兵力达2.8:1，火炮、迫击炮达3.4:11，坦克4.7:11，作战飞机5.8:11。在主要突击方向的每1公里宽的正面上，苏军就集中了203门火炮和迫击炮，51辆坦克和自行火炮。苏军波罗的海舰队奉命全力破坏、切断德军的海上交通线，阻断德军由海上得到给养补充，阻断库尔兰被围德军和东普鲁士德军由海路撤退。在白俄罗斯第2、3方面军抵达波罗的海沿岸后，以舰队炮火支援其进攻并掩护其滨海侧翼。

1945年1月13日，白俄罗斯第3方面军发起进攻，1月14日，白俄罗斯第2方面军发起进攻。1月15日，白俄罗斯第3方面军突破德军第一防线，1月16、17日，配属方面军的苏空军第1集团军共出动3468架次飞机轰炸德军第二防线，1月17日，德军第二防线被突破。1月16日，白俄罗斯第2方面军突破德军第一防线，1月17日，在空军第4集团军的有力支持下，突破德军第二防线，并攻占切哈努夫和新米亚斯托两市。1月18日，合围姆瓦伐筑垒地域，1月19日，攻克姆瓦伐市并全歼守敌。至1月18日，两支方面军均胜利完成了战役突破，分别向维斯瓦河湾和哥尼斯堡疾进，意图合围德军中央集群。1月23日，白俄罗斯第2方面军切断了除哥尼斯堡—埃尔布隆克公路以外的、德军退过维斯瓦河的所有道路。德军趁此唯一道路未被切断之际，下令急速后撤，方面军立即猛追。1月26日，方面军主力前出至维斯瓦河湾，封锁了埃尔布隆克市，切断了东普鲁士德军后撤的全部交通线。当天，中央集群司令莱因哈特被撤职，伦杜利克上将代之，中央集群改称为北方集群。此后，白俄罗斯第3方面军以部分兵力自西掩护维斯瓦河下游沿线，主力回师东北突击哥尼斯堡方向。白俄罗斯第3方面军1月19日攻占了提尔济特市，深远迂回了因斯特堡德军集团。1月22日，攻占因斯特堡，方面军前出至库尔斯克湾海岸和代梅河。1月26日，方面军逼近哥尼斯堡外围，同日，还全部占领了马祖里湖地区，在白俄罗斯第2方面军协同下，全歼该地区德军。1月28日，波罗的海沿岸第1方面军乘白俄罗斯第2、3方面军胜利之势，以一次强突击攻占了默默尔市，使德海军丧失了一个重要基地，沉重打击了该地区德国海军，为苏军波罗的海舰队掩护进攻的苏军的滨海侧翼提供了良好条件。1月26日深夜，德军作困兽斗，集中兵力对白俄罗斯第2方面军发起猛烈反突击，方面军第47集团军措手不及，被其击退。方面军迅速调遣坦克集团军进行反击，1月31日，遏制了德军反突击，将其全部驱回原出发阵地。趁白俄罗斯第2方面军与德军激战之际，白俄罗斯第3方面军在1月底合围了哥尼斯堡德军集团。白俄罗斯第2方面军也乘胜推进，分割包围德军。至1月底—2月初，东普鲁士残存德军被分割为三部分，并被分别合围，一部分在哥尼斯堡西南勃拉温斯堡地区（约20个师）；另一部分在哥尼斯堡（5个师和要塞部队及其他许多被打散的部队）；第三部分在哲姆兰半岛（8个师）。2月8日，苏军统帅部命令白俄罗斯第2方面军准备实施东波美拉尼亚战役：从维斯瓦河向西进攻，消灭东波美拉尼亚的德军维斯瓦集群。白俄罗斯第2方面军遂将部分所属部队（4个集团军）转隶白俄罗斯第3方面军后，挥师西进。全歼被压缩在波罗的海沿岸的东普鲁士德军集团的任务，苏军统帅部下达给了白俄罗斯第3和波罗的海沿岸第1方面军。2月中旬，苏军首先开始聚歼哥尼斯堡西南勃拉温斯堡地区最强大的被围德军集团。因此地防御体系坚固，苏军的进攻非常艰难，用当时参战的一位苏军集团军参谋长的话说，要"一个一个地咬穿德军筑垒配系"。2月18日，白俄罗斯第3方面军司令员、38岁的契尔尼亚霍夫斯基大将在深入前线指挥时不幸身负重伤阵亡，苏联政府和苏军最高统帅部发布的讣告称："契尔尼亚霍夫斯基大将的牺牲，使国家及我军失去了一位在伟大卫国战争过程中锻炼出来的才华出众的年轻统帅。"华西列夫斯基元帅说："失去了伊凡·达尼洛维奇·契尔尼亚霍夫斯基，我感到非常沉痛。我同他很亲近并且非常了解他。……他勇敢、果断，但又是一个心肠特别好的人。在1943年1月的沃罗涅日—卡斯托尔诺耶战役中，他所指挥的集团军在第一天就解放了沃罗涅日。在后来攻占库尔斯克的战斗中，又是他的集团军，在一昼夜就拿下了这座城市，他指挥集团军时才36岁。"苏军最高统帅部于2月19日任命华西列夫斯基元帅接任白俄罗斯第3方面军司令员，安东诺夫大将接任苏军总参谋长。3月13日，方面军在调整部署后发动了新的猛烈攻势，血战至3月26日，全歼被合围在勃拉温斯堡（现名布那内伏）的德军20个师（击毙8万余人）。尔后，白俄罗斯第3方面军集中兵力粉碎哥尼斯堡被围德军，方面军自4月3日起，对被围德军进行了3天炮击（5千门火炮、迫击炮）和空军轰炸（共出动飞机7千余架次），4月6日，方面军以3个集团军的兵力从南面、以1个集团军的兵力从北面强击哥尼斯堡。4月9日，苏军攻占东普鲁士核心哥尼斯堡，全歼守敌近14万。同期，苏军攻占了波罗的海另一重要港口城市皮尔拉伊。4月13日，白俄罗斯第3方面军和波罗的海沿岸第1方面军乘胜进击被合围在哲姆兰半岛（哥尼斯堡西北）的德军，激战近两周，4月25日，苏军攻占半岛，4月26日，全歼德军守军10万余人。德军在东普鲁士的最后一个据点被攻克。东普鲁士战役前后历时3个半月，苏军打得异常艰苦（仅从1月13日至2月10日，白俄罗斯第2、3方面军的战斗减员即伤亡就分别达到15.4%和22%），因为这里是纳粹重要根基所在，德军抵抗非常顽强，但苏军最终取得了彻底胜利，德军北方集群被全歼，苏军共歼敌50余万，全面攻占了法西斯德国的重要堡垒（战后，据《雅尔塔协定》和《波茨坦协定》，哥尼斯堡及其周围地区划归苏联，成为苏联的加里宁州，哥尼斯堡更名为加里宁格勒），从军事、政治、经济、心理上致命地痛击了纳粹。

1月26日，当维斯瓦河—奥得河战役和东普鲁士战役正激烈之际，德军当天深夜突袭进逼哥尼斯堡的白俄罗斯第2方面军突击集团，1月28日，本在掩护白俄罗斯第1方面军右翼的白俄罗斯第2方面军左翼挥戈北上，反击德军的突击，以强化封闭东普鲁士德军。指向柏林方向的白俄罗斯第1方面军的右翼因此失去掩护而暴露，被迫延伸达160公里，此况下，朱可夫元帅紧急调整方面军部署，抽调兵力加强右翼，并令方面军右翼放慢进攻速度，当方面军左翼和中路已抵达奥得河一线并在河东岸夺占了几个登陆场后，略显薄弱的方面军右翼则被迫滞后于全军，与其右侧的白俄罗斯第2方面军之间形成了一个缺口，德军统帅部立即决定抓住这个机会。1月底，德军统帅部为实施反突击，利用防守柏林方向的部分兵力和从西线调集的兵力在东波美拉尼亚组建了维斯瓦集团军群，德军统帅部计划用此集群狠突白俄罗斯第1方面军右翼，将它与白俄罗斯第2方面军之间的缺口撕大，然后深深楔入、迂回苏军后方，在瓦尔塔河以北粉碎苏军白俄罗斯第1方面军右翼,然后固守东波美拉尼亚,保持东普鲁士—东波美拉尼亚—西普鲁士之间的联系,并赢得时间加强奥得河—柏林一线的防御。德军元帅凯特尔承认:"在1945年2、3月间,我们曾考虑利用东波美拉尼亚基地对进逼柏林的俄军实施反攻。计划将维斯瓦集群的部队隐蔽在格鲁琼兹地域,用以从后方突破俄国人的战线,并越过瓦尔塔河和内策河平原,前出到屈斯特伦。"古德里安也在其回忆录中写道:"德军统帅部打算在俄国人尚未把大量兵力调集到前线,或当他们尚未猜出我方企图之前,用维斯瓦集群的兵力,以迅雷不及掩耳之势对俄军实施猛烈的反突击。"2月10日,维斯瓦集群编成内兵力已达44个师(6个坦克师、6个摩托化师、6个残缺坦克师、3个残缺步兵师,整师为35个)又6个旅、6个要塞守备队(营、团级)、10个战斗群(营、团级),人数超过40万。但苏军统帅部察觉了德军的意图,决定暂不实施柏林战役并放慢东普鲁士战役的进行速度,急调白俄罗斯第2方面军西进,与白俄罗斯第1方面军右翼协同,粉碎威胁苏军柏林—东普鲁士两大战役战场结合部的德军维斯瓦集群。2月8日,统帅部命令下达至白俄罗斯第2方面军,罗科索夫斯基元帅立即挥戈西进,东波美拉尼亚进攻战役就此启动。2月10日,白俄罗斯第2方面军向什切青方向发起总攻,揭开了东波美拉尼亚战役序幕。2月21日,方面军抵达格涅夫—切尔斯克—霍伊尼策一线。2月17日,维斯瓦集群突袭白俄罗斯第1方面军右翼,将苏军第47集团军(由白俄罗斯第2方面军转隶)击退了8—12公里,白俄罗斯第1方面军疾速机动,强化右翼,抗击德军。2月24日,白俄罗斯第2方面军向科夏林方向实施突击。2月28日,方面军坦克部队攻入波博利策地域。

3月1日，白俄罗斯第1方面军右翼在遏制了德军攻势并完成了战役准备措施后，向科沃布热克和果累纽夫方向展开反攻，3月4日，方面军右翼前出至科沃布热克—果累纽夫波罗的海沿岸，3月5日，白俄罗斯第2方面军前出至科夏林地域波罗的海沿岸，维斯瓦集群被两支方面军切割合围。3月10日，白俄罗斯第1方面军右翼与已进至奥得河沿线的左翼和中路，完全肃清了奥得河东岸的德军，然后全军转师奥得河方向，与德军在争夺、扩大方面军已在1月攻势中占领的奥得河西岸的屈斯特伦登陆场展开了激烈战斗。3月18日，方面军与其所属的波兰第1集团军攻占科尔堡城及其海港，20日，攻占阿尔特达姆，歼灭德军6个师。至3月底，方面军粉碎了德军的疯狂反扑与顽抗，不仅巩固了屈斯特伦登陆场，并使之由分散的若干小登陆场连成一片，扩大成为一个巨大的、具有战役意义的登陆场，方面军主力部队开始陆续过河，直指柏林，德军全力扼守的奥得河此段防线，被打开了大缺口，德军奥得河重点防线被突破，但德军仍沿西岸死守。3月31日，白俄罗斯第2方面军彻底粉碎了维斯瓦集群的其他兵力，肃清了东波美拉尼亚境内波罗的海南岸的全部德军，攻占了波罗的海重要港口城市但泽（格但斯克）和格丁尼亚，解放了东波美拉尼亚广大地区，逼近波罗的海南岸沿线和奥得河口附近，将德军部署在波罗的海南岸沿线的其他部队死死围困在格丁尼亚以北的沙嘴—但泽东南的维斯瓦河口的狭长地带，切断了他们与外界的一切陆路联系，东波美拉尼亚战役胜利结束。

东普鲁士战役和东波美拉尼亚战役的巨大胜利，使苏军在苏德战场北线深入德国腹地，并从北线彻底封闭、锁死了德国，白俄罗斯第1方面军在结束战役调整部署后，已进入突击柏林的最佳位置——从正东方向直指柏林！结合美英盟军在西线的攻势，纳粹德国已被铁桶般地包围，绝无任何生机！在人类历史上犯下了空前绝后之罪行的纳粹，粉碎在即！

　　直至此时，希特勒终于感到了行将灭亡的恐惧。他对在纳粹熏陶下憎恨成性但又特别憎恨戈林的德国著名女试飞飞行员汉娜·莱契在1945年4月承认："我曾经坚信在奥得河岸沿线可以保卫柏林，但当我们尽了最大的努力仍旧失败以后，我是比别人都感到惊慌。"这对希特勒来说，真是破天荒地沮丧。但他很快又为自己的失败找到了老一套的理论作解释："如果战争失败，德意志这个民族也将灭亡，没有必要考虑维持这个民族哪怕是最原始的生存基础的问题，因为这个民族将被证明是软弱的民族。而且，在战争以后留下来的人不过都是些劣等货，因为优秀的人已经战死了。"因此，1945年3月19日他命令德国军备和战时生产部部长斯佩尔毁灭德国的所有经济基础，他自己则准备自杀，但他想要整个德国民族作他的殉葬品。这就是仇视人类的纳粹兽类在被反法西斯猎手们追近时的疯狂、顽固的反人类心态。

红军在柏林德国国会大厦前

八
攻克柏林（1945年5月2日15时）

1945年2月4日—11日，斯大林、罗斯福、丘吉尔和他们的外交部部长、参谋长及顾问们，在一年前被苏军解放的克里木半岛的雅尔塔召开了极其著名的雅尔塔会议。2月3日中午，罗斯福总统的专机抵达克里木萨基机场，受到了莫洛托夫等的热烈欢迎。在驱车前往80英里之外的雅尔塔时，身染沉疴的罗斯福总统和他的女儿安娜·伯蒂格·罗斯福，眼见沿途"人口稀疏的乡村，展现出残酷战斗留下的创伤；劫掠一空的房舍，横七竖八躺着的烧焦的坦克和打坏的车厢，饱经战争忧患的老人、妇女和儿童的消瘦的面容，……总统和安娜感到震惊。他们对纳粹的痛恨油然而生。"随同罗斯福前往的战时美国与苏、英联系的特使之一哈里曼写道。因此，在第二天，罗斯福对斯大林说："我比一年前更加痛恨并且希望多杀德国鬼子了。"据说一向以高雅和勇敢著称的罗斯福总统只有两次表现得比较粗鲁，一次就是此次，他明确地说，希望多杀德国鬼子，多杀纳粹；另一次是1941年12月7日当日本海军偷袭珍珠港的消息传入他耳中时，他当即愤怒地破口大骂："婊子养的日本鬼子，美国人民将永远记住这奇耻大辱的一天。"而全世界人民都将永远感谢他所制定的"德国第一"(即首先倾全力消灭纳粹,然后再消灭日本法西斯)的政策,这一政策保证了反纳粹战场(首先是苏德战场)战略物资供应的优先和反纳粹军事行动的优先,因此,斯大林对罗斯福始终心怀敬意并高度尊重。雅尔塔会议公报宣布:"我们已就共同的政策与计划取得了一致,以便实施在纳粹武装力量最后被粉碎时,共同迫使纳粹德国接受无条件投降的条款。……三国部队将各自占领德国的一个区域(后来扩大为四国,法国参加占领德国),我们将成立一个中央管制委员会执行互相协调管理与控制的工作,此委员会由三国的最高司令官组成,总部设在柏林。"雅尔塔会议决定,战后的德国必须解除武装力量,彻底解散德军统帅部和总参谋部,拆除德国的军事设备和军事工业,惩办战犯。"要扫灭纳粹党、纳粹的法律、组织和制度,从德国人民的公共机关中,从文化生活和经济生活中,清除所有一切纳粹的和德国军国主义的影响。"会议还决定了德国赔偿问题,同意斯大林代表苏联政府提出的赔偿方案:"赔偿总额应为 200 亿美元,其中 50% 应归苏联所有。"雅尔塔会议的另一重要决定是:苏联在结束苏德战争后,对日本法西斯宣战,将日本关东军锁死在中国东北予以围歼,解放中国东北,并与美军协同解放朝鲜半岛。纳粹的丧钟由雅尔塔会议最终敲响,德国法西斯灭亡在即!

由苏军还是由美英盟军攻占德国首都柏林,在国际反法西斯统一战线内部并无明确的分工,但东西两线反法西斯军队都希望独享由自己攻克柏林、消灭纳粹巢穴这份崇高的荣誉。苏军统帅部将攻克柏林作为苏军的最大目标,以此而全面、漂亮地结束苏德战场的战斗,同时昭彰苏军作为反纳粹主力的地位与作用。美英盟军也想占有这份"伟大的光荣",特别是颇有心计又十分老练的丘吉尔,想尽量多地占有欧洲,特别是其关键、要害地区,柏林当然是其中突出的一个,以巩固大英帝国的地位,充分发挥英国在战后欧洲的作用。这位作为历史学家的政治家,在多数情况下还是能客观地看待并对待历史进程的[1],但他就是不能接受——用罗斯福总统的话说"大英帝国在实质上已经不存在了"这一历史事实。因此他反复强调,美英盟军应抢先占领柏林,"柏林是头等重要的政治目标,""如果我们能拿下柏林的话,就应当这样去做。"但1944年12月16日希特勒在西线阿登森林地带的反攻,使美英盟军花了6个星期才将进行反攻的20个德国师全歼。此时,苏军已胜利实施了维斯瓦河—奥得河战役,随后,盟军最精锐兵团——巴顿将军的坦克兵团和蒙哥马利元帅的快速兵团在封闭、围攻德国最重要的工业区域——鲁尔工业区时,又消耗了兵力与时间。此后,关于德军在西线萨尔斯堡—伯希特斯加登一线建立所谓"民族堡垒"的传说,在美军"看来是完全现实和非常严重的威胁,我们不能轻视它。它一直严重影响到我们在战争最后几星期里的战术思想"。美军的大兵团因此未能放心大胆快速疾进,而是步步为营,稳打稳扎地消灭纳粹。艾森

---

[1] 当法西斯刚在欧洲兴起时,他就呼吁欧洲人民警惕,并一直反对张伯伦的绥靖政策;《慕尼黑协定》被强迫签署后,他感到了"欧洲的黑暗";当德军突袭苏联之后,英国外交大臣艾登匆匆忙忙地跑进他的卧室,向他报告这一消息,他欣悦地表示,英国终于获得了俄国这一战友;他指示艾登,英国决不接受纳粹在任何时候提出的关于谈判的诱说,并立即发表了支持苏联政府和苏联人民进行反纳粹战争的严正声明,他说,纳粹对俄国的进攻,就是对英国的进攻!在他和斯大林的促成下,在纳粹突击苏联仅仅20天,苏军惨痛失利之际,1941年7月12日,英苏两国政府和两军统帅部,在莫斯科签署了对德联合作战协定;随后不久,他即与罗斯福总统共同拟定了《大西洋宪章》,以昭彰人类的正义和希望。

豪威尔的参谋长,战后曾任美军参谋长联席会议主席的布莱德雷如此记述。他还回忆道:"艾克(艾森豪威尔的爱称)曾问我,据你看,冲到柏林我们要付出多大的代价?我回答,估计要损失10万人。"这对于过分重视将士生命从而尽量多地依靠装备(这是美军的一贯战略思想,并非所谓其部队"怕死")的美军来说,是不能接受的。在整个第二次世界大战中,美军总共只牺牲了28万5千人,尽管其在东(太平洋、中国、东南亚战场)、西两线的参战部队达500万以上,兵力总动员达1000万以上,并取得了辉煌的战果。因此,在雅尔塔会议期间,罗斯福在与斯大林举行的首次私下会谈中就表示:"我在横渡大西洋时和他们(指他的部下们)打过几次赌,我坚持认为,苏联红军将在我军攻克马尼拉之前就能攻入柏林。"以后他又表示,在争夺柏林的竞赛中,苏联红军是赢定了!虽然丘吉尔大为恼火,但在雅尔塔协定中,还是将柏林划入了苏联占领区。布莱德雷说,付出10万人的代价,"还要退出来把地方让给人家,有这个必要吗?"艾森豪威尔和美军参谋长联席会议主席马歇尔也反复强调,战胜德国比由谁攻占柏林更重要,"我们唯一的目标是取得迅速而完全的胜利。"因此,盟军应向南,消灭西线德军在莱比锡和德累斯顿的最后重兵集团。他们安慰丘吉尔说,这样,我们可以多占点德国的地盘。攻占柏林的重任与光荣,终于历史性地落在了苏军身上!

1945年4月,苏德战场南翼苏军(乌克兰第2、3、4方面军),已前出至奥地利东部—波兰南部—捷克斯洛伐克一线,残存德军龟缩于捷克首都布拉格及其附近地区,被封闭、锁死。其对人民虽仍穷凶极恶,但对红军则望风而逃(因自知对苏联人民罪孽深重,想逃到西部去投降美英盟军，但对西欧人民，纳粹的罪孽就不深重吗？这只是德军仅有的最后一点自我心理安慰），可惜其退路也已被苏军完全切断了，苏德战场南翼德军实际上已不复存在。苏德战场北翼苏军（卡累利亚、列宁格勒、波罗的海沿岸第1、白俄罗斯第2、3方面军）早已结束了各自的战事，将少数残存德军封闭、锁死在库尔兰半岛和波罗的海南岸沿线的少数据点内，德军奄奄一息，坐以待毙。苏德战场北翼德军事实上也已根本不存在。苏德战场中线，苏军最强大的两支方面军（白俄罗斯第1和乌克兰第1方面军）从正东方向和东南方向直逼柏林。在德军全力防守的奥得河中段沿线（柏林正东方向），白俄罗斯第1方面军已经突破，在东岸屈斯特伦地域夺占了巨大的登陆场，其先头部队在正东方向距柏林不到60公里。苏军统帅部还将白俄罗斯第2方面军投入此方向。苏军3支方面军的总兵力达250万人以上，共拥有41600门火炮和迫击炮，6250辆坦克和自行（强击）火炮，7500架作战飞机。在这3支方面军中，几乎集中了苏军所有最精锐的兵团，苏军6个近卫坦克集团军有5个在这3支方面军中（白俄罗斯第1和乌克兰第1方面军各2个，白俄罗斯第2方面军1个）。在即将进行主要突击的白俄罗斯第1方面军的编成内，几乎全部是苏军精锐兵团。包括第3突击集团军（司令员库兹涅佐夫上将）、第5突击集团军（司令员别尔扎林上将）、近卫步兵第8集团军（司令员崔可夫上将，他们从斯大林格勒一直打到柏林）、近卫坦克第1集团军（司令员卡图科夫上将）、近卫坦克第2集团军（司令员鲍格丹诺夫上将）等。近卫坦克第3集团军（司令员雷巴尔科上将）、近卫坦克第4集团军（司令员列柳申科上将）则在乌克兰第1方面军的编成内。仅在第1白俄罗斯方面军的进攻正面，集中了77个师，3155辆坦克和自行火炮，14628门火炮和迫击炮，1531架火箭炮。德军也将苏德战场的最后兵力全部集中于柏林正东、东南、东北方向，计有4个集团军，90个师（14个坦克师和摩托化师）、37个独立团、98个独立营，近100万兵力，有不少是极其凶顽的党卫军精锐部队。拥有10400门火炮和迫击炮，1500辆坦克和自行火炮，3300架作战飞机。此外，在柏林还编组了20万人的守备部队（但没有什么战斗力，多由年老者和被希特勒强征入伍的16岁左右的少年组成，即戈培尔、希姆莱的所谓"人民冲锋队"）。柏林城防司令，最初为参与决策并执行灭绝犹太人计划犯下了弥天大罪的纳粹首领、党卫军头目希姆莱，但这个小养鸡场主出身的货色实在不懂军事，加之希特勒出于自己的反复无常，对他和戈林都已不再信任，在苏军突击柏林前，柏林城防（又称柏林守备部队）司令一职由维德林上将担任。从1945年2月开始，纳粹强迫柏林地区居民、战俘和被强制到德国从事奴隶般劳役的外国劳工，在奥得河—柏林一线与德军一道构筑防御体系。至苏军发起攻击前夕，德军在柏林东北—正东—东南一线建成了三道防御阵地：第一道北起沃林湖东岸—奥得河延伸至尼斯河一线。从此往西10—20公里是第二道防线，以柏林正东方向的泽劳弗高地为核心阵地。此线再往西10—20公里为第三道防线（距柏林市区平均20公里）。此外，德军环绕柏林城还构建了三层防御圈：最外层距市中心半径为24—40公里，沿当地的湖泊、河川构建；第二层距市中心12—20公里，主要利用柏林郊区的森林构建；第三层沿柏林环城铁路修建。同时，纳粹还将柏林市区划分成9个防御地区，分兵防守。希特勒要求德国士兵和柏林市民"死守柏林直到最后一人"。他这种疯狂的

苏德战场　　八　攻克柏林(1945年5月2日15时)

决心一方面源自他的本性,另一方面则来自戈培尔的煽动。美英盟军和苏军打入德国国境后,戈培尔受命进行"总动员"工作。他与希姆莱一道,动手组建"人民冲锋队",并将十五六岁的男孩子和五六十岁的男子强征入伍,在大学、中学、机关和工厂里到处搜寻"可入伍者",扬言对逃避兵役者将严惩,"直至枪决"。以至于斯佩尔向希特勒抗议说,大量技术工人的应征入伍严重影响了军工生产。戈培尔回答,可以动员妇女顶替。他对整个德国民族宣传所谓"民族堡垒"计划——将整个德国建成不可攻克的"堡垒",使之成为德意志民族生存、坚持和等待转机的依托。在西线,"民族堡垒"的核心地带是阿尔卑斯山区,德国将把工厂、设备、粮食等进行战争需要的一切资源转入山区、岩洞与地下,德军也将如此。在东线,奥得河—柏林一线不仅是德意志民族的生命线,而且,德意志民族的希望将再次从这里升起,遍地的工事将能抗击住苏军。德意志民族将与美英盟军和苏军进行"旷日持久的战争","元首将在伯希特斯加登山区指挥防守和反攻",而冰天雪地的山崖"几乎是不可能攻破的"。德意志民族整体及其生存空间的"堡垒"化,将是这个优越民族"优越性的充分显现",在这个优秀民族面前,劣等民族是不可逾越的。但这纯粹只是一个幻影,一个神话,他仅仅存在于戈培尔和希姆莱的疯狂想象之中,实际上,它更多的是戈培尔的一种打气(对德军)、恫吓(对苏、美、英军队)宣传策略。但身经百战的苏、美、英军队能被它恫吓住吗?虽然艾森豪威尔司令部的部分军人一度有点担心陷入德国人的神出鬼没、漫漫无期的游击战,但很快,他们就明白了这一神话的纯粹宣传性质。希特勒在伯希特斯加登上萨尔斯堡伯格霍夫的别墅(鹰巢),很快被美国空军炸成了一片废墟。而苏军统帅部,则从来没有在戈培尔的这一想象面前犹豫一下,苏军全军将士一门心思想的就是:攻克柏林!苏、美、英三军将士既不允许德国成为"堡垒",也不可能让其成为"堡垒",即使德国成了"堡垒",也将是作茧自缚——被困死,美、英、苏只要围而不攻即可,因为他们"从哪里弄到吃的呢?"即粮食生产和运输问题如何解决呢?所以在西线(意大利战场)与美英盟军作过战的德国空军元帅凯塞林战后承认,所谓"'民族堡垒',多半是无稽之谈"。但当时的戈培尔,却不止一次地使希特勒相信,这个无稽之谈是可以实现的,纳粹德国只要坚持住,就可以赢得转机。1945年4月12日,为反法西斯战争操劳过度的罗斯福总统溘然长逝,世界反法西斯统一战线极度震惊和哀痛。美国人民痛悼这位深得人心的总统。据说,《华盛顿邮报》的悼念方式,"总统在天之灵若有所知也会为之动容",《光荣与梦想》的作者威廉·曼彻斯特写道。在当天《华盛顿邮报》的第一版所刊登的美军将士阵亡名单中,富兰克林·罗斯福的名字赫然列在第一位。上面写道:姓名:富兰克林·罗斯福;职务:美军总司令(据美国宪法,美国总统在战时兼任美军总司令);住址:白宫;死因:阵亡。而当天的戈培尔听到这一消息,却面色豁然开朗,精神为之一振,"把最好的香槟酒拿来,给我接元首的电话。"他高声叫道。电话接通后,他对希特勒说:"我的元首,我向您祝贺!罗斯福死了!星相图里显示得清清楚楚,4月下半月是我们的转折点,今天是星期五,4月13日,亲爱的元首,转折点到了。"在德国名牌大学里受过教育的戈培尔,现在唯一的安慰就是抱住星相图的预言不放了。纳粹在柏林演出的最后一幕戏,"就是在这种疯人院的气氛中演到闭幕的。"威廉·夏伊勒写道。纳粹也正是以这种疯狂坚守柏林的。但苏军将士很快就以攻克柏林的伟大胜利最后摧毁了纳粹，为苏联人民和全体人类伸张了正义，并告慰了罗斯福总统的在天之灵！

1945年4月1日，在莫斯科苏军最高统帅部内，斯大林、朱可夫、科涅夫、安东诺夫最后研究并确定了关于柏林战役的计划，"大家在一切原则问题上都是一致的。"当晚，斯大林在与其副手朱可夫一道最后审查了战役计划后（朱可夫出任白俄罗斯第1方面军司令员后，仍兼任苏军最高副统帅；华西列夫斯基出任白俄罗斯第三方面军司令员后，仍为苏军最高统帅部成员），斯大林亲笔签署了实施柏林战役的命令。命令连夜传达至苏军各方面军。苏军柏林战役的总目的是：粉碎集中在柏林方向的法西斯德军，攻克柏林，前出至易北河，在易北河沿线与美英盟军会师。鉴于当时的政治军事形势（主要就是前述"丘吉尔因素"），苏军统帅部要求苏军参战部队——白俄罗斯第1、2方面军和乌克兰第1方面军在两周左右时间内开始实施柏林战役，并在战役开始后的两周左右时间内达成战役目的。苏军计划，以白俄罗斯第1方面军的兵力，向正西、西北和北部突击柏林，突击将从屈斯特伦登陆场发起，方面军第二梯队将在突破后实施猛烈的第二次攻击（以两个近卫坦克集团军为基础）；乌克兰第1方面军将向东南和南部方向突击柏林，主要任务是将柏林以南地区的德军与柏林德军切断分割开来，使之不能增援柏林，以保障白俄罗斯第1方面军攻占柏林，方面军的主要突击方向应指向施普伦贝格，最终沿易北河前出至德累斯顿；一般情况下，乌克兰第1方面军完成围歼柏林以南的德军集团后，即可西进，攻克柏林近郊与市区的任务不由其承担，但若白俄罗斯第1方面军攻克柏林受阻，乌克兰第 1 方面军须立即以其最强大的兵团（近卫坦克第 3、4 集团军）转师北上，从南面强击柏林，这就是苏军统帅部攻克柏林的第二方案；白俄罗斯第 2 方面军除留下少数部队围困波罗的海南岸沿线若干据点内的德军外，其主力部队立即前出奥得河河口至上游一线，并强渡奥得河，突破河西岸的德军防线，从施威特以北地域向诺沃施特累利茨实施主要突击，并进一步向西和西北发展进攻，切断柏林以北德军第 3 坦克集群与柏林德军的联系，将其压缩、合围在波罗的海西南海岸沿线，最后全歼之。考虑到白俄罗斯第 2 方面军调整部署转师西进需要时间，苏军统帅部同意其在白俄罗斯第 1 和乌克兰第 1 方面军发起进攻后的 4 天、最迟 5 天内开始突击。苏军第聂伯河区分舰队将进入柏林沿线水域，封锁这些水域，并保障苏军部队在进攻柏林时强渡相关河流。若白俄罗斯第 1 方面军突击柏林受阻，白俄罗斯第 2 方面军应立即以主力兵分两路，一路用以继续压缩、围歼柏林以北的德军第 3 坦克集群；另一路则直迫柏林北郊，作为白俄罗斯第 1 方面军的第三次攻击波，从北面直接强击柏林，这就是苏军统帅部攻克柏林的第三方案。以密切协同、连续突击的三套方案攻击柏林，苏军统帅部志在必得。苏军柏林战役参战部队全体将士心中都明白：只能成功，不许失败；必然成功，不会失败。"我们难道没有为被法西斯杀害的广大人民群众报仇的责任吗？不！"苏军步兵第 266 师的一位炮长尼科拉伊·瓦西利耶上士写道，"我们充满了悲愤、仇恨、欢欣和喜悦的感觉，这是敌人的最后防线，算账的时候到了！我们集团军的司令员别尔扎林将军（第 5 突击集团军）来到了我连的阵地，他向我们问好以后，命令我们：'同志们，向柏林市内的法西斯分子，开火！猛烈地开火！'连队的卫生指导员,与我们从乌克兰、白俄罗斯一直走到了柏林的苏联女英雄马兰娅·尤尔钦科为我们连的所有炮弹上都写上了这样的字句:为斯大林格勒,为顿巴斯,为乌克兰,为孤儿们,为寡妇们,为母亲们的眼泪,报仇!进攻开始后,我们的射击动作,从来没有这样敏捷和协调。"朱可夫元帅写道:"英雄的苏军将士,4年来一直盼望着的历史性的时刻——彻底清算德国法西斯的时刻,就要来到了。我们的激动心情,根本不可能用言语来表达。有多少景象在我的心中闪过啊!那极为艰苦的莫斯科会战,我军曾拼命死守,不让敌人进入首都;那变为了废墟但绝不屈服的斯大林格勒;那战胜了严密封锁的光荣的列宁格勒;那英勇抵抗了希特勒精锐部队进攻的塞瓦斯托波尔;那库尔斯克的南、北弧形地带;那千千万万被破坏了的城市和村庄;以及在那严酷岁月里所牺牲的千百万条生命,他们的遗恨、心愿和托付都在我们身上了!现在,我国人民为之承受了巨大苦难的目标——彻底消灭德国法西斯,实现我们正义事业的胜利,终于就要实现了!"苏军将士以这种奋发和昂扬的精神状态,在两周内迅速完成了柏林战役的一切准备工作:调整兵力部署,将突击兵团集中于尼斯河东岸(乌克兰第1方面军)和奥得河东岸的屈斯特伦登陆场(白俄罗斯第1方面军)。朱可夫还亲自修订原计划,将第二攻击波的近卫坦克第1、2集团军全部投入第一攻击波,并报告了斯大林。斯大林爽快地回答:"你认为需要怎么做,你就怎么做,你在现场看得更清楚些。"但后来在攻击德军第二防御地带的核心泽劳弗高地一时受阻时,斯大林责怪朱可夫不该过早地将第二攻击波部队投入第一攻击波,朱可夫无言以对,只是对斯大林再次保证,第二天一定突破泽劳弗高地,第二天朱可夫如愿以偿,终于避开了擅自调整部队部署的责任。这一调整，充分表现了朱可夫及白俄罗斯第1方面军司令部倾全力猛攻的意志与决心。实际上，类似的调整科涅夫元帅在乌克兰第1方面军也做出了。他虽然比朱可夫晚，但仍比预定时间早地投入了第二攻击波，也同样表明了苏军将士猛攻柏林的意志与决心。在攻击出发地域，一切所需装备、弹药及其他物资都集中完毕；为了加速运送战役物资，苏军和支援苏军的苏联、东欧国家的广大人民群众，突击将德国东部的窄轨铁道改成了宽轨（苏联铁路是宽轨），苏联铁路员工连续24小时不停顿地将战役物资运往前线，苏联空军运输部队、第聂伯河区舰队、波罗的海舰队也承运了部分战役物资；白俄罗斯第1和乌克兰第1方面军的指挥机关前出至第二攻击波部队集结地，两支方面军的后勤机关，也尽量靠近了第二攻击波部队。为了在心理上威慑、震撼德军，第1白俄罗斯方面军还别出心裁地集中了140部防空探照灯于进攻第一线，间隔200米一部排列开来，全部平直照射德军阵地，既为苏军照明突击方向（苏军计划进攻在凌晨进行），又使德军目眩眼花，张皇失措，因为140部防空探照灯的功率达百万千瓦，亮度极强。1945年4月14日、15日全天，白俄罗斯第1方面军共派出32支侦察分队（营）对敌阵进行了全天火力侦察，用各种试探性战斗行动查明了德军防御地带的火力配系、部署和强弱点。4月16日零时，白俄罗斯第1和乌克兰第1方面军的所有指挥员们，最后一次检查了自连队至集团军各级的进攻准备工作。4月16日3时30分，检查完毕，一切准备就绪，距离实施柏林战役的预定发起时间仅一个半小时。

1945年4月16日凌晨5时，从方面军司令部观察所看奥得河、尼斯河沿岸，正为黎明前的薄雾所笼罩，朱可夫与科涅夫同时下达了攻击命令。刹那间，3万余门火炮、迫击炮、"喀秋莎"火箭炮开始齐射，苏军空军强大的轰炸机群连续不断地紧急起飞，狂轰滥炸德军阵地，爆炸的火光将大地照得雪亮，爆炸的声响震天动地，在30分钟的猛烈炮击和轰炸下，白俄罗斯第1方面军当面的德军甚至未能发射出一发还击的炮弹。朱可夫判断，德军已被充分压制，其防御配系已被完全打乱，打残，于是决定缩短炮火和航空火力准备时间，立即发起总攻。5时30分，空中升起了发起总攻的数千枚五彩缤纷的信号弹，140部探照灯全部开亮平射德军阵地，"它使得德军一片混乱，不知所措，在黑暗中立刻显露出我军坦克和步兵的冲击目标，这是一个给人留下非常强烈印象的场面，可以说，我一生中从未有过类似的感受。"朱可夫元帅回忆道。随即，炮兵开始延伸射击，步兵和坦克协同一致地冲向前方。乌克兰第1方面军也在同一时间发起了猛烈冲击。4月16日当天上午，白俄罗斯第1方面军顺利突破了德军第一防御地带，粉碎了该线德军的抵抗，前出至泽劳弗高地的德军第二防线。当天，乌克兰第1方面军强渡了尼斯河，直插柏林以南地区。苏联空军为支持两支方面军的突击，这一天就出动了轰炸机6550架次，白俄罗斯第1方面军在4月16日这一天发射了123.6万发炮弹（即2450节车皮的炸弹，98000余吨钢铁）。4月16日下午，前出至泽劳弗高地德军第二防御地带的白俄罗斯第1方面军遭到此线德军极其顽强的阻击，加之此地地形易守难攻，部队一时无法突破。朱可夫向斯大林报告了这个情况，斯大林镇静地说："在科涅夫那儿，敌人的防御比较薄弱，他比较容易地就渡过了尼斯河，向前推进时也未遇到特别抵抗。你是否应当用轰炸航空兵来支援坦克集团军的突击。"放下电话，斯大林立即给科涅夫下达了指示:"朱可夫遇到了困难,你让雷巴尔科和列柳申科的部队(近卫坦克第3、4集团军)转向采连多尔弗(柏林正南方向)突击。记得吗?就像我们在最高统帅部商定的那样做(第二方案)。"科涅夫立即于4月17日执行了命令。放下电话,斯大林又给朱可夫去了电话,向他通报了对科涅夫的命令,同时,对泽劳弗高地久攻不克显得不高兴和不耐烦,朱可夫向他保证,4月17日一定拿下高地。"斯大林相当冷淡地说了句'再见',就放下了电话。"斯大林迫切的志在必得柏林的心情,于此可见一斑。4月17日,乌克兰第1方面军击退了当面德军战役预备队的反扑,并将其追歼,全面突破了该线德军的第二道防线,立即分兵,以其右翼的近卫坦克第3、4集团军直迫柏林正南方向。当天,白俄罗斯第1方面军近卫坦克第1、2集团军全力冲击泽劳弗高地,德军居高临下,不断实施反冲击,双方恶战了整整一天(这是柏林战役中苏军打得最激烈的一仗),18日凌晨,苏军攻占了泽劳弗高地全线,白俄罗斯第1方面军全面突破了当面德军的第二防线。朱可夫随即报告了斯大林,斯大林悬着的焦急的心才放下,语气也变得轻松起来。4月19日,白俄罗斯第1和乌克兰第l方面军乘胜疾进,20日,两军彻底粉碎了德军的第三道防线。至此,德军苦心经营的柏林外围防御体系全部被粉碎,苏军开始突击柏林市郊和市中心。4月20日,白俄罗斯第2方面军投入进攻,当天强渡了自奥得河口起的河上游一线,摧毁了西岸德军纵深梯次配置的防御体系,击溃了该地区的德军第3坦克集群。在以后几天内,白俄罗斯第2方面军在其杰出统帅罗科索夫斯基元帅的指挥下,连续发起突击,彻底切断了德军第3坦克集群与柏林德军集团之间的联系,使之失去了南下与柏林德军集团会合的任何可能，继而，白俄罗斯第2方面军将其不断向北压缩，一直压至波罗的海西南海岸沿线，最终将其封死在那里并慢慢围歼。白俄罗斯第2方面军取得的这一胜利，使德军柏林防线的北翼实际上已不复存在，从而彻底解除了白俄罗斯第1方面军右翼的威胁，使其能倾全力扑向柏林。4月20日，白俄罗斯第1方面军开始炮击柏林。4月21日，白俄罗斯第1方面军所属近卫第8集团军逼近柏林东南部，乌克兰第1方面军坦克兵团逼近柏林南郊。4月22日，白俄罗斯第1方面军各突击集团从东面、北面逼近柏林市郊，同时乌克兰第1方面军不参与进攻柏林的部队直接西进（在其编成内有波兰第2集团军），勇猛粉碎了德军自格尔尼茨方向对之进行的反冲击，直指科特布斯和施普伦贝克方向，将柏林以南德军继续压向南面和西面，使其与柏林方向割裂开来。4月24日，白俄罗斯第1方面军左翼与乌克兰第1方面军中路，在柏林东南会师，合围了德军第9集团军和第4坦克集群，彻底切断了它们与柏林德军集团的联系，因合围地域在奥得河中南段的法兰克福—古本地区，这一被合围德军集团称之为"法兰克福—古本集团"。4月25日，白俄罗斯第1方面军右翼（其中路在柏林正东、东北方向），自柏林北面南下，与自南面北上的第1乌克兰方面军右翼（坦克兵团）胜利会师于波茨坦以西地区，合围了德军的柏林集团，并由乌克兰第1方面军右翼建立起坚固的合围圈正西对外正面。此后，两支方面军兵分四路作战：乌克兰第1方面军左翼按既定计划继续西进，将当面之敌驱除得更西更远，直指德累斯顿方向；乌克兰第1方面军中路与白俄罗斯第1方面军左翼围歼"法兰克福—古本"德军集团；乌克兰第1方面军右翼与白俄罗斯第1方面军中路、右翼围歼德军柏林集团；并以部分兵力抗击、围歼处在柏林以西易北河东岸、欲向柏林突击以救援被围于法兰克福—古本和柏林德军的德军第12集团军。4月25日，美军第1集团军巡逻队与苏军在柏林西南120公里处易北河岸的托尔高胜利会师，美苏双方商定，沿易北河及其支流木尔德河划分两军中央战线的会合线，从而将纳粹德国切成东西两半，而柏林战线也被苏军切成了南北两块。南块包括乌克兰第1方面军左翼向西进攻和围歼"法兰克福—古本"德军集团的地域；北块为围歼德军柏林集团和西击德军第12集团军的地域。至4月底，乌克兰第1方面军左翼已前出至战役计划指定地区，与美英盟军在5月初全面会师。4月26日，苏军开始围歼"法兰克福—古本"德军集团，迅速将被围德军分割成几块并各个击破，在4月底5月初将其歼灭（德军第9集团军和第4坦克集群）。同时多次粉碎了德军第12集团军的解围反冲击，德军第12集团军在苏军打击下，兵员锐减，疲惫不堪，处在苏军和西线美军的夹击之中，再也无力反冲击，最终，在苏军攻克柏林的同时，将其歼灭。退入和突入柏林市区的德军第9、第12集团军和第4坦克集群的部分部队与柏林城防部队（即德军柏林集团）被苏军四面铁壁合围。4月25日，苏军第1白俄罗斯方面军已从东、南、西、北四面进抵柏林城郊，当天突破德军城郊防御，并立即开始全力攻打柏林市区，少数部队已先期突入柏林市区。第聂伯河区舰队在突击柏林中发挥了独特作用，运载部分苏军突击队在行进间强渡了施普雷河。特别是其所属江河舰艇第1支队，冒着敌人猛烈的炮火，将苏军步兵第301师的先头部队运过了河，当有的舰艇被炮弹击中起火时，仍全速强渡，使步兵安抵对岸，而不少海军战士因掩护步兵而牺牲。战后，仅此支队，就有9人被追授和授予"苏联英雄"称号。4月25日当天，柏林市区的战斗非常激烈，4月26日，柏林巷战以白热化的程度全面展开，苏军逐条街道、逐座房屋地与德军争夺，德军则逐条街道、逐座房屋地拼死抵抗。4月28日，柏林德军集团被苏军白俄罗斯第1方面军切割为三块孤立的部分，纳粹统帅部实际上已不可能调动和继续指挥其部队。4月29日，在柏林市区中心地带进行了最激烈的交战，因距离有时太近，重型武器无法发挥作用，苏军战士勇猛地冲上前去，与德军展开白刃搏杀，近卫步兵第283团的乌克拉英采夫连长在白刃格斗中一个人连续刺死了10名纳粹军人，和他在一起的、近卫军中士格罗巴扎伊率领的班，也奋力扑向德军，刺杀了30余名德寇。面对怀着深仇大恨杀红了眼的苏军战士，纳粹军人抱头鼠窜。当天，被苏军切割开的三块孤立的德军集团，分别被消灭。4月30日，苏军将士不顾德军最后的疯狂抵抗，攻占了一个又一个街区，库兹涅佐夫、别尔扎林、卡图科夫、鲍格丹诺夫、崔可夫的部队将包围圈越收越紧，战斗距市中心越来越近。下午14时25分，苏军第3突击集团军的部队攻占了德国国会大厦的主要部分，但大厦仍有相当部分被极其凶顽的德军党卫军精锐部队所扼守。18时，苏军对国会大厦又开始强击，一层楼一层楼地肃清德军。21时50分，叶戈罗夫中士和卡塔里亚下士终于突至国会大厦主楼圆顶，升起了集团军授予他们的象征着胜利的旗帜（这两名英勇的战士后来被授予"苏联英雄"称号）。第3突击集团军司令员库兹涅佐夫上将，亲自指挥了攻克德国国会大厦的战斗，胜利的旗帜升起后，他立即打电话向朱可夫报告："国会大厦升起了我们的红旗！元帅同志，乌拉！"朱可夫激动地回答："亲爱的库兹涅佐夫，我衷心祝贺你和你的战士们所取得的光辉胜利。苏联人民将永远记住这一具有历史意义的时刻和功勋。"随即，白俄罗斯第1方面军发布了命令，嘉奖第3突击集团军，向全军通报了这一历史性的胜利。此时的柏林，仅剩总理府——帝国办公厅还在德军手里了，自柏林战役开始以来，希特勒、戈培尔等就一直躲藏在这座巨大建筑物的地下室里进行指挥。4月30日下午3时，当苏军攻入了国会大厦并迫近希特勒总理府时，希特勒自知罪孽深重，覆灭在即，在与做了他12年以上的情妇、一生中的大部分时间就是待在伯希特斯加登的上萨尔斯堡的伯格霍夫别墅（鹰巢）等待他、现在又自愿为他殉葬的爱娃·布劳恩举行了变态、凄凉的婚礼之后，双双自杀。希特勒用手枪对自己的嘴巴开了一枪，当即毙命，爱娃·布劳恩则服毒自尽。他们死后，以戈培尔为首的遵嘱送葬人，将他们的尸体抬到了地下室上面的花园里，浇上汽油，进行火葬。当火焰刚刚点燃，苏军又开始炮击总理府，戈培尔等人立即退回地下室，希特勒和爱娃·布劳恩的尸体被烧、炸得面目全非。希特勒这个视仇人类、凶残暴戾、骄横狂妄、不可一世、杀人如麻、犯下了空前绝后罪行的纳粹首领，就这样逃避了人类的正义审判；或者说，这个结局就是全体人类的判决。希特勒的宣传部副部长弗里切后来供认，自从4月20日苏军开始炮击柏林市区后，希特勒多半处于神志不清状态，并间以歇斯底里的大发作。有时，他还没头没脑地议论，说什么奇迹将会出现，胜利就在眼前！柏林城防司令维德林证明了这一点，在被围的最后几天内，希特勒只是一味地发出、打出类似内容的电报和电话，什么："舍尔纳在哪里？马上进攻！""温克为什么还不进攻？你们什么时候开始进攻？"等等，一味呼叫已被苏军彻底合围或根本不存在的德军南线和北线部队，表

苏德战场　　八　攻克柏林(1945年5月2日15时)

德军军官在几成废墟的柏林总理府前

现出他一如既往的疯狂和丧失理智。

　　1945年5月1日3时50分，德军代表来到崔可夫上将的集团军司令部，通知苏军希特勒已自杀，要求停战。朱可夫立即打电话报告了斯大林，斯大林气得大骂："完蛋啦！这个混蛋！真可惜没能活着把他抓到。希特勒的尸体呢？""据德军代表克列勃斯将军说，已经烧掉了！"朱可夫回答。"告诉他们，除了无条件投降，我们不进行任何谈判。"斯大林挂断了电话。但德军代表回答，只有希特勒临死前指定的继承人——德国海军上将邓尼茨（原为德军潜艇部队司令）为首的德国新政府才有权决定是否无条件投降的问题，他们提出停战，正是为了让邓尼茨及其政府成员到柏林来。朱可夫的副手、白俄罗斯第1方面军副司令员索科洛夫斯基大将说："这是耍滑头，我想，如果德军不立即同意无条件投降，就让他们见他妈的鬼去吧！"朱可夫同意，说："如果戈培尔等，到10点钟还不同意无条件投降，我们将实施最猛烈的突击，以彻底打消他们再作抵抗的念头。"10时，残存的法西斯匪首未作出任何答复，苏军开始猛攻总理府——帝国办公厅（又称帝国大厦）。在攻击中，苏军甚至用上了能发射半吨重炮弹的要塞炮。苏联英雄杰尼休克指挥的自行火炮营直抵帝国大厦100米处正面，面对着带有象征着万恶纳粹的纳粹党徽"卐"的巨大的鹰，杰尼休克下令开炮，纳粹党徽和鹰被粉碎了。苏军战士们勇敢地冲入帝国办公厅，逐层逐层地与德军激战，苏军步兵第9军政治部的女少校尼库妮娜快速地向屋顶攀登，从上衣中取出红旗，用电话线将其固定在楼顶的金属尖上，苏军在21时攻占了整个帝国大厦。当晚8点半钟，戈培尔夫妇在给自己的6个孩子每个人打了一针毒药毒死了他们之后（最大的12岁，最小的3岁），命令党卫军勤务兵开枪打死了他们自己，党卫军勤务兵随后遵嘱在他们夫妇的尸体上浇了四桶汽油，点火焚尸。但攻入帝国办公厅的苏军将士还是认出了这一对恶贯满盈的夫妇的尸体。在苏军结束了对帝国大厦的全部检查时，朱可夫等得到报告说，在地下室里发现了并排躺着的戈培尔的6个孩子的尸体。朱可夫说："坦率地说，当时我没有足够的勇气下到地下室里去看那些被自己的父母毒杀的孩子们的尸体。"索科洛夫斯基等也没去。1945年5月2日晨，柏林德军城防司令维德林下令停止抵抗。下午15时，柏林再次沉寂下来。帝国大厦入口的柱子上顿时写满了苏军将士的留言，从这些简洁的词句和随便的签名中，反映出他们的宽慰和欣悦！第5突击集团军司令员别尔扎林上将被任命为柏林首任苏军城防司令兼卫戍司令，因为他率领的部队在突击柏林中推进得最迅速，而且，"这是红军中最有修养的将军之一，他具有卓越的才能。"苏联著名作家维什涅夫斯基这样描述别尔扎林上将。

为时整整16天的柏林战役以苏军的完全胜利而结束。苏军消灭德军40余万（不包括白俄罗斯第2方面军消灭的德军），苏军自己也付出了伤亡30万人的代价。有不少被强征入伍的德军士兵丢弃枪械，换上老百姓服装回家去了，或躲藏了起来，有一些向西逃出苏军合围圈，投降了美英盟军。

在柏林战役实施期间，白俄罗斯第2方面军粉碎了德军第3坦克集群，前出至波罗的海西南沿岸，攻占了吕根岛，并在维斯瓦—施韦临—易德河一线与英军胜利会师。红旗波罗的海舰队解放了丹麦的博恩霍尔姆岛，全歼守岛德军，受到丹麦政府的感谢与表彰。舰队还以自己积极勇敢的行动基本切断了德军的波罗的海交通线，有力保障了白俄罗斯第 2 方面军的滨海侧翼，支援了柏林战役。

希特勒临死前，下令逮捕背着他企图与西方盟军私下和谈的希姆莱（这纯属希姆莱个人一厢情愿的痴心妄想）和企图取代他接管德国全部权力的戈林（这是希特勒早已同意的，当他不能有效行使权力时，由纳粹 2 号人物戈林接管全部权力。但当戈林真的试图接管并征询他意见时，他立即翻了脸，大骂他们是叛徒。这两个货色后来被美英盟军捕获，但不久都自杀了）。随即任命邓尼茨海军上将为德国总统和德国武装部队最高统帅。1945 年 5 月 6 日，邓尼茨派约德尔至设在巴黎以东兰斯的美英盟军司令部洽降。尽管邓尼茨曾信誓旦旦地向希特勒保证："我将把战争打到底，无愧于德国人民的史无前例的英勇斗争。"5 月 7 日凌晨 2 时 41 分，约德尔代表德军最高统帅部在无条件投降书上签了字，代表美英盟军签字的是盟军最高统帅部参谋长瓦尔特·史密斯将军，代表苏军签字的是苏斯拉帕罗夫将军，法军萨维兹将军也作为见证人签了字。投降书于 5 月 8 日午夜开始生效。但斯大林理所当然地对兰斯投降仪式不满意，他认为苏军既是战胜纳粹的主力，柏林又是苏军攻克的，理应在柏林由苏军主持投降仪式。经苏联政府与美、英政府商量后，三方一致同意，兰斯投降仪式仅作为接受德国无条件投降仪式的预演，正式仪式将在柏林举行，并由苏军代表朱可夫元帅主持。

1945 年 5 月 8 日 24 时亦即 5 月 9 日零时，纳粹德国向反法西斯盟国无条件投降的正式仪式在柏林举行。5 月 8 日清晨起，来自世界各地的记者、撰稿人络绎不绝抵达柏林，都想记录下纳粹德国彻底覆灭、人类正义获得了决定性胜利的这一历史性时刻。23 时 45 分，盟军最高统帅部代表——美国战略空军司令斯巴兹上将、英国空军上将泰德、法军总司令塔西厄将军,在苏军最高统帅部代表朱可夫元帅的办公室会齐,24时整,他们走入了将举行仪式的大厅(德国军事工程学校一座两层楼房的厅堂),他们在靠墙的桌旁坐好,墙上挂着苏、美、英、法四国的国旗。朱可夫宣布:"我们,苏军最高统帅部和盟军最高统帅部的代表,受反纳粹同盟各国政府的委托,来接受德军最高统帅部代表德国作无条件投降。请德军最高统帅部代表进入大厅。"所有在场的人都回过头去注视门口,注视曾经在欧洲一度得手,并想征服全世界的国家的代表们露面。德国陆军元帅凯特尔、海军上将弗雷德堡、空军上将什图姆普弗走进了大厅,他们力图保持镇静和显示出军人的姿态,但在场的人们对此则表示轻蔑和不感兴趣。凯特尔出示了邓尼茨代表德国政府授权三人签署无条件投降书的证书。经验证完毕,签字开始。5月9日零时43分,德国无条件投降的签字仪式结束,德军三位代表在德国无条件投降书上签了字。随后,朱可夫请他们退出,大厅立刻变成了欢乐的海洋,身经百战从不畏惧死亡的苏军和盟军将帅们互相祝贺并流出了欢乐、激动的泪水。投降书第一条宣布:"我们,这些代表德国最高统帅部的签字者,同意德国一切陆、海、空军及目前仍在德国控制下的一切部队,向红军最高统帅部,同时向盟国远征军最高统帅部无条件投降。"投降书自1945年5月9日零时开始生效。签署完毕的德国无条件投降书,于5月9日早晨送达莫斯科苏军最高统帅部。随后,苏军乌克兰第1、2、3、4方面军在柏林西南方向——德国西南部——捷克斯洛伐克一线与美英盟军会师;苏军白俄罗斯第1方面军在柏林以西一线与美英盟军会师。双方沿着商定好的占领分界线——维斯马—施韦林—维滕堡(又译符滕堡)—马格德堡—托尔高—开姆尼斯—卡尔斯巴德—比尔森—林茨—的里雅斯特一线，开始收缴各自占领区的残存德军武装，接受其投降。至5月17日，向苏军投降的德军有：波罗的海沿岸23万人（库尔兰半岛地区），波罗的海南岸两万三千人（波罗的海沿岸第1方面军和白俄罗斯第3方面军围困的少数德军据点），波罗的海至巴尔干一线百万余人（包括白俄罗斯第2、3方面军合围的德军残部和捷克斯洛伐克的全部德军）。苏德战场硝烟散尽。

5月9日，纳粹德国无条件投降的当天，斯大林命令在莫斯科以1000门礼炮齐鸣30响，向伟大的苏联人民和红军各方面军祝贺并致敬！

尾声
"受阅部队，立正！"

苏联人民在反纳粹法西斯战争中，承担了巨大的民族牺牲——牺牲人口达2700万，其中苏军将士近千万。但赢得了伟大辉煌、空前绝后的胜利——共消灭法西斯军队1360余万（包括抓获的俘虏和法西斯仆从国家的军队）。这一胜利之光，照亮了人类的历史，并将永远闪耀在人类历史长河之中。

如何庆贺这一伟大的胜利呢？斯大林一直在思考这一问题，他甚至不能允许在通常庆贺胜利的仪式中出现哪怕是一点点小的疏忽。在为庆贺攻克柏林而鸣放礼炮时，苏军总参谋部在拟定的参战部队及其领导人名单中，遗漏了坦克第7军及其军长诺维科夫少将，诺维科夫少将满怀委屈和愤慨地直接致电斯大林，表示不满，并说，这一遗漏所产生的客观后果是："坦克第7军似乎与攻克纳粹首都无关。"斯大林当即将拟定嘉奖令（在鸣放礼炮前，首先宣读嘉奖令）的苏军总参谋部作战部部长什捷缅科上将叫去，痛骂了一顿，并且还说："总参以前所拟定的嘉奖令中，一定还遗漏过其他单位与人员，不过人家没像诺维科夫那样提出罢了。"他命令，专门为诺维科夫和坦克第7军拟定一份嘉奖令，送达苏军全军。1945年5月4日，斯大林亲笔签署了这个编号为第11080号的苏军最高统帅部命令。这一失误，使得什捷缅科躲了斯大林好几天。5月9日过后，他要求安东诺夫总参谋长和什捷缅科等人考虑一下如何组织庆贺战胜纳粹德国的仪式。还未等他们答话，他接着说："应当准备和进行一次特别的阅兵式——胜利阅兵式。让各方面军和各兵种都派代表参加。"5月中旬，他又对返回莫斯科研究对日本作战问题的朱可夫、华西列夫斯基等人说道："为了庆祝战胜法西斯德国，我们是否应当在莫斯科举行一次胜利阅兵式，并邀请立功最多的英雄——士兵、基层和中层指挥员以及将军们前来参加呢？"大家都对这一想法表示热烈支持，并当场提出了许多具体建议。5月24日，斯大林通知安东诺夫和什捷缅科，一个月后，即1945年6月24日，在莫斯科红场举行胜利阅兵式。安东诺夫大将当天拟定了举行胜利阅兵式命令的草案，并作好了一切必要的计算。5月25日，所有文件经斯大林签署，下发至苏军各部队。命令规定，每个方面军及海军和莫斯科卫戍部队，各派出一个混成团参加胜利阅兵式，每个混成团由1059人（1000名成员，19名指挥员，36名旗手，4名副旗手）另加10名预备人员组成，各团成员应从立功最多、功勋卓著的战士和军官中选拔产生，各方面军司令员，各集团军司令员（苏军各空军集团军均配属于各方面军），海军各舰队司令员均参加阅兵，各方面军混成团由方面军司令员亲自率领。"阅兵时将各部队所缴获的希特勒军队的旗帜带来，让它们被可耻地踩在胜利者脚下。"斯大林随后又对安东诺夫补充道。他还要求朱可夫将升起在德国国会大厦顶上的红旗带来，阅兵当天升起在红场。5月底，各方面军及海军混成团组成，6月初，进行了紧张的操练。6月中旬，全体受阅人员都穿上了新制的礼服。同时，斯大林问安东诺夫和什捷缅科："你们考虑一下，由谁来担任阅兵首长和阅兵总指挥呢？"两人没有吭气，根据处理这类事的习惯，他们知道他已经想好了。同样的问题他也问了朱可夫等人，朱可夫等人认为只有最高统帅亲自担任阅兵首长最合适，斯大林未置可否。6月18日、19日，斯大林将朱可夫叫至自己别墅，问他作为一名骑兵出身的军人，骑马的技术是否生疏了，朱可夫回答："没有生疏。""那好，你将担任胜利阅兵式的阅兵首长，阅兵总指挥由罗科索夫斯基担任。"朱可夫一再婉谢这崇高的荣誉，请斯大林亲自担任，斯大林说："我当阅兵首长已经太老了，还是你来当吧，你年轻一些。"随后，他向安东诺夫和什捷缅科宣布了他的决定。

6月22日，在纳粹突袭苏联4周年之际，苏联各报刊刊载了斯大林的命令："为了庆祝在伟大卫国战争中取得的对法西斯德国的胜利，定于1945年6月24日在莫斯科红场举行作战部队、海军部队、莫斯科卫戍部队的阅兵式——胜利阅兵式。阅兵首长由副最高统帅、苏联元帅格·康·朱可夫担任，阅兵总指挥是苏联元帅罗科索夫斯基。"署名是："最高统帅、苏联大元帅约·维·斯大林。莫斯科。1945年6月22日。"23日，苏军总参谋部将一切准备完毕，包括为朱可夫挑选了一匹白马，为也是骑兵出身的罗科索夫斯基挑选了一匹乌黑马。

6月24日，莫斯科从早晨开始就下起了小雨，"但大家的情绪都非常激昂，我们认识到这次阅兵式的特殊意义，内心里激动不安。在苏联历史上，不曾有过这样的阅兵式，在红场存在的800年里也从未有过。观礼台上，红场内外，站满了外宾、各界代表和前来观看的人民群众。"什捷缅科写道。9时45分，罗科索夫斯基元帅站好了位置，以便前往迎接朱可夫。9点57分，朱可夫在斯帕斯基门附近上了马。罗科索夫斯基清晰、威严的口令声传来："受阅部队，立正!"口令毕，红场的大钟敲了10下。罗科索夫斯基首先对受阅部队作了指示，并致了热烈的祝贺。接着，他前去迎来了朱可夫，两人并驾齐驱，进入红场，检阅受阅部队，朱可夫不断对各混成团表示祝贺，各混成团以"乌拉"的欢呼声回报。朱可夫受苏联政府、苏共中央、苏军最高统帅部的委托并以他们的名义，在列宁墓的观礼台上发表了简短的讲话，向全体苏军将士和苏联人民祝贺伟大的胜利! 他的讲话通过无线电波传遍了苏军各部队、苏联各地、全世界。朱可夫讲话后，各混成团按方面军从北到南的序列，成分列式通过红场：麦列茨科夫元帅率领的卡累利亚方面军混成团首先通过，紧接着的是戈沃罗夫元帅率领的列宁格勒方面军混成团，其后依次是：巴格拉米扬大将（不久成为苏联元帅）率领的波罗的海沿岸第1方面军混成团，华西列夫斯基元帅率领的白俄罗斯第3方面军混成团，罗科索夫斯基的副手、特鲁布尼科夫上将率领的白俄罗斯第2方面军混成团，朱可夫的副手、索科洛夫斯基大将率领的白俄罗斯第1方面军混成团，在他们后面的是由波兰军队总参谋长科尔奇茨上将率领的波军特别纵队。自纳粹侵占波兰以来，杀害了600万波兰人民。今天，他们作为柏林战役参战部队，终于胜利地行进在阅兵分列式中。紧接其后，科涅夫元帅率领的乌克兰第1方面军混成团通过红场，在他们后面的依次是：马林诺夫斯基元帅率领的乌克兰第2方面军混成团，托尔布欣元帅率领的乌克兰第3方面军混成团，叶廖缅科大将（后来也成为苏联元帅）率领的乌克兰第4方面

在列宁墓前举行胜利仪式

军混成团，法捷耶夫中将率领的海军混成团，莫斯科卫成部队混成团，每一个混成团的成员们都胸佩各种勋章，每一个混成团的36面饱经战火的军旗都熠熠生辉。在他们后面，是由200位倒持着200面纳粹军队军旗的苏军战士组成的纵队，雨越下越大，纳粹军队的军旗几乎是在被雨淋湿的条石地面上拖着，经过列宁墓时，战士们将这200面象征着侵略、奴役和纳粹暴政的法西斯军旗投掷在列宁墓的墙脚下，阅兵达到了高潮，暴风雨般的掌声和欢呼声此起彼伏。由切尔涅茨基少将和阿加普金上校指挥的1400人的庞大军乐团演奏的"光荣啊，俄罗斯人民"等军乐曲，始终响彻红场，伴随着各混成团的行进。

泪水模糊了许多行进者和观看者的眼睛，华西列夫斯基元帅说："我们同时是在代表所有牺牲了的人们通过红场，宣告胜利！"1941年6月22日—1945年5月9日的所有悲壮、欢欣、失败、胜利、鲜血、汗水、欢笑、眼泪、惊恐、欣慰、死亡、新生……都在1945年6月24日的此刻，在莫斯科红场展现和凝聚！

后　记

我的学弟、博士研究生周益跃应约提供了《序幕》的部分初稿；博士生导师、钱教授乘旦兄最后审定了全书；杨毅在本书撰写过程中不辞辛劳，提供了难能可贵的诸多帮助，在此特示衷心的谢忱！

庞绍堂

1995 年 2 月

苏德战场大事记

1941 年

3月26日 南斯拉夫人民反法西斯起义,推翻本国亲希特勒的法西斯政权。迟滞"巴巴罗莎"计划五周半(38天)。

6月22日 "巴巴罗莎"计划实施。纳粹德国不宣而战,以190个师(153个德国师)的兵力分北、中、南三路突袭苏联。

6月23日 苏军最高统帅部建立,斯大林为最高统帅。后又任命朱可夫为副最高统帅。

6月29日 德军攻入明斯克,苏军西方面军严重失利。

7月3日 斯大林代表苏共中央和苏联政府,向苏联人民发表广播演说,号召苏联人民、苏联红军积极行动起来,粉碎纳粹匪帮。

7月12日 苏英对德联合作战协定在莫斯科签署。

7月16日 德军攻占斯摩棱斯克,威逼莫斯科。

7月30日 罗斯福总统特使霍普金斯抵达莫斯科。

8月13日 罗斯福和丘吉尔共同签署《大西洋宪章》。

8月30日 苏军在耶尔尼亚凸出部发起反击,解放耶尔尼亚,稳定了莫斯科外围防线。

9月20日　苏军西南方面军几乎全军覆灭，基辅随之沦陷。

9月24日　苏联政府发表声明，赞同《大西洋宪章》，并愿意加入。

9月26日　德军完成对列宁格勒的围困。列宁格勒除拉多加湖方向外，完全被封锁。

9月29日、30日、10月1日　苏美英三国高级磋商在莫斯科举行，签订了美英两国定期定量大规模援助苏联武器装备和军用物资的议定书。

10月6日　苏军维亚济马战役严重失利，4个集团军损失殆尽，莫斯科防御态势严重恶化。

10月15日、16日　苏共中央机关、苏联政府部分机关、苏军总参谋部的大部分撤往距莫斯科800公里的古比雪夫。但最高统帅部、斯大林和以华西列夫斯基为首的总参第一梯队留在了莫斯科。

10月30日　美国宣布向苏联提供10亿美元无息贷款。

11月7日　莫斯科红场举行盛大阅兵式，斯大林发表重要讲话。美国宣布将"租借法案"扩大到苏联。

11月12日　苏军发起提赫文反攻，改善了列宁格勒的防御态势。

12月5日、6日　苏军同时在加里宁方向和莫斯科方向发起反攻，德军损失惨重，希特勒攻占莫斯科的"台风"计划彻底破产，纳粹遭受了第二次世界大战爆发以来的第一场陆战的大失败。

1942年

1月1日　反法西斯同盟的26个国家在华盛顿签署《联合国家

宣言》，一致表示赞同并加入《大西洋宪章》。

1月8日　苏军9个方面军展开全线反攻，持续至4月。但被德军遏制，未能夺回苏德战场主动权。

5月8日　德军开始全线反攻。

5月23日　苏军哈尔科夫战役严重失利。

6月22日　苏军列宁格勒外围反攻作战严重失利。

7月4日　苏军撤出塞瓦斯托波尔。塞瓦斯托波尔保卫战历时8个月零5天（1941年10月30日——1942年7月4日），创造了现代战争史上守御时间最长，歼敌人数最多（近30万德军和罗马尼亚随从军队）的奇迹。

7月7日　德军前出至顿河。

7月12日　苏军组建斯大林格勒方面军。

7月13日　德军突击罗斯托夫，直指高加索。

7月17日　德军突入顿河大弯曲部，直指伏尔加河，以重兵集团突击斯大林格勒。顿河——伏尔加河——高加索大会战全线展开。

8月17日　苏军撤至顿河东岸，斯大林格勒外围防御战结束。

8月19日　德军从西南、南面同时突击斯大林格勒，斯大林格勒内线防御战开始。

9月13日　斯大林格勒市区保卫战开始。

11月6日　苏军在高加索一线发起反击，取得重大胜利。

11月19日　苏军西南、顿河方面军发起斯大林格勒反击。第二天，斯大林格勒方面军加入反击。

11月23日　苏军反攻部队胜利会师，合围斯大林格勒地区的德军重兵集团。

1943 年

1 月 18 日　苏军突破德军列宁格勒封锁线。朱可夫被授予苏联元帅军衔。这是战争期间，苏联最高苏维埃下令颁授的第一个元帅军衔。

2 月 2 日　斯大林格勒战役胜利结束。同期，历时 201 天的顿河—伏尔加河—高加索大会战也以苏军的完胜而告结束。波澜壮阔的反法西斯战争迎来了转折点。

3 月 16 日　苏军撤出哈尔科夫，苏军发起的哈尔科夫战役再度失利。两天后，别尔哥罗德再次沦陷。苏军转入全线防御。

7 月 5 日　苏军先敌突击库尔斯克德军，德军的反攻计划被彻底打乱。德军在库尔斯克南、北两线，仓促对苏军发动反攻突击。

7 月 12 日　苏军在库尔斯克北、南两线大举反攻。历史上最大的坦克会战——普罗霍罗夫卡坦克集群之战，以苏军的完胜而告结束。

8 月 23 日　苏军最终解放哈尔科夫（8 月 5 日已解放别尔哥罗德），库尔斯克战役以纳粹的彻底失败而结束。

9 月 25 日　苏军解放斯摩棱斯克。

11 月 28 日、29 日、30 日、12 月 1 日　德黑兰会议召开。

12 月 30 日、31 日　苏军在北线，在打破列宁格勒封锁的基础上，与围困列宁格勒的德军重兵集团对峙。苏军在中线（莫斯科方向）、南线（乌克兰—高加索方向）的一系列反攻均取得了不可逆转的胜利。

1944 年

1月14日 列宁格勒地区的苏军发起反攻，是为1944年苏军的第一次突击。3月1日，反攻取得完全胜利。纳粹对列宁格勒长达900天的围困被彻底粉碎。

1月上旬 南线苏军陆续展开苏军的1944年第二次突击，至4月5日全部结束。苏军解放基辅和乌克兰东部，并进入罗马尼亚。

4月上旬 苏军南线部队持续展开苏军的1944年第三次突击，至5月12日结束，解放了敖德萨、塞瓦斯托波尔、辛菲罗波尔和全部克里米亚半岛。

6月10日 北线苏军开始1944年的第四次突击。8月1日，战役结束。苏军解放了维堡及苏联的卡累利亚芬兰共和国。苏军进入芬兰。

6月23日 苏军发动解放白俄罗斯的1944年第五次突击，战役计划代号"巴格拉季昂"。至8月2日结束，苏军解放了白俄罗斯、立陶宛，并进入波兰、东普鲁士。

7月13日 苏军发动1944年的第六次突击，至8月31日结束，苏军解放了西乌克兰，进入波兰南部。

8月20日 苏军发动1944年的第七次突击，至9月30日结束。消灭了德军南乌克兰集群和罗马尼亚的法西斯军队。

8月23日 罗马尼亚共产党领导人民举行反法西斯全民大起义，推翻罗马尼亚法西斯政权。8月31日，苏军进入布加勒斯特。9月30日，罗马尼亚全国解放。

9月8日 苏军进攻保加利亚。保加利亚共产党领导人民举行反法西斯全民大起义，推翻了法西斯政权。9月15日，苏军进入索菲亚。9月30日，保加利亚全境解放。

9月14日　苏军发动1944年第八次突击，即波罗的海沿岸战役。至10月底结束。解放了苏联的波罗的海沿岸共和国，即拉脱维亚、爱沙尼亚、立陶宛。歼灭德军北方集群，并深入东普鲁士。

9月19日　苏芬停战协定签订，芬兰退出战争。

10月2日　苏军发起1944年第九次突击，即匈牙利战役。

10月5日　苏军进入捷克斯洛伐克。

10月7日　苏军发动1944年第十次突击，10月底结束。苏德战场最北线战争以苏军的完胜宣告结束。苏军解放北挪威。

10月20日　贝尔格莱德战役结束，南、苏联军解放贝尔格莱德。至1945年5月，南斯拉夫人民军解放南斯拉夫全境。

11月17日　阿尔巴尼亚人民军在苏军支持下，解放地拉那。

11月29日　阿尔巴尼亚全国解放。

1945年

1月12日　苏军发起维斯瓦河——奥得河战役，至1月底结束。1月17日解放华沙，1月底，波兰全境解放。捷克斯洛伐克大部解放。苏军深入德国东部与东南部，1月29日，完全解放西里西亚。

1月13日　苏军发起东普鲁士战役，至4月26日结束。苏军解放东普鲁士及德国波罗的海沿岸地区。

2月4日—11日　雅尔塔会议召开。

2月10日　苏军发动东波美拉尼亚战役，3月31日结束。粉碎德军维斯瓦集群。

2月13日 苏军的1944年第九次突击胜利结束，布达佩斯解放。

3月30日 匈牙利全境解放。

4月4日 苏军解放斯洛伐克首府布拉迪斯拉发。

4月12日 罗斯福总统逝世。

4月13日 苏军解放维也纳，进而进军、解放了奥地利东部。

4月16日 苏军发动柏林战役。

4月25日 苏军与美军胜利会师于易北河托尔高一线。

5月2日 苏军攻克柏林。

5月7日 德军最高统帅部代表于法国兰斯草签无条件投降书。

5月9日 德军最高统帅部代表在柏林正式签署无条件投降书。德军及德国宣告无条件投降。同日，苏军解放布拉格和捷克斯洛伐克全境。此后，残存德军向苏军和盟军投降。

6月24日 苏军在莫斯科红场举行盛大的胜利阅兵式。与1941年11月7日阅兵式的悲壮、决死相比，6月24日的阅兵式充满了欣悦，洋溢着欢庆。

主要参考书目

1. ［苏联］斯大林著：《论苏联伟大卫国战争》，人民出版社 1954 年。

2. ［苏联］朱可夫著，洪科译：《回忆与思考——朱可夫元帅回忆录》，三联书店 1972 年。

3. ［苏联］华西列夫斯基著，柯雄译：《毕生的事业——华西列夫斯基元帅回忆录》，三联书店 1977 年。

4. ［苏联］罗科索夫斯基著，柯雄译：《毕生的事业——华西列夫斯基元帅回忆录》，三联书店 1977 年。

5. ［苏联］什捷缅科著：《战争年代的总参谋部——什捷缅科大将回忆录》，解放军出版社 2003 年。

6. ［苏联］巴格拉米扬著，赖铭传译：《巴格拉米扬元帅回忆录》，解放军出版社 1996 年。

7. ［苏联］沃兹涅先斯基著：《卫国战争期内的苏联战时经济》，外国文书籍出版局 1948 年。

8. ［美］威廉·夏伊勒著，董乐山等译：《第三帝国的兴亡》，世界知识出版社 1980 年。

9.［美］威廉·曼彻斯特著,广东外国语学院美英问题研究室翻译组译:《光荣与梦想》,商务印书馆 1978 年。

10.［美］舍伍德著,福建师范大学外语系编译室译:《罗斯福与霍普金斯》,商务印书馆 1980 年。

11.［美］斯退汀纽斯著:《租借——胜利的武器》,纽约,1944 年版。

12.［美］伊利奥·罗斯福著,李嘉译:《罗斯福见闻密录》,新群出版社 1949 年。

13.［美］德怀特·艾森豪威尔著:《远征欧陆——第二次世界大战回忆录》,三联书店 1975 年。

14.［英］温斯顿·丘吉尔著:《第二次世界大战回忆录》,南方出版社 2005 年。

15.［德］冯·曼施坦因著,钮先钟译:《失去的胜利》,战士出版社 1980 年。

16.［德］冯·古德里安著,钮先钟译:《闪击英雄》,战士出版社 1981 年。

17.［德］维尔纳·克莱佩等著:《纳粹将领的自述——命运攸关的决定》,商务印书馆 1982 年。

18.［德］库特·冯·蒂佩尔斯基希著,赖铭传译:《第二次世界大战史》,解放军出版社 1992 年。

19.［苏联］杰列维扬科主编:《第二次世界大战史》,上海译文出版社 1981 年。

20.［苏联］亚历山大·乌特金著:《第二次世界大战(简史)》。

21.［法］亨利·米歇尔著:《第二次世界大战》,商务印书馆

1980年。

22. ［英］李德·哈特著，钮先钟译：《第二次世界大战战史》，上海人民出版社2009年。

23. ［英］富勒著：《1939—1945年第二次世界大战（战略战术评论）》，中国人民解放军军事科学院1960年。

24. ［美］约翰·托兰著，郭伟强译：《希特勒》，国际文化出版公司2003年。